U0670041

"两弹一星"元勋
故事丛书

钱三强：
从牛到爱

QIANSANQIANG CONGNIUDAO' AI

高洪雷　于雁　著

青海人民出版社

图书在版编目（CIP）数据

钱三强 : 从牛到爱 / 高洪雷 , 于雁著 . -- 西宁 : 青海人民出版社 , 2024.10. -- （"两弹一星"元勋故事丛书）. -- ISBN 978-7-225-06758-2

Ⅰ . K826.11-49

中国国家版本馆 CIP 数据核字第 20246LQ916 号

"两弹一星"元勋故事丛书

钱三强：从牛到爱

高洪雷　于雁　著

出 版 人　樊原成

出版发行　**青海人民出版社有限责任公司**

西宁市五四西路 71 号　邮政编码 : 810023　电话 :（0971）6143426（总编室）

发行热线　（0971）6143516 / 6137730

网　　址　http://www.qhrmcbs.com

印　　刷　青海雅丰彩色印刷有限责任公司

经　　销　新华书店

开　　本　890 mm × 1240 mm　1/32

印　　张　10.125

字　　数　190 千

版　　次　2024 年 10 月第 1 版　2024 年 10 月第 1 次印刷

书　　号　ISBN 978-7-225-06758-2

定　　价　42.00 元

版权所有　侵权必究

引 子

1964 年 10 月 16 日深夜,《人民日报》加急发行"号外",这也是《人民日报》发行史上首张红字报头的"号外",标题是《加强国防建设的重大成就,对保卫世界和平的重大贡献——我国第一颗原子弹爆炸成功》。

消息全文如下:

新华社北京十六日电,新闻公报:

一九六四年十月十六日十五时（北京时间）,中国在本国西部地区爆炸了一颗原子弹,成功地实行了第一次核试验。

中国核试验成功,是中国人民加强国防、保卫祖国的重大成就,也是中国人民对于保卫世界和平事业的重大贡献。

中国工人、工程技术人员、科学工作者和从事国防建设的一切工作人员,以及全国各地区和各部门，在党的领导下，发扬自力更生、奋发图强的精神，辛勤劳动，大力协同，使这次试验获得了成功。

中共中央和国务院向他们致以热烈的祝贺。

当晚，国务院总理周恩来在人民大会堂接见大型音乐舞蹈史诗《东方红》的全体演职人员时，宣布了这一特大喜讯。

消息传出，举国沸腾，全球震惊。

这一天，正好是中国原子能科学事业的创始人钱三强的51岁生日。这一声"东方巨响"，成了钱三强一生最难忘的生日礼物。

目 录
contents

目 录
contents

目 录
contents

目 录
contents

4

目 录
contents

第一章　序曲　走出象牙塔

人应当要么是一件艺术品，要么戴一件艺术品。

——19世纪英国作家奥斯卡·王尔德

1.父爱如山

清光绪三十四年（1908年）的一个周末，日本东京新宿区，中国同盟会机关报《民报》编辑部内，8名中国留学生端坐在榻榻米上，正全神贯注地听一堂国学讲座。授课人名叫章太炎（又名章炳麟），是清朝著名思想家、国学大师、维新派人士，出狱后来到日本避难，目前担任《民报》主编。听课的留学生都是"国学振起社"成员，分别是朱宗莱、龚宝铨、钱玄同、朱希祖、周树人（笔名鲁迅）、周作人、钱家治、许寿裳。

如果意识到这份名单的分量，东京警视厅也许会把他们

1

一锅端了。那样做的直接后果是，中华民国的名没了，因为3
年后章太炎论定了这一国名；中华民族的魂没了，因为鲁迅
是唤醒国人灵魂的斗士，被誉为"民族魂"。间接后果是，中
国的原子弹麻烦了，因为钱玄同的三儿子将在5年后出生，
他就是"中国原子弹之父"[1]钱三强；中国的导弹也麻烦了，
因为钱家治的独生子将在3年后出生，他就是"中国导弹之父"
钱学森。

1913年10月16日，也就是中国原子弹爆炸成功51年前
的同一天，钱玄同的三儿子在浙江绍兴诞生，取名秉穹。"穹"
代表天空，冥冥中注定他与核弹升空有缘。

秉穹祖上是书香门第，他是正经含着金钥匙出生的。其
祖父钱振常，祖籍浙江吴兴，乃吴越国王钱镠的后人，同治
十年（1871年）考中进士，官拜礼部主事，后来辞去官职以
教书为生。钱振常有两个儿子，长子钱恂，清末外交家，二
品官衔；次子乃侧室周氏所生，他就是秉穹的父亲钱玄同。
光绪三十二年（1906年），钱玄同婚后赴日本早稻田大学留
学，受到孙中山、章太炎、秋瑾等人影响，加入了中国同盟会。
1910年，他回国任教，提倡白话文，主张新式标点、注音符
号、公元纪年、用阿拉伯数字记数和中文横排，成为新文化
运动的先驱之一。钱玄同的妻子徐婠贞，比钱玄同年长一岁，
是清朝兵部郎中、一品官徐树兰的孙女，在祖父捐资创办的
新式学校——绍郡中西学堂（今绍兴一中）读完小学，又到

---

[1] 这一说法出自1965年6月号法国《科学与生活》。

上海念了中学，是一位新型知识女性。

并非所有出自书香门第的人，都能振家声、显父母、耀门楣，纨绔子弟、奸佞之徒、衣冠禽兽大有人在。譬如清代爱国文人龚自珍一脉，当属典型的书香之家，但他的长子龚橙早年投靠英国殖民者做幕僚，传说英法联军就是由他带路进入圆明园的。此人晚年自号"半伦"，就是没有君臣、父子、夫妻、兄弟、朋友之道，只爱一个小妾，五伦去了四伦半，只剩下半伦。如此看来，书香门第照样出庸才、坏蛋和废物。

为了让孩子有一个良好的成长环境，秉穹出生刚满九个月，就被母亲抱着从绍兴赶赴北京，投奔在北京高等师范学校附属中学担任国文教员的父亲钱玄同，在那里度过了不平静的少年时代。之所以不平静，是因为多次搬家，正如大哥秉雄所说："我们家在北京住了二十多年，搬了七次家，原因总起来不外乎三种：一、逃难；二、子女病死；三、为了子女就近读书。"[1]

父母之于子女，可贵的不是溺爱，而是大爱。作为中国近代著名文学家、教育家和思想家，钱玄同在子女成长过程中用心良苦。这里有几个例子。

一是家庭气氛开明而友好。钱玄同与妻子虽是旧式婚姻，但家庭生活一直很和谐。他们有 6 个孩子（其中 3 个夭折），家中每个成员，无论大人小孩，男性女性，都可以畅所欲言，

[1]　见钱秉雄：《片段回忆——忆父亲钱玄同》，原载钱理群、严瑞芳：《我的父辈与北京大学》，北京大学出版社 2006 年版。

平等相待。在友人面前，钱玄同常常幽默地称儿子为"世兄"。可见，纲常、礼教、名分等旧习，在这个家庭无迹可寻。钱玄同对于"三纲"这种教条是切齿痛恨的。他曾说过："'三纲'者，三条麻绳也，缠在我们头上，祖缠父，父缠子，子缠孙，代代相传，缠了二千年。新文化运动起，大呼'解放'，解放这头上的三条麻绳！我们以后绝对不得再把这三条麻绳缠在孩子们的头上！孩子们也永远不得再缠在下一辈孩子们的头上！"[1]

二是抽时间给孩子们讲故事。钱玄同不仅给孩子们订了杂志，买了连环画，还总能抽出时间给他们讲故事。他给秉穹讲故事时，不是把秉穹抱在怀里，而是让秉穹坐在对面的小凳子上，看着秉穹的表情，一边讲故事，一边启发秉穹。他讲故事，不是念古文原文，而是用通俗的白话讲述故事情节，还在有悬念的地方故意设问，勾起孩子的想象，引发孩子的思考。

三是鼓励孩子们自由阅读。钱玄同不仅督促鲁迅写出了里程碑式的白话小说《狂人日记》，而且在家里让子女们用白话文阅读写作，鼓励他们阅读所谓的"杂书""禁书"。秉穹及其兄弟幸运地读过报刊《小朋友》《儿童世界》《新青年》《小说月报》《创造季刊》《语丝》，古典小说《儒林外史》《水浒传》《西游记》《红楼梦》《镜花缘》《三国演义》，现代小说《呐喊》《彷徨》，外国小说《鲁滨逊漂流记》《爱丽丝漫游奇遇记》等，不仅丰富了课余生活，还开阔了视野，

---

[1] 见黎锦熙：《钱玄同先生传》，原载沈永宝编：《钱玄同印象》，学林出版社 1997 年版。

养成了读书的习惯。[1]半个多世纪后——1986年，钱三强出席中国科协举办的科学界青年学者座谈会时，回顾了自己少年时代的读书经历，绘声绘色地讲述了受到小说主人公鲁滨逊感染的故事。他说，鲁滨逊志在遨游四海，历尽磨难，在驾船前往非洲途中遭遇风暴，同伴全部遇难，他只身漂流到一个与世隔绝的荒岛上。一开始，他饮溪水解渴，猎野味果腹，挖山洞居住。后来，他在岛上种植了大麦和稻子，有了种植园；驯养了野山羊，有了牧场；自制了炊事设备，烘出了面包，在岛上生活了28年，直到遇到一条英国船。他告诫在场的年轻人，困难能压倒人，也能锻炼人，关键看你对待困难是什么态度，是不是具有拼搏精神。[2]

四是教育孩子们向前看。钱玄同作为新文化运动的旗手，一再教育和引导孩子们不可保守、不能僵化、不许中庸，要主动接受新事物，敢为人先，善于思辨，做一个推动社会变革的人。钱玄同常对孩子们说："你们将来学什么，我不包办代替出主意，由你们自己去选择。但是一个人应该有科学的头脑，对于一切事物，应该用自己的理智去分析，研求其真相，判断其是非、对错，然后定改革的措施。其次，对于古书要用历史的眼光去分析，这样，对于制度的由来、文化的变迁

---

[1] 见钱秉雄、钱三强、钱德充：《回忆我们的父亲——钱玄同》，原载《新文学史料》1979年第3期。

[2] 见葛能全：《魂牵心系原子梦：钱三强传》，中国科学技术出版社2013年版。

才能弄明白，弄明白了有两个好结果：一是知道现在不适用的，在过去某时代是很需要的，这样便还它在历史上的价值；一是知道在前代很有价值的，到了现在，时代变了，早已成为僵石了，无论它在历史上有怎样的大功效，今天总是要不得的。第三，对于社会要有改革的热诚，时代是往前进的，你们学了知识技能就要去改造社会。"[1]

　　一座大山托起的，定是峻拔壮丽的风光。

2. 跨入校门

　　1919 年 5 月 4 日下午，3000 多名学生汇集北京天安门，举行了气吞山河的示威游行。学生们高喊"誓死力争，还我青岛""拒绝在巴黎和约上签字""废除二十一条""外争主权，内除国贼"等口号，伟大的"五四"爱国运动爆发。

　　是年初秋，6 岁的秉穹走进北京高等师范学校附属小学，成为一名小学生。当他旁观了哥哥姐姐们冒死游行的场景，尤其是目睹了警察抓人、学生受伤的场面，猩红色的记忆如种子一般落进他潮湿的心。多年以后，这颗正义的种子长成

---

[1]　见钱秉雄、钱三强、钱德充：《回忆我们的父亲——钱玄同》，原载《新文学史料》1979 年第 3 期。

了参天大树，让他在面对外国肆虐与制裁时，表现出惊人的斗志和昂扬的气概。

上到二年级，秉穹转入孔德学校[1]。该校实行十年一贯制教育，男女同校，注重德、智、体、美、劳均衡培养。小学五年级开始学法文，毕业后可以赴法国深造。小学的国文课，没有使用各书局出版的标准教材，而是使用学校自编的白话文课本，内容有短语、儿歌、故事等，每个生字都有注音字母，还配有徐悲鸿画的插图。学校一改传统私塾读死书、死读书的恶习，注重培养学生的实际动手能力，建有两个手工教室，小学一年级到六年级手工都是必修课，中学则是选修或轮修课。蔡元培、胡适、李大钊、刘半农、李石曾、沈尹默、马叔平、钱玄同等名人，都把孩子送到这里读书。

它之所以成为北京大学（以下简称北大）教师子弟的首选，不仅在于教学内容先进，还在于教师层次较高，小学老师多半具备教高中的能力，甚至有一批北大教授在这里兼课，其中包括秉穹的父亲钱玄同。

在这座具有现代精神的园地里，秉穹如鱼得水。

学校每天有早会，由两位老师以风琴和提琴伴奏，全校学生一起高唱校歌："孔德，孔德，他的主义是什么？是博爱，是研究人生的真理，是保守人类的秩序，是企图社会的进

---

[1]　今北京第 27 中学的前身，校址位于东华门大街智德前巷 11 号，由北京大学校长蔡元培、教育家李石曾等人联合创办，该校以法国实证主义哲学家孔德的名字作校名，是希望把法国的实证主义介绍到中国。

步……"

唱完校歌做早操，然后上课。

生物老师陶虞孙，同时教音乐课。她曾留学日本，是有名的音乐家、教育家。她挑选了《马赛曲》《伏尔加船夫曲》等世界名曲，请学生家长周作人配上中文歌词，然后一边弹琴，一边教学生演唱。该做法，比教会学校唱英文歌词更能激发学生兴趣，使得音乐课成了学生的最爱。少年时代的美育熏陶，让日后从事物理学的钱三强心灵更加丰盈，而没有只沉浸在枯燥的数字公式之中。

体育老师王耀东、魏树桓，有着作为中国男篮主力夺得东亚运动会冠军的辉煌经历。[1]学校的篮球运动，就是他们发起的。哥哥秉雄打篮球时，秉穹和小伙伴们就是啦啦队员。到秉穹十三四岁，学校以他们班为主成立了"山猫队"。两周一次的篮球比赛，是师生们最欢快的日子。

化学老师张定钊，也曾留学日本。他不仅化学教得好，还主动传授乒乓球技战术，在学校掀起了乒乓球热。跟着他，秉穹学会了打乒乓球。

图画老师王子云，是中国新美术运动的先驱，还是著名的雕塑艺术家；另一位美术老师卫天霖，毕业于日本东京美术学校西洋画科，是现代中国油画的先驱之一。两位老师不

---

[1] 1921年在上海举行的第5届远东运动会上，中国男篮先后战胜菲律宾队、日本队夺得金牌，中国男篮队员有王鉴武、王耀东、魏树桓、孙立人、翟荫梧、王瑞生、郭宝林，教练员王石清。

光在课堂上教学生用炭笔画人头石膏像和静物写生水彩画，还带着学生去中央公园（今中山公园）写生。

毕业于北大物理系的王品青，居然教语文。他文笔惊艳，曾参与创办《热风》和《新青年》杂志，还是文学周刊《语丝》的撰稿人。他经常鼓励学生阅读名著，引导学生试着写散文、小说、诗歌。1928 年，秉穹的一个同学主编了《华北日报》副刊的周刊《迹》，投稿者多是同班同学。[1]

被称作"陈老虎"的数学老师陈君哲，虽然天天板着一张脸，却把枯燥乏味的代数讲得别有趣味。

秉穹对物理着迷，应该是因为物理老师吴郁周。吴郁周是北京师大附中教师，也在北大和孔德学校兼课，还是中国最早的摄影团体——北京光社的成员。他讲几何光学时，没有照着课本来讲，而是把成像、焦点、实像、虚像等用自制的图表来表示，然后对照着图表讲解，讲得形象生动、清楚明了，为秉穹推开了一扇窗，一扇探究物质结构与物质运动奥妙之窗。

泰山不让土壤，故能成其大；河海不择细流，故能就其深。诸多科学名人传记告诉我们，一个人能够登上世界科学之巅，无不是日积月累、兼收并蓄的结果，而中小学时代的博闻强识是最基础的积淀，秉穹自然也不例外。他不但主科学得认真，而且对体育、音乐、图画等副科同样热爱，从不敷衍，是各

---

[1]　见钱三强：《从我改名说起》，原载钱三强著，葛能全编：《徜徉原子空间》，百花文艺出版社 2000 年版。

科老师都喜欢的学生。据说，在中学部时，学校图书馆的书，各大门类几乎让他借阅遍了。

3. 更名"三强"

即便不是名人，"三强"这个名字也过于大众化了。那么，身为学者的钱玄同能为秉穹改这个名字，一定具有某种特别的意义。

事情还要从秉穹打篮球说起。

秉穹个头不是很高，但酷爱运动，后来如愿加入了学校"山猫队"。最初，教练怀疑他的身高不适合打篮球，生性倔强的秉穹却执意加入。无奈之下，教练让他测试了三次百米跑，方才成为替补后卫。没想到作为替补的秉穹，却因为和中锋周丰一（周作人的长子）创立的绝技"托盘"——类似NBA的"吃饼"，一战成名，很快成为球队主力。[1]

多年连续生育加之3个子女夭折，深受打击的母亲徐婠贞患了肿瘤，生命危在旦夕，治疗费用极其昂贵，每天需花

---

[1]　见钱三强：《锻炼身体，扩展视野，培养拼搏精神》，原载北京大学中国名人丛书编委会编：《中国名人谈少儿时代：风雨年代》，北方妇女儿童出版社1990年版。

费二十几块大洋，家中已经请不起护工，只得由秉穹和大哥秉雄轮流请假去协和医院照顾母亲，就连父亲也被迫告假半年。后来，加重了镭放射剂量，同时服用名医陆仲庵配制的中药，中西医结合，才将母亲从死神手中夺了回来。

那段时间，秉穹上学总是时断时续。在孔德学校，秉穹和好同学李志中、周丰一形成了三人集体，其中李志中年龄最大、个子最高，但性格内向、身体瘦弱；而秉穹按年龄和个头均排在三人的末位，但体格强壮。性格活泼的周丰一首先发现了这一特点，便给二人分别送了一个外号，称李志中为"大弱"，称秉穹为"三强"。李志中不但愉快接受了这个外号，还常常以"大弱"自称。

当时，"大弱"时常给请假照顾母亲的秉穹写信，通报学习进度及学校见闻。一天，一封署名"大弱"的信无意中被钱玄同看到，询问究竟。秉穹解释说，他自称"大弱"，因为他是老大，身体弱些；他称我为"三强"，因为我排行老三，喜欢运动，身体强些。父亲感觉这个名字意思不错，可以解释为德、智、体全面进步，便问秉穹是否愿意把名字改为"三强"。

此前，秉穹一直为书写自己的名字发愁，尤其那个"穹"字怎么写都不好看。既然父亲提出改名，他自然求之不得："只要父亲认为合适，我没有意见。"

父亲又把秉雄和年仅 5 岁的秉充叫来，谈了改名的意见：名字本只不过是一个符号，我过去给你们起名字，过分讲求音韵，其实不太实用，尤其是"秉穹"和哥哥"秉雄"的名字语音相近，容易让别人弄混。老大秉雄的名字，就不必改了；秉穹改为"三强"，这是同学叫出来的，符合现代潮流，也是父母所期望的；秉充可以只改一个字，叫"德充"。[1]

姓名只是一个人的特定符号，一般会蕴含着父母的期待，但不可能决定人的性格与命运。可神奇的是，名字一改，钱三强的体育成绩居然扶摇直上。他不仅成为校篮球队主力，还被选为校乒乓球队选手，代表学校参加了校际比赛。1928年冬，欧美同学会在北平举办第一届全市乒乓球比赛，钱三强获得男子单打第四名。在清华大学（以下简称清华）读书期间，他作为校乒乓球队主力，参加了北平五所大学乒乓球表演赛。在男子团体决赛中，清华队大比分零比二落后，他上场后，使用自创的手腕"弹球"新招独取两分，帮助本队反败为胜，夺得男子团体冠军。赛后，清华校刊点赞："钱三强攻球稳固而锐利，守球落点准确。"[2]

半世纪后的1979年，他还在《体育报》发表文章，结合乒乓球比赛谈创新。他说："我年轻时也喜欢打乒乓球。过去欧洲人打乒乓球是用横拍，日本人用直拍，日本的直拍在50年代曾处于领先地位。我们也是用直拍，经过一段摸索，在26届世界乒乓球锦标赛时，终于打败了日本队。其中一个重要原因，是我们比日本掌握了更多的打直拍的规律。日本人抽

[1] 见钱三强：《从我改名说起》，原载钱三强著，葛能全编：《徜徉原子空间》，百花文艺出版社2000年版。

[2] 见《老清华体育轶事》，原载《水木清华》2012年第9期。

球是甩大胳膊，我们则是用前臂和手腕子使劲，结果在速度上就压倒了对方……没有创新就谈不上胜，就谈不到技术革命。"[1]

他的可贵之处在于，无论做任何事情，都善于探索规律，勇于挑战权威，敢于打破常规，乐于推出"新招"。正是这种轻装上阵、敢闯敢试、与时俱进、矢志创新的精神，成就了一代科学巨匠。

4. 走什么路

1929 年夏，16 岁的钱三强即将从孔德学校高中毕业。那段时间，他常常面色凝重，眉头紧锁，因为他面前横着多条可供选择的路。

一条是像父亲和大哥一样，做一名教师，走教书育人之路。他一直记得孟子那段话：父母俱存，兄弟无故，一乐也；仰不愧于天，俯不怍于人，二乐也；得天下英才而教育之，三乐也。继承父业，未尝不是一个好选择。

一条是像孙中山一样，做一名政治家，走政治救国之路。修身齐家治国平天下，一向是中国传统士大夫的至高理想。对国家积贫积弱的状况和腐败黑暗的官场一直心存不满的钱

[1] 见钱三强：《浅谈学习与创新》，原载 1979 年 2 月 2 日《体育报》。

三强，不可能没有萌生过改造社会的想法。

一条是像詹天佑一样，做一名科学家，走实业救国之路。实业救国是戊戌变法的一大要义。问题在于，在外来产业控制中国经济命脉，内外战争时断时续的今天，做实业到底还有没有空间，是否值得自己全身心投入？

正是吴郁周老师讲电学光学和发动机原理那个阶段，孙中山的几本小册子在校内广泛流传。在《建国方略》中，孙中山擘画了中国未来建设的宏伟蓝图：以兰州为中心建设几大铁路干线，在北方、东方、南方建设几大港口，实现全国电气化等。合上这本小册子，钱三强由衷地感慨："由落后到富强，由黑暗到光明，其间有多么长多么大的空白要去填充啊！要使国家摆脱屈辱，走向富强，除去建立强大的工业，发展先进的科学技术，别无他途。"[1]

于是，他初步认定了第三条路：走实业救国之路！

他把想法告诉了父亲，父亲认可了他的选择，然后问他想考哪所学校。他说，想考南洋大学（今上海交通大学）机电工程专业。父亲说，孔德学校学的是法文，南洋大学则使用英文课本，我担心你学习会有困难。

随之，钱三强找到了一个折中的办法，先考北大理科预科，打好英文基础，再考南洋大学。于是，他恳请父亲去一趟北大，看能否准许用法文考预科。父亲直接找到北大预科主任关应

---

[1] 见钱三强：《中国原子核科学发展的片段回忆》，原载《紫荆》1990年10月创刊号。

麟，得到的答复是，文科预科可以用英、德、法、日文应考，而理科预科主要用英文应试，偶尔也用德文应试，但用法文应试尚无先例。依照这样一个答复，一直学习法文的钱三强，用英文应试便成了难题。

世上只有一条路不能选择，那就是放弃的路；只有一条路不能拒绝，那就是成长的路。为了显示决心并扩大声势，钱三强约上同班同学卓励、陶凯孙一起考北大理科预科。接着，他再次求助父亲，说三人下决心考预科，将来若是英文跟不上，情愿留级，只求北大破一回例，允许他们用法文应试。关应麟这才松了口。结果，三人顺利通过了这一关。

北大预科的时光虽然短暂，但为他日后广泛吸收各国科技知识奠定了语言基础。实践证明，人生经历环环相扣，即便未来道路发生改变，前期的努力迟早会得到回报。没有白流的汗水，只有虚耗的青春。

北大预科200名新生分为四个班，以法文考进来的钱三强、卓励、陶凯孙被分在四班。英文有两门课：一是读本，学法兰克林自传；二是修辞学。数学、物理、化学、生物都使用英文课本，老师则直接用英语讲课，这对于钱三强是一个巨大考验。从此，他只能天天埋头学习，运动场不能去了，家中的歌声也少了，并与英文字典结下了不解之缘。学期考试分数出来了，他的自然科学课成绩优异，英文考试居然也得了65分。他高兴得跳了起来，赶快告诉了父母。父亲对母亲说：

"他是属牛的，倒真有股子牛劲！"[1]

本来，钱三强的奋斗目标是学好英语，去南洋大学。但钱三强说，"在年轻人心中，诱人的事情总是那么多，时常让你眼花缭乱。"[2] 在北大预科学习的两年间，有两堂课让他那颗年轻的心躁动起来。

第一堂课，是化学老师虞宏正[3]。他从化学当量讲到分子、原子，使钱三强耳目一新。

第二堂课，是物理老师张佩瑚[4]。他从真空放电、电子、X射线、放射性现象，一直讲到19世纪末到20世纪初的物理学革命，让钱三强眼界大开。

课后，他借阅了英国科学家罗素的《原子新论》，对原子物理学产生了浓厚的兴趣。要知道，20世纪30年代，正是原子核科学发展最激动人心的年代。而学习和研究原子核，似乎是那个时代最神秘、最诱人、最高端的选择。

之后，他的兴奋点逐渐转到物质结构上，当初模糊的专

---

[1] 见钱三强：《锻炼身体，扩展视野，培养拼搏精神》，原载北京大学中国名人丛书编委会编：《中国名人谈少儿时代：风雨年代》，北方妇女儿童出版社1990年版。

[2] 见钱三强：《中国原子核科学发展的片段回忆》，原载《紫荆》1990年10月创刊号。

[3] 虞宏正，福建福州人，生于1897年，毕业于北大化学系，后来到英国剑桥大学、美国加州理工大学进修，是中国科学院院士，中国胶体化学、物理化学家。

[4] 张佩瑚，江苏江都人，生于1896年，毕业于北大物理学，后担任北大讲师、副教授。

业方向变得日渐清晰，他似乎看到了自己钟爱一生的志向：物理科学，这与孙中山提出的实业救国和父亲希望的改良社会并不矛盾。钱三强感到，兴趣永远是取得成功的第一要素，学物理一样可以报效国家。

接下来，他果断放弃了学工科的初衷，转而报考了北大物理系。

作为新文化运动和五四运动的摇篮，北大向来以学术气氛自由而著称。当时的本科大学生，高年级的课、其他系的课都允许旁听，课外演讲也可以有选择地去听，钱三强自然不会放过任何扩大知识面的机会，直到见识了两位清华教授的风采。

清华物理系主任吴有训也来到北大兼课。他是江西高安人，生于 1897 年，早年留学美国，获芝加哥大学博士学位，是以理论和实验见长的名牌教授。在钱三强看来，尽管他的江西口音刚听起来不太习惯，但其边讲边表演的授课风格还是紧紧抓住了他。"吴先生还作了一次公开的课外讲演，讲的是'振动与共振'。他在讲演的大讲堂横拉一根很长的绳子，在等距离的地方垂下一根短线，短线上系着一节用过的大号干电池（作为重物体用），一共挂了 8 节电池（短线一般长）。他讲了一段时间后，就做表演。首先在横线垂直方向推动第 1 节干电池，于是第 1 节干电池开始做单摆运动；不一会儿，摆动逐渐减弱了，而第 2 个干电池则开始自动地摆动起来，以后第 3、第 4……个电池又逐渐地先后摆动起来。这些用最普通的试验器材做的形象表演，非常生动地显示了简谐运动和共振现象。在刚学力学时，简谐运动与共振现象都是比较难懂的概念，但经吴先生讲解与表演后，道理就比较容易懂了。"

清华教授萨本栋的物理课，同样受到北大学子的追捧。萨先生是蒙古族，从清华学校毕业后赴美国留学，先后获得斯坦福大学工学学士和麻省伍斯特理工学院理学博士学位。他"口齿清楚，不照本宣读，手上有时仅带一两张纸页。每次讲课，都事先预备好做表演的仪器，边讲边表演，使初学者有感性认识。""他有时上课先用十分钟要学生作一道小考题，看看上一堂讲的那些概念，学生们懂了没有。这种办法对促进学习，加强理解确是有作用的。"

"相比之下，北大本校教授的教课效果就比较差。"[1]

得出这一结论时，钱三强已在北大物理系读完一个学年。说实话，这也不能怪他，因为当时的吴有训、萨本栋，不仅仅在北平，即便在中国，甚至放在全球都是一流物理学家，钱三强受到震撼自然不足为奇。

于是，他萌生了报考清华物理系的念头。

北大预科两年加上北大物理系一年，三年过去了，再考清华意味着留级一年。在一般人看来，这不是从头再来，浪费时间吗？

他也疑惑，父亲会支持他的想法吗？

_____

[1] 见钱三强：《我对吴有训、叶企荪、萨本栋先生的点滴回忆》，原载《物理》1982 年第 11 卷第 8 期。

5."从牛到爱"

对于他转考清华物理系的想法，钱玄同没有直接表示支持，也没有明确反对，只是本着 1925 年在孔德学校表明过的态度，提供了一个思路："讲到某人研究什么学问，我是主张完全要用自己的兴趣来决定，万不可由别人用了功利主义做标准来'指派'。"[1]

在关键问题上，父子之间总是点到为止，心照不宣，默契得妙不可言。

1932 年夏末，19 岁的钱三强考入清华物理系八级一年级。新生共 28 名，其中女生 8 名。物理一向被认为是男生的学科，女子在物理学上一般不受待见，就连留学归来的叶企荪 [2] 主持的清华物理系，也以"女生学不好物理"为由，劝她们转系，几名女生果然从物理系转出，而一位来自江南水乡

[1] 见谷敏：《钱三强家风：自立进取，志存高远》，原载 2020 年 2 月 25 日《人民日报》（海外版）。

[2] 也写作叶企孙，1898 年生于上海，从清华学校毕业后赴美国留学，获芝加哥大学理学学士、哈佛大学哲学博士学位，与导师合作测定了普朗克常数的数值。1924 年回国，先后在东南大学、清华大学任教。抗战期间曾带领学生进入冀中，帮助抗日军民造地雷炸药，被称为"地雷战"背后的科学家。1948 年当选中央研究院院士，1955 年被聘为中科院学部委员，是中国当代物理学的先驱和奠基人。

的女生，却坚决不同意转走。这名女生在晚年接受采访时说：
"我是上物理系，碰着一个老封建，谁呢？叶企荪。他说不要
女生，咱们就造反了。"[1] 她当面质问大名鼎鼎的叶企荪："清
华大学招生简章上，并未说女生不能考物理系，我们考上了，
你们又动员我们转系，这是歧视女性！"最终，物理系妥协，
允许她们试读一学期，成绩不行再转走。就这样，这个女生
得以留了下来。她叫何泽慧，芳龄十八，祖籍山西灵石，出
生在江苏苏州，高中毕业于外祖母创办的苏州振华女校。

　　一时间，钱三强的转学，何泽慧的拒走，成为一段不胫
而走的校园佳话。

　　清华与北大的不同之处在于，教授多从美国留学归来，
实行清一色的美国教育方式，重视学生的独立思考能力和动
手实验能力。除了授课，教授们还亲自进行科学研究，这在
当时是较为罕见的。钱三强在校期间，吴有训进行 X 射线对
金属结构的研究；萨本栋与任之恭进行电路和电子学方面的
研究，并准备试制真空管；周培源进行物理理论方面的研究；
叶企荪进行光谱学研究；赵忠尧与霍秉权研究原子核物理，
开始建立威尔逊云雾室。[2]

　　清华物理系十分重视培养学生手脑兼用的能力，规定学

---

[1]　据 2006 年 4 月 12 日央视《大家》栏目：《追忆似水年华——物理学
家何泽慧》。

[2]　见钱三强：《缅怀敬爱的叶企荪教授》，原载《物理》1987 年第 16
卷第 9 期。

生选修实验课的学分，不得少于理论课的二分之一。物理系开设的实验课很多，有些实验课知名教授直接指导学生动手操作。其间，钱三强跟着吴有训学会了吹玻璃技术。

而对于理论，清华物理系也有特殊要求，规定学生除了数理课程外，必须选学其他学科，包括理工科和文科。这也是钱三强文笔不错的一个原因。

不久，日本侵华愈演愈烈，钱玄同忧心如焚，而好友刘半农的逝世更是让他悲痛不已，国殇心伤双重打击，使得钱玄同身体出了问题，被迫回家静养。那时，钱三强已经升入清华二年级，全班28名同学，只剩下12人。

为了激励儿子坚持下去，钱玄同别出心裁地为钱三强题写了"从牛到爱"四个字。那是1933年10月10日，钱三强从学校回到家，父亲就把题字拿了出来。钱三强不清楚这四个字如何解释，父亲说："这四个字有两层寓意，一是勉励你发扬属牛的那股子牛劲，坚持到底；二是在科学上不断进取，向牛顿 [1]、

---

[1] 生于1643年，英国物理学家，皇家学会会长，一生未婚，是近代科学的鼻祖，百科全书式的全才。在力学上，提出了万有引力定律和牛顿三定律；在数学上，与莱布尼茨分享了微积分；在光学上，提出了光的微粒说；在热学上，确定了冷却定律；在天文学上，创制了反射望远镜；在经济学上，提出了金本位制度。

爱因斯坦[1]学习。"

从此，钱三强以"从牛到爱"为座右铭，一直带在身边，与他相伴了整整60年，直到他过世后被家人镌刻在墓地的大理石盖上。这也预示着他的人生轨迹："铆足牛劲"一往无前，"勇执牛耳"舍我其谁，甘当为原子能事业奠基的"拓荒牛"，为人民鞠躬尽瘁的"孺子牛"，为祖国任劳任怨的"老黄牛"；把最深沉、最无私、最执着的"爱"，献给祖国，献给科学，献给原子能事业。

"从牛到爱"，是对他一生最精准的诠释。

6. 毕业实验出事故

到了四年级作毕业论文时，钱三强所在的物理八级，已经由入学时的28人，减少到10人。男生有钱三强、王大珩、

---

[1] 1879年出生在德国，犹太人，20世纪最伟大的自然科学家之一。在瑞士上完大学后，成为一名专利局技术鉴定员，开始凭着兴趣搞科研。1905年，他提出了布朗运动和分子实在性、光量子论、狭义相对论三大划时代意义的贡献。1912年，回到母校苏黎世联邦理工学院担任理论物理学教授。1914年，被聘为德国威廉皇家物理研究所所长。1921年，因发现光电效应获得诺贝尔物理学奖。后因受到纳粹迫害移居美国，担任普林斯顿高等研究院教授，并上书美国总统罗斯福，建议赶在德国之前造出原子弹。

郁钟正（后改名于光远）、杨龙生、杨振邦、陈亚伦、谢毓章，女生有何泽慧、黄葳、许孝慰。

人少自有人少的好处，老师基本上是一对一指导学生作毕业论文。在老师指定题目后，学生需要走完查阅资料、设计实验、制造设备、开展实验、写作论文的全流程，每一步都必须一丝不苟。

钱三强的毕业论文，由吴有训指导，内容是制作一个真空系统，试验金属钠的表面对改善真空度的作用。老师要求他独立完成设计与制作，并给了他一个扩散真空泵和一些玻璃管材作为实验材料。

他通过查阅资料，设计出了管道图，并到金加工车间用角钢焊接了一个支架，用扩散真空泵和玻璃管材制作了一台真空系统装置。

实验进程还算顺利，他也充满了自信。但是，一个真空系统刚刚吹成，他一抽真空，就听到"呼"的一声，不仅玻璃设备全部炸碎，水银也流了一地。他当时吓了一跳，赶忙跑去向吴有训报告。吴有训让他把实验室的门窗全部打开，然后立刻跑出来，以防吸入水银蒸气中毒。

时隔两天，吴有训把钱三强叫到面前，一起分析实验失败的原因，认定是玻璃结构机械应力不均匀，导致整个玻璃设备炸碎，而要避免这一现象，需要在吹制玻璃设备时注意退火并严格执行退火的操作程序。"（吴有训）鼓励我再干，一点批评责备也没有。"[1]

在导师指导和鼓励下，钱三强重新实验，并获得了成功，他的毕业论文最终取得了 90 分的高分，与何泽慧并列第一。

对于智者来说，教训从来就不是包袱，而是财富。发生在 1936 年春天的这次实验事故，使他更为重视动手能力，并终身受益。后来，他在法国做原子核物理研究时，由于在清华期间学过吹玻璃技术并选修过"金工实习"课，所以对简单的实验设备和放射化学用的玻璃仪器，一般都能亲自动手制作，令欧洲同行刮目相看。

随后，清华组织学生"毕业参观"。当时，清华有一个人性化的设置，就是每生每年收取 20 块大洋的学费，毕业时再由校方如数返还学生，让他们用这 80 块大洋，作为到各地进行毕业参观的费用，目的是扩大学生的视野，并借此谋取就业岗位。接下来，根据校方的安排，他们由年方 30 岁的任之恭教授带队，先后参观了北平的协和医学院、北平研究院物理研究所，南京的资源委员会、国防部兵工署、中央大学，上海的南洋大学等。

紧接着，就是选择就业方向了。

全班 10 名同学，钱三强等 9 人学实验物理，方向自然是实验类研究机构。其中王大珩留在清华研究院，一边当助教一边深造，随后考取留英公费生，专攻光学玻璃研究，成为"中

---

[1] 见钱三强：《我对吴有训、叶企苏、萨本栋先生的点滴回忆》，原载《物理》1982 年第 11 卷第 8 期。

国光学之父";谢毓章在清华读完硕士后前往美国留学,回国后长期从事液晶物理研究;杨龙生受聘担任厦门大学数理系助教,后来到英国伯明翰大学进修,回国后成为电子学家;杨镇邦、陈亚伦则前往国防部兵工署弹道研究所,投身军工研究;黄葳、许孝慰在清华参加了工作;何泽慧决定去德国留学。而唯一学理论物理的于光远,先任广州岭南大学助教,后来奔赴延安从事边区经济研究,成了一名经济学家、哲学家。

钱三强将如何选择呢?

7. 进入研究所

可供钱三强选择的去处,一个是国防部兵工署,一个是北平研究院物理研究所。

为此,他找到父母。

父亲问:"你的志向是什么?"

钱三强答:"我的志向是去物理研究所,但同学们建议我去国防部兵工署,说那里待遇高。"

"那你看重什么?是志向还是津贴?"父亲问。

"我当然更重志向。"钱三强毫不犹豫。

"我还是原来的态度,你们自己的事情自己决定。"父亲显然不愿意让他与那种军事机构有什么联系，因此又补了一句话："既然你有兴趣从事物理科学研究，我看也是不错的。"

万事唯求平安的母亲，更不愿意三强与军事、政治产生瓜葛，便立刻表示意见说，不要去南京，还是留在北平好。

随后，钱三强把就业志向向导师吴有训做了汇报。吴有训十分赞赏他的选择，还欣然提笔，给物理研究所所长严济慈[1]写了推荐信。

在中国物理学界，严济慈与叶企孙、饶毓泰[2]、吴有训并称"四大名家"。他出生于普通农家，少年时代就显示出非凡的物理、数学天赋，后来自费赴法国留学，获得科学博士学位，后来又回到巴黎大学从事科研，是中国光学研究奠基人之一。能在他身边工作，令钱三强兴奋不已。

1936 年 7 月，钱三强告别了水木明净、静谧幽雅的清华园，走进北平研究院物理研究所。

研究所位于东皇城根 42 号，是一处老四合院，红漆大门，

[1] 物理学家，中国光学研究奠基人，浙江东阳人，生于 1901 年，22 岁赴法国留学，获巴黎大学数理硕士学位、法国国家科学博士学位，并留校从事科研。回国后，先后担任北平研究院物理研究所所长、中科院办公厅主任兼应用物理研究所所长，中国科技大学副校长、校长。1948 年当选为中央研究院院士，1955 年当选为中科院学部委员。

[2] 物理学家、教育家，江西临川人，生于 1891 年，22 岁赴美国留学，获芝加哥大学学士学位，普林斯顿大学硕士、博士学位；回国后先后担任南开大学物理系主任、北平研究院研究员、北大理学院院长兼物理系主任、西南联大物理系主任。1944 年赴美从事研究工作，1948 年当选为中央研究院院士，1955 年当选为中科院学部委员。

四方院子，保持了旧有格局，新建了三层高的现代楼房，与化学研究所合用，时称理化大楼。楼内设有研究室、实验室、金工场，水、电、气一应俱全，算得上北平为数不多的现代建筑。该所聚集了一批科研精英，且不说大名鼎鼎的研究员，就连研究助理员名单都令人咋舌，其中有陆学善、钟盛标、钱临照、吴学蔺、方声恒、翁文波。

钱三强被聘为研究助理员，月薪80块大洋，义务兼任图书室管理员。他领到第一个月工资，就为父亲的写字台配了一块玻璃板。父亲用手摸了摸玻璃板，没有任何表示。

他做的第一项研究，是带状光谱的分析与测量，主要研究化学元素铷的紫蓝色光带的游离能量。因为有完善的实验室和从德国进口的先进设备，年底就完成了全部实验和数据整理。

实验报告提交给严济慈后，严济慈十分满意，建议钱三强写成论文发表。1937年3月18日，钱三强用英文撰写了第一篇研究论文《铷分子离解的带状光谱和能量》，署名严济慈、钱三强。论文寄往美国，于7月15日发表在美国《物理评论》第52卷。论文发表时，正值钱三强的本命年——牛年，初生牛犊的他终于迈出了坚定的第一步。

"是个可塑之才！"一向爱才的严济慈不仅认可了这个年轻人，而且萌生了一个新想法。

8. 留学考试

那是一个星期六的下午，斜阳冉冉，春风习习。严济慈把钱三强叫到办公室，问："你是不是学过法语？"

钱三强如实地回答："在孔德学校学过。"

接着，严济慈到图书室取来一本法文科技书，让钱三强念给他听听。

听了一会儿，严济慈说："法语程度还不错嘛！"然后问："你知道我为什么考察你的法文吗？"

钱三强摇摇头。

严济慈卖完关子，方才告诉钱三强，想让他去考中法教育基金会到法国留学的公费生。[1]

留法公费生只有三个名额，分别是镭学、流体力学、微生物学。20 世纪 30 年代世界原子科学界有三大实验室，分别是英国剑桥大学卡文迪许实验室 [2]、德国威廉皇帝学会化学

---

[1] 见钱三强：《重原子核三分裂与四分裂的发现》，科学技术文献出版1989 年版。

[2] 即剑桥大学物理系，由电磁学之父麦克斯韦于 1871 年创立，为纪念物理学家亨利·卡文迪许而命名，由时任剑桥大学校长威廉·卡文迪许捐建。光学权威瑞利、发现电子的汤姆逊、原子核大师卢瑟福先后担任过该实验室主任。从 1904 年到 1989 年共出了 29 位诺贝尔奖得主。

研究所[1]、法国巴黎大学居里实验室。而镭学名额，就是去居里实验室留学。这个实验室，由镭元素的发现者居里夫人创建。此时的实验室主人，是居里夫人的女儿伊莱娜·居里和女婿弗莱德里克·约里奥[2]，夫妻二人由于发现了人工放射性，1935年获得了诺贝尔化学奖。对此，钱三强充满憧憬。而严济慈希望他考取的，正是镭学名额。

考试于当年5月进行，规定考物理、数学、外语（法文、英文答卷任选）和语文四门课。考进前三名，对于钱三强来说问题不大，问题出在语文考题上。

由于长期受到父亲新文化革命主张的熏陶，钱三强把文言文视为"死文字"，认为白话是文学正宗，从小不习文言文，不用毛笔写字，导致文言文成为他的短板。而此时的国民政府考试院院长戴季陶，逆新文化运动而行，提倡文章复古。考试院出的语文考题，特别要求在白话文之外，再作一篇文言文。就是这套语文考题，让钱三强差一点阴沟里翻船。[3]

---

[1] 创建于1912年，该所的维尔施泰特、哈恩先后获得1915年、1944年诺贝尔化学奖。该所在1944年柏林大轰炸中受损严重，1949年迁往美因茨，改名马克斯·普朗克化学研究所。

[2] 生于1900年，在巴黎理化学院师从物理学家朗之万。经朗之万推荐，1925年进入居里实验室工作，与居里夫人的长女伊莱娜坠入爱河，婚后二人将姓氏改为约里奥－居里，并于1935年共同获得诺贝尔化学奖。1937年他担任法兰西学院教授，筹建了核化学实验室，成为链式反应的主导科学家之一。法国沦陷期间，他是地下抵抗运动领袖之一。他于1958年逝世，法国为他举行了国葬。

[3] 见葛能全编著：《钱三强年谱》，山东友谊出版社2002年版。

不出所料，钱三强的文言文写作稍逊于另一名考生，好在这名考生外语答卷选的是英文，物理、数学成绩也不如钱三强。经评委综合评估，钱三强最终拿到了镭学名额，得到了中法教育基金会每月 2000 法郎的三年公费资助。钱三强后来感慨："我考取了镭学名额，而且是到世界上原子科学研究最先进的机构之一——巴黎大学居里实验室；指导我从事研究工作的导师，正好又是发现人工放射性的约里奥-居里夫妇。可以想象，这一切对于一个刚迈出学校大门，充满幻想的科学青年，该是何等幸运！"[1]

不久，严济慈去巴黎参加法国物理学会年会和世界文化合作会议。他希望钱三强八九月份抵达巴黎，然后一起去拜访伊莱娜·居里。

等待考试结果期间，丹麦物理学家尼尔斯·玻尔[2]到访中国。6 月 4 日上午，玻尔参观北平研究院物理研究所时，钱三强向其介绍了实验设备和自己刚刚完成的钸分子带状光谱与离解能量实验。参观结束后，钱三强参加了研究院同仁与玻尔的合影。下午，他又骑自行车赶到北大，聆听了玻尔关于"原子物理中的因果律"的学术演讲。玻尔将深奥的原子结构和原子核图像讲得深入浅出，趣味盎然。他关于复合核的概念，

[1]　见钱三强：《中国原子核科学发展片段回忆》，原载《紫荆》1990 年 10 月创刊号。

[2]　尼尔斯·玻尔，生于 1885 年，丹麦物理学家，他通过引入量子化条件，提出了玻尔模型来解释氢原子光谱，提出了互补原理和哥本哈根诠释来解释量子力学，1922 年获得诺贝尔物理学奖。

对于钱三强后来做裂变研究有很大启发。[1]

于光远也辞掉岭南大学教师职位，赶来参加镭学名额考试。抵达北平后，闻听钱三强已经报名应试，就主动放弃了。钱三强考取后，于光远在钱三强的一本纪念册上赠言："你出国深造钻研科学，我在国内干革命工作，等你学成回国，中国革命取得了胜利，你用你学的知识为革命服务。"[2] 两人分手后，一个西去延安，一个西去巴黎。

出国前的准备紧张而顺利，钱三强的心情也出奇地好。

就在大家都认为不可能出岔子时，岔子偏偏出现了。

9.临别的话

心理学上有一个墨菲定律：如果事情有变坏的可能，不管这种可能性有多小，它总会发生。

钱三强赴法在即，一场国难家患突然降临。钱三强在文章中说："卢沟桥事变爆发，侵略者的铁蹄踏到了中国人的脊

---

[1] 见钱三强：《尼尔斯·玻尔一百周年诞辰遐想》，原载《物理》1986年第 15 卷第 4 期。

[2] 见于光远：《告别三强》，原载钱三强著，葛能全编：《徜徉原子空间》，百花文艺出版社 2000 年版。

梁上；当局又是那样腐败无能，什么气节、国格，一切荡然！民众的心在剧痛，在流血！加之，家父由于忧愤国事，高血压病骤然加重，凶吉难卜。我开始踌躇了：国难家患临头，我能忍心离去吗？"

于是，钱三强准备致电远在巴黎的严济慈，取消赴法留学计划。

父亲钱玄同察觉到了三强的心思，他强忍着痛苦和离愁，把三个儿子秉雄、三强、德充叫到跟前。

见三强愁云满面，父亲盯着他问："你有什么话说？"

三强沉默不语，大哥秉雄替他把顾虑讲了出来："三弟对二老放心不下，想取消出国计划。"

"除了放心不下家人，还有什么担忧吗？"

三强回答："卢沟桥事变后，北平城外炮火连天，中华民族到了生死存亡的关头，天下兴亡，匹夫有责，我怎能这个时候走呢？"

"弹丸之地的日本敢对偌大的中国发难，因为什么？不就是因为我们落后吗？"父亲越说越激动，"'一二·九'的时候，你们都信誓旦旦，声称为民族生存而战，为国土完整而战，凭什么？就凭咱们的血肉之躯？"

然后，父亲面向三强说："这次出国，是极难得的机会。你学的东西，将来对国家是有用的。报效祖国，造福社会，路程远得很哩。男儿之志，不能只顾近忧啊！"[1]

为了安慰三强，父亲笑着说："我的体质虽不如你们的伯父和祖父，他们都活到七十四五岁，但我想我活到六十多岁是可能的。"[2]

接下来，钱玄同亲自操办了秉雄的订婚仪式，同时为三强送行，地点选在中央公园的"来今雨轩"，来宾上百人。在仪式上，钱玄同致辞说："儿女们的婚姻诸事，我是向来反对包办代替的，应该由他们自由选择，自己去争取。"[3]

仪式结束后，一家六口照了全家福，作为三强的临别留念。母亲徐婠贞将一些外钞缝进儿子衣服的夹层，叮嘱说："这点钱防备万一，一旦在那边发生不测，就用它买船票回来。"

1937 年 7 月 17 日，一个酷热的周末，北平上空再次响起日军飞机的轰鸣。钱三强怆然作别生活了 23 年的北平，从上海乘船赶赴巴黎。

[1]　见钱三强：《中国原子核科学发展片段回忆》，原载《紫荆》1990 年10 月创刊号。

[2]　见钱秉雄、钱三强、钱德充：《回忆我们的父亲——钱玄同》，原载《新文学史料》1979 年第 3 期。

[3]　见沈永宝：《钱玄同印象》，学林出版社 1997 年版。

第二章　练功　蓄力法兰西

台上一分钟，台下十年功。

——中国谚语

1. 拜会女导师

作别北平还是盛夏，抵达巴黎已是中秋。

九月的巴黎天高云淡，红叶如鱼。塞纳河静如处子，氤氲着千年不息的浪漫。香榭丽舍大道人流如潮，流淌着高贵豪华的气派。钱三强一到巴黎，便匆匆去见严济慈，商定由严济慈与伊莱娜邀约见面时间。在等待面见导师的那段时间，钱三强凭着一张巴黎地图做向导，走马观花地浏览了凯旋门、埃菲尔铁塔、巴士底狱、凡尔赛宫，还别有兴致地参观了巴黎世界博览会上十几个国家的展馆。

1937 年 9 月中旬的一天，按照预先约定，严济慈领着钱三强前去拜会伊莱娜。

见面地点，位于巴黎第五区皮埃尔－玛丽·居里街11 号，即被誉为世界科学皇宫的"居里实验室"。这是一座由常青灌木围护着的老式建筑，地面三层，地下一层，楼后有个袖珍花园。其实，居里夫人很长时间没有真正的实验室，直到她的晚年，法国政府才拨款在巴黎大学建造了一个镭学研究所，东边是居里实验室，西边是研究射线对生物作用的巴斯德实验室。"在居里实验室这个名副其实的国际科学机构里，她每天指导各种有关物理与化学的研究工作。在她的指导下，居里实验室完成了有关放射性研究的论文 500 篇以上，其中有许多是开创性的研究成果。最为突出的，同时也是她最高兴的，是 1934 年她的长女伊莱娜和女婿约里奥发现了人工放射现象。她的实验室培养了一批优秀的法国和外国的科学家，后来法国的学生们大多数成为法国原子能事业的骨干，现任法国原子能总署高级专员的泰亚克，就是其中的一个。"[1]

可惜太晚了，由于多年劳累，加上早期放射性工作缺少必要防护而受到的损伤，她的身体日益衰弱，不幸于 1934 年撒手人寰。好在，长女伊莱娜和女婿约里奥继承并光大了她的事业。

"我到达的时候，已经是约里奥－居里夫妇的时代。能够在弗莱德里克·约里奥和伊莱娜·居里夫妇领导下做研究工作，实在是我的幸运。"[2]

多年以后，钱三强还清楚地记得那个惬意的午后，他首次走进居里实验室的情景。严济慈在法国留学并工作过，还是法国物理学会理事，与伊莱娜算是老熟人了。虽然有严济慈作向导，钱三强还是有些紧张。二人首先来到一层一个普通房间，房间里摆放着居里夫人用过的一张橡木写字台，一把皮面扶手椅，一个文件柜，一排书架，一台旧打字机；墙上挂着一张放大的居里夫妇照片——夫人正面坐在工作台边，左手拿着一个烧瓶；先生侧面站立着，胡子长长的，右手插在短上衣的口袋里——两人正为揭开科学奥秘而工作。除此之外，房间再没有其他陈设。若非亲眼所见，简直不敢相信这就是

[1] 见《她在崎岖的道路上奋进——为〈居里夫人〉再版写的序》，原载[法]艾芙·居里著，左明彻译：《居里夫人传》，商务印书馆 1984 年版。

[2] 见钱三强著，葛能全编：《徜徉原子空间》，百花文艺出版社 2000 年版。

科学皇宫主人伊莱娜的工作室。

严济慈向伊莱娜简要介绍了钱三强，说明他公费留学三年，作博士论文。三人来到小花园，享受着午后的阳光，品尝着美味的咖啡，伊莱娜说，"在实验室工作的人最需要呼吸新鲜空气"。她说话简洁，不善言辞甚至有点冷淡，但却平和细心。她用信任的目光看着钱三强，同意他加入实验室，表示将直接指导他的博士论文，以攻读原子核物理为主，兼做放射化学工作。这一决定，让钱三强欣喜若狂。

钱三强说，"这样，我就进入了世界著名的居里实验室"。在中国农历牛年，24 岁的他有幸成为站在巨人肩膀上的人。

2. 第一次挑战

1937 年 10 月 25 日，是钱三强进入居里实验室的第一个工作日。在此之前，他除了熟悉实验室的工作环境，就是听伊莱娜开设的"放射学"基础课，每周两次，然后是讨论交流、阅读文献。

进入实验室之后，伊莱娜指定了他的博士论文：用云雾室研究含氢物质在 α 粒子轰击下所产生的质子群。伊莱娜说，这是当前原子核科学发展的前沿课题，又是原子物理学与化学的结合点，而且实验室尚未开展这一研究课题，你的论文可以很好地衔接之前的研究项目。

但是，钱三强对于这一课题知之甚少，一切都要从头开始。为此，他拿出当年攻克北大预科的牛脾气，全身心投入，虚心求教，不懂就问。要知道，从事核物理研究的人，通常被称作"原子木乃伊"，只有极少数耐得住寂寞的人才会选择这一事业，钱三强却乐在其中。

除了写博士论文，他一有机会就帮助别人，旨在多学一点实际本领。一天，他找到伊莱娜，提出希望参加放射化学实验。伊莱娜把他介绍给化学师郭黛勒夫人，协助对方制备放射源。在清华学到的吹玻璃技术，此时也发挥了作用。由于他主动肯干，又比较虚心，所以郭黛勒夫人对实验室里的同事们说："你们有什么事做不了，要人帮忙的话，可以找钱来做。他有挺好的基础，又愿意效力。"同事们问他，为什么要这样干？他回答："我比不得你们，你们这里有那么多人，各人干各人的事。我回国后只有我自己一个人，什么都得会干才行。例如放射源的提取，我自己不做，又有谁给我提取呢？

所以样样都得学会才行。"[1]

见他是个可造之才，伊莱娜决定推荐他到法兰西学院核化学实验室工作。这个实验室由法国政府拨款建立，正在建设欧洲第一台 7 兆电子伏的回旋加速器[2]。实验室的主持人，正是伊莱娜的丈夫约里奥。

一天，钱三强被叫到伊莱娜的工作室。她说，"约里奥正在改建云雾室，需要一位助手，你愿意去吗？"为了说服钱三强，她强调说："如果愿意的话，博士论文可以从改建云雾室开始做，这对完成你的论文是有必要的。"

钱三强毫不迟疑地答应了。

接到伊莱娜通知的第二天，钱三强便兴致勃勃来到法兰西学院约里奥工作室。一见面，约里奥就向他布置了任务：对现有的威尔逊云雾室进行两项改进，一是改进充气压力，达到可以人为调节的程度，测量粒子的能量范围能够自由控制；二是将膨胀速度放慢，让有效灵敏时间拉长，使每一次动作测到尽可能多的事件。

交代完任务，约里奥告诉钱三强，云雾室改进成功后，你就用云雾室研究 α 粒子与质子的碰撞问题，作为你博士论文的一部分。

---

[1] 见钱三强：《重原子核三分裂与四分裂的发现》，科学技术文献出版社 1989 年版。

[2] 回旋加速器是一种粒子加速器，是利用磁场使带电粒子作回旋运动，在运动中经高频电场反复加速的装置，是高能物理中的重要仪器，它在核科学、核技术、核医学等高新技术领域得到了广泛应用。

为此，钱三强凭借着在国内练就的动手能力，开始对云雾室进行可变压力改造。有些构件，是他利用在国内练就的本领自己动手制作的；有些因条件所限无法制作的构件，如金属底盘、金属网、金属丝等，则是他画好图纸，然后拿到一家金工厂，与技术工人一起制作完成的。1938 年冬，云雾室改造完成，改进后的有效灵敏时间，由原来的 0.1—0.2 秒，提高到 0.3—0.5 秒。对此，约里奥既满意，又惊讶。

随后，为了减少实验过程中因为配合不佳而漏掉观察的情况，约里奥又安排钱三强制作了一个可以自动卷片的照相系统。

1939 年初，约里奥用这个新的可变压力威尔逊云雾室，首次记录到铀受中子轰击时产生裂变碎片的径迹，这是世界上第一张用云雾室拍到的铀裂变照片。该云雾室得以成为具有历史纪念意义的设备，珍藏在巴黎“居里与约里奥－居里博物馆”，文字说明为“法兰西学院内由钱三强改建的可变压力云室（1938 年）”。

3. 心系家国

万里乡为梦，三边月作愁。钱三强置身巴黎，心却在遥远的祖国。

刚到巴黎数月，他就接到了大哥秉雄的来信。信中说，日军8月8日进犯北平，实行街禁，父亲回家途中被拦，直到深夜才到家。面对日军入侵，父亲在极度悲愤之下病倒在床，无法与北平师大同仁一起南迁，但他郑重转告原师大秘书汪如川说："请转告诸友放心，钱某决不做汉奸！"[1]

看过家书，他对父亲极为担心，接连寄出两封信询问情况，结果杳无音讯。那段时间，他刚刚接手云雾室改造工作，只能暂时把精力放在工作上。

年末，他终于收到家信。大哥在信中说，日本人想请父亲出面合作，结果两次均遭拒绝。一次是日本人登门邀请留在北平的文化名人做亲善，父亲称病不见。另一次是日本文化官员发函邀请各大学教授到怀仁堂开见面会，父亲出门正遇上送信人，信一眼没看就说："钱玄同回南方去了。"

父亲的义举深深触动了钱三强，他将参观巴黎世界博览会的明信片，寄给清华同宿舍的好友艾维超，明信片背面写着：

[1] 见钱秉雄、钱三强、钱德充：《回忆我们的父亲——钱玄同》，原载《新文学史料》1979年第3期。

"这是巴黎 1937 年博览会的苏俄馆的外形。你看这建筑上的一对青年（手举镰刀锤头），多么朴实、多么勇敢，象征着复兴国家的精神。维超兄，希望你将来也这样勇敢地参加复兴我们可爱的祖国的工作！ 三强 一九三七年底"[1]

其间，他从报纸上得到了北平被占、上海沦陷、南京大屠杀上演的噩耗。除了报纸消息，在留学生中，也常常流传着一些关于国内的"市井新闻"。父亲钱玄同是名人，小道消息偶尔也会涉及他。

他第一次听到关于父亲的传闻，是说他精神崩溃了，无论别人说什么，他似乎听不见；还说他发起疯来，把客厅砸了个稀巴烂；又说他妻子见人就解释，说他已经糊涂了，脑子不管用了，已经没有办法会客了等等。

他深信这是讹传，但又实在放心不下。情急之下，他给身在北平的学友沈令扬发了一封加急信，从侧面打听家中的状况。

次年一月，望眼欲穿的他终于收到家书。不承想，它不仅是父亲的亲笔，还是父亲写给他的最后一封信。他在法国共收到过父亲的三封信，前两封不过是便条式的三言两语，只有这一次是一封长信，魏体行书写得工工整整，从格式到内容都郑重其事。

关于健康状况，信上写道："我身体尚安，惟精神日渐衰老。三年久病，血压日高。为摄生计，已遵照医嘱，谢绝一切应酬，

[1] 见《钱三强的一张世博明信片》，刊发于 2007 年 11 月 21 日《解放日报》。

杜门不出，安心养病。"信中更多的，还是殷殷嘱托："你屡次来信，报告近来读书情形，知专心求学，蒸蒸日上，极为欣慰。惟云精神兴趣欠佳，思及家中，时形梦寐，且为学成以后，未必便能谋得较优之职业，因此觉一身之前途甚为渺茫。此等忧虑，与少年人极不相宜……你常有信来，固所欣盼。惟求学之时，光阴最可宝贵，以后来信，大可简单；我所欲知者，为学业之进度与身体之健康，其余均可不谈。此乃时间经济之道也，切记切记。"[1]

又过了一年，就在成功完成云雾室改造不久，钱三强收到一封素白的家信，信是大哥写来的，告知"父亲于一月十七日下午九时三刻逝世"，原因是右脑部溢血，"唉！从那时候起，我们弟兄三个已是无父的孤儿了"。[2]

犹如晴天霹雳，把尚且陶醉在成功喜悦中的钱三强击倒了。时值全球战乱，他根本无法回国奔丧，只能把自己关在屋子里，任泪水尽情流淌。

不久，伊莱娜发现他眼睛红肿，满脸伤悲，便问他发生了什么，他只好如实相告。那一刻，伊莱娜紧紧握住他的手，嗓音低沉地说："我能理解，我能理解。"然后，她告诉钱三强，自己也有类似的痛苦经历。1906 年，她只有 9 岁，妹妹艾芙·居

---

[1] 见《钱玄同致三强》（1938 年 1 月 1 日），收入葛能全、陈丹编注：《钱三强往来书信集注》，世界图书出版公司 2023 年版。

[2] 见《大哥秉雄告三强父亡书》（1939 年 1 月 27 日），收入葛能全、陈丹编注：《钱三强往来书信集注》，世界图书出版公司 2023 年版。

里才两岁，父亲皮埃尔就因车祸去世了。从此，母亲既要继续潜心研究各种放射性元素，还全部担负起了供养爷爷和照顾两个幼女的责任，甚至不断受到科学界保守势力的冷遇和压制，悲痛、无助与艰难无以言表，但也铸就了家里三位女性愈挫愈奋的性格。

导师的话语，不仅是一种安慰，更是一种化解悲痛的力量。他连夜从箱底翻出父亲的题字——"从牛到爱"，高悬于床头。

4. 见证奇迹

20世纪30年代，被称为核物理发展的黄金时代。神奇的核裂变现象，吸引了全球物理学家的目光，一场重大科学竞赛在物理学领域悄然拉开大幕。身在欧洲的钱三强，恰好赶上了这场竞赛。

1939年初，伊莱娜带领钱三强做了一项新实验，用中子轰击铀和钍，观测其产生的与镧相似的放射性元素，证实其放出的 β 射线能谱是否相同，以便进一步验证核裂变现象。

这项实验，射线源是关键，而且射线源越强越好。伊莱娜与钱三强做了分工，由她亲自做 α 射线源，由钱三强仿制一个"可变压力云雾室"。

α 射线源与可变压力云雾室做成后，钱三强协助伊莱娜开始实验。在实验中，伊莱娜一再叮嘱，不要把注意力全部集中在预想得到的试验结果上，而要尽可能找出那些有差别甚至有矛盾的现象，这样计算出来的结果才可靠。

实验结果证明，铀和钍受中子照射后产生的镧 α 射线是相同的。也就是说，用不同方式发生的裂变，可获得同样的裂变产物。

钱三强在伊莱娜指导下完成的这项实验，是物理学上第一个支持裂变现象的成功实验。实验报告《铀和钍产生的稀土放射性同位素辐射的比较》，由伊莱娜·居里和钱三强共同署名，1939 年 10 月发表在法国物理学会《物理学与镭学学报》第 10 卷上。

1938 年底到 1939 年初，注定是一段不寻常的时光。钱三强不仅间接见证了核裂变现象，而且直接感受到了下一次接力赛：证明链式反应的可能性。

"链式反应"这个词，出自约里奥在 1935 年诺贝尔奖颁奖典礼上的演讲。他说："我们有理由认为科学研究工作者，如能随意合成或分裂元素时就会知道将怎样引起具有爆炸性的转变，正像化学链式反应一样，由一种转变将引起更多的转变。如果物质里发生这种转变，我们可以预期将有大量的有用的能量释放出来。"[1]

---

[1]　见［英］莫里斯·戈德史密斯著，施莘译：《约里奥－居里传》，原子能出版社 1982 年版。

1939 年初，约里奥带着高级助手哈尔班、柯伐斯基开始做中子散射实验。实验结果证明，一个中子引起铀原子核分裂，放射出的中子能量很大，于是约里奥提出了"中子过剩"问题，并且从实验数据中找到中子过剩的证据，这就预示着可能发生新的反应。通过演算，他们计算出放射的中子的能量，至少有 11 兆电子伏。约里奥据此得出判断，这样大的能量有可能引起链式反应。他们推测，每次裂变释放出来的中子约接近三个（精确测量是 2.4 个中子）。不言而喻，链式反应是完全可能的。

在约里奥进行"链式反应"实验时，钱三强负责协助约里奥冲洗实验照片，亲眼见证了这一过程。

紧接着，约里奥和助手一起，投入了裂变过程的中子发射问题研究。与此同时，恩里克·费米[1] 在美国纽约，库尔恰托夫在苏联列宁格勒，都在赶做同样的实验。

结果是，约里奥于 1939 年 4 月 7 日率先发表了实验结果：链式反应是可能的。

三天后，库尔恰托夫在列宁格勒技术物理研究所讨论会上报告了类似结果。

---

[1] 美籍意大利物理学家，1901 年出生于罗马，在比萨大学获得博士学位后前往德国，成为量子力学大师马克斯·玻恩的助手，后回罗马大学组建费米研究小组，发现了 100 号化学元素镄，1938 年获诺贝尔物理学奖，然后直接去了美国。1942 年，费米在芝加哥大学牵头建立了人类第一台可控原子能反应堆，使原子弹爆炸成为可能，被誉为"原子能之父"。

17 日，费米小组的同样结果也在美国《物理评论》杂志上刊出。

虽然约里奥团队完成了"链式反应"实验，将核物理研究向前推进了重要一步，但他对此带来的危害也表现出强烈的担忧，因为巨大的爆炸释放出来的能量将是毁灭性的。为了防止某些国家利用链式反应制造原子武器，约里奥将《用含有铀的媒介物造成一个无限的链式反应的可能性》的实验报告，封存进法国科学院保密柜，约里奥和哈尔班、柯伐斯基三个当事人共同签了字，直到十年后的 1948 年 8 月 18 日方才解封。但在二战中，美国还是利用链式反应率先制造出原子弹。当然，战争也中断了约里奥的研究。后来，钱三强感慨："要不是战争打断了约里奥的既定工作计划，很可能世界上第一座原子核反应堆 [1] 会在法国首先建成。"[2]

这段特殊经历，也给钱三强招来了麻烦。1944 年秋，苏联驻法大使馆通过中共旅法支部的孟雨，让钱三强认识了在巴黎大学巴斯德实验室从事微生物研究的法籍苏联女子盖兰夫人。在一次交谈中，盖兰夫人暗示钱三强，能不能将"链式反应"实验资料弄到手，提供给苏联驻法大使馆。出于科学家的责任和良知，钱三强严词拒绝了她。事后，他把事情

---

[1] 又叫原子能反应堆、原子反应堆、原子堆、铀堆，是一种能维持可控自持链式核裂变反应，以实现核能利用的装置。

[2] 见钱三强：《重原子核三分裂与四分裂的发现》，科学技术文献出版1989 年版。

经过如实报告了约里奥。回国后，他又主动向党组织做了说明。即便如此，在"文革"中，还是有人罔顾事实，指责他有"里通外国嫌疑"。

5. 拿到博士学位

1939 年 3 月，欧洲大陆腾起漫天硝烟，在德国的立体进攻之下，奥地利、捷克斯洛伐克先后陷落，其他邻国也惊恐万状。此时，钱三强正处于完成博士论文的关键阶段，需要进行总结、计算，继而撰写论文。为此，他放弃了节假日，谢绝了应酬，天天埋头做实验。

4 月 24 日，钱三强初步完成了博士论文实验，写出一篇概要，经伊莱娜审阅，以简报形式发表在《法国科学院公报》第 208 期。

这年夏天有一个插曲。在英国留学的王大珩、彭桓武、夏震寰、卢焕章，相约来到巴黎，与钱三强相聚。四人都是

1938 年考取的中英庚子赔款第六批留英公费生 [1]。王大珩，24
岁，钱三强的同班同学，在英国帝国理工学院攻读应用光学；
彭桓武，24 岁，钱三强的上一级同学，在英国爱丁堡大学师
从马克斯·玻恩 [2] 研究理论物理；夏震寰，26 岁，毕业于清华
土木工程系，在英国曼彻斯特大学学习水力学；卢焕章，24 岁，
毕业于上海交通大学化学系，在伦敦大学帝国学院化工系攻
读博士学位。

有一种相逢，是"他乡遇故知"的兴奋；有一种相逢，是"风
雪夜归人"的温馨。尤其是彭桓武，在"终年不见太阳的爱丁堡"
得了一种怪病，一坐到饭桌前就胃口全无，不吃饭又饥饿难耐，
他这次赶赴巴黎的目的，就是晒太阳治病。没想到，巴黎的
艳阳，真的治好了他的怪病。

山水之于中国人，好比明月前身。在尽情游览了巴黎的
名胜之后，王大珩等人还打算前往德国观光，并且已经通知
了在柏林留学的何泽慧。钱三强并非不喜欢旅行，而且也想
前去看望分别三年的何泽慧，但手头的实验尚未完成，加上

---

[1] "庚子赔款"是八国联军入侵中国后，11 个国家逼迫清廷签订的《辛
丑条约》中规定的赔款，赔款总数 4.5 亿两白银，分 39 年偿付。第一次世
界大战结束后，德、奥因战败放弃庚子赔款，苏、美、法、日、英等先后
退还了多索的赔款，其中英国 1931 年退回的庚款，重点投资交通、电信业，
利息用于文物保护和选送留英公费生。从 1933 年到 1941 年共选派庚款留
英公费生 193 名。

[2] 马克斯·玻恩，生于 1882 年，德国犹太裔物理学家，量子力学的创
始人之一，因对量子力学的基础性研究尤其是对波函数的统计学诠释，获
得 1954 年诺贝尔物理学奖。

欧洲即将爆发战争，所以他决定留在巴黎，给他们担任联络员。彼此约定，一旦发生变故，就立即通知对方。王大珩等人到了柏林，何泽慧见面就问："钱三强怎么不来？"[1]

很快，欧洲风云突变。8月23日，德国与苏联签订《苏德互不侵犯条约》和《秘密补充协定》。希特勒没了后顾之忧，接下来进攻欧洲各国，只剩下先后顺序问题了。一时间，欧洲战云密布，人人自危。预感大战将至，钱三强赶紧给何泽慧发了一封电报，建议王大珩等人从速折返法国。

而德国，作为战争的发起方，普通民众和游客，是嗅不到硝烟，感受不到危险的。人们仍像丹麦童话里的人儿一样，该吃就吃，该喝就喝，该玩则玩。本来，王大珩等人还想游玩一些景点。接到电报，只能中断旅行计划，如约登上返法列车。下车后，他们还想住进巴黎大学，却发现校舍已被征为军营。于是，钱三强督促他们立刻换车赶回伦敦。当他们登上列车，发现沿途各站人山人海，拥挤不堪，这才感到大事不妙。而他们乘坐的这趟车，竟是战前巴黎直达伦敦的最后一趟列车。他们返回英国的第二天，二战便全面爆发。到了晚年，彭桓武仍旧忘不了钱三强发出的那份"救命"电报："如若没有钱三强的帮助，我当时就会被困在柏林，后果不堪

---

[1] 见钱三强：《重原子核三分裂与四分裂的发现》，科学技术文献出版社1989年版。

设想。"[1]

9月1日，德国对波兰发动"闪电式"进攻。3日，英、法对德宣战，二战全面爆发。巴黎的气氛顿时紧张起来，大学城也不太平，一些国民党分子大肆制造反共舆论，说苏联出卖了西方，未来还要出卖中国。在宿舍里，性格耿直的钱三强与他们争论起来，一位姓丁的学生差点把刀子扔到他身上，骂他是共产党，是苏联的帮凶。钱三强借机与这伙国民党分子断绝了来往，并开始与战争赛跑，他要赶在战火烧到巴黎前拿到博士学位。

1940年1月，他的实验全部结束，博士论文也拿出了初稿，题目是《含氢物质在 Po-α 粒子轰击下所产生的质子群》。论文根据伊莱娜的建议修改后，分成 AB 两部分在《物理学与镭学学报》发表。论文原本则提交到法国科学院，申请评审答辩。

论文评审委员会由三人组成。委员会主席是德比艾纳，他是居里夫妇的亲密同事，居里实验室第二任主任，89号元素锕的发现者；第二位评审委员是钱三强的导师伊莱娜；第三位评审委员是巴黎大学教授奥热，他是法国核科学领域的权威科学家，后来被戴高乐总统任命为法国原子能总署专员。这个评审团的权威性和豪华程度，前所未有。

1940年4月11日，评审委员会举行答辩会。面对三位专家的提问，钱三强全程用法语流利地回答问题，得到了他们

---

[1]　见彭桓武：《钱三强和我》，原载《物理天工总是鲜：彭桓武诗文集》，北京大学出版社 2001 年版。

的一致肯定，论文顺利通过评审。伊莱娜对钱三强给出的评价是：勤奋、热忱，具备领悟科学的天分。

1940 年 5 月，《法国科学院周报》发表了钱三强的博士论文，还配发了作者的照片。

只有不自我设限的人生，才能不断突破。取得理学博士学位后，钱三强并未立刻回国，因为此时距离公费留学三年时限还有几个月，他想抓住最后的时机，尽量多学点东西。

但这样一来，他还能顺利回国吗？

6. 烽火巴黎

欧洲大陆，是第二次世界大战的主战场。戏剧性的是，钱三强和何泽慧分别置身两个对立的国家，钱三强所在的法国属于"同盟国"一方，何泽慧所在的德国属于"轴心国"一方，人人命悬一线，危在旦夕。何泽慧躲进一位和蔼可亲的导师家中，受到了特别庇护。钱三强就没有何泽慧那般幸运了。

至为恐怖的是，德国的闪电战几乎到了摧枯拉朽的程度，4 月份攻陷丹麦、挪威，5 月份占领卢森堡、比利时、荷兰。5 月 21 日，德军机械化部队到达英吉利海峡沿岸，切断了英法联军防线。26 日，30 多万英国远征军在敦刻尔克大撤退，退回英伦三岛,4万余人被俘。6月,德军集中148个师的兵力、数千架飞机以及大量坦克,从法国北部发动进攻,法国精锐部队只剩五六个师,毫无抵抗之力。德军大兵压境,巴黎一片慌乱。

覆巢之下,岂有完卵。人们预感大事不妙,纷纷逃离巴黎。"有一天,钱三强遇到了意大利同事庞德科沃。对方很惊讶,说还不快跑?我们就赶紧逃难。所谓逃难,就是骑上自行车,向巴黎西南方向逃去。一路上,逃难的人群不少,走了两天多,就不能往前走了,原来德国军队已赶在前面,把我们这些巴黎难民都拦住了。于是,只好坐火车又折返巴黎。"[1]

钱三强逃难期间,法国政坛经历了一场巨变。6月17日,掌管内阁仅仅一天的贝当元帅,命令法国军队放下武器,随后与德国签订了苛刻、屈辱的停战协定,包括巴黎在内的五分之三的国土划归德军占领,贝当政府迁往维希。立刻,整个法兰西弥漫在无助、黑暗、悲伤之中。第二天,被排挤出法国内阁、流亡英国的戴高乐准将,在英国广播电台发出抵抗号召,成为"自由法国"运动和"流亡政府"的领袖。

钱三强折返时,巴黎已经沦陷多日,满街都是德国士兵和德国汽车,凯旋门和埃菲尔铁塔上则飘起了卐字旗。

8月份,中法教育基金会的公费资助因到期而终止。回国不能成行,留下来又没有生计,怎么办?此时的钱三强,犹

---

[1] 见钱三强:《重原子核三分裂与四分裂的发现》,科学技术文献出版社1989年版。

如汪洋中的一条小舢板，茫然无措。

一天，他在一条小路上散步沉思，突然抬头看见约里奥先生迎面走来。双方都为对方滞留巴黎惊奇不已。

钱三强后来回忆，"事后我才知道，本来约里奥－居里夫妇已经逃到法国南部的克莱蒙弗朗，准备登船前往英国。可是，他们临时想想，不能走。'我们走了，法国怎么办？'于是，夫妻二人把当时能够弄到的重水（含有重氢成分的水）托付给两个可靠的学生（哈尔班、柯伐斯基）运走，自己冒着风险返回巴黎。在钱三强诉说了自己的处境后，约里奥当即表态说：'既然是这样，那还是想法留下吧。只要我们自己能活下去，实验室还开着，就总能设法给你安排。'"[1]

当时，约里奥主持的法兰西学院核化学实验室，底层有欧洲大陆第一台回旋加速器，并且已经开始工作，而德国还没有可以工作的回旋加速器。因此，巴黎沦陷后，德军控制了核化学实验室。名义上，负责这个实验室的是德国科学家瓦尔特·博特[2]，但实际管事的是他的学生根特纳，他对法国人态度还好。一般情况下，德国人不干涉约里奥及其手下人的科学研究。约里奥做学术报告时，博特、根特纳也和钱三强等人一起听讲。所以，社会上有一种说法，称约里奥与德

[1] 见钱三强：《重原子核三分裂与四分裂的发现》，科学技术文献出版社1989年版。

[2] 德国物理学家、化学家、数学家，生于1891年，是德国量子力学创始人马克斯·普朗克的弟子，1932年任海德堡大学物理研究室主任，1943年完成了德国第一台粒子回旋加速器，1954年获得诺贝尔物理学奖。

国人"合作"了。

其实，当时法国境内有两个抵抗组织，一个组织的主要成员是天主教徒、农民、小学教师，领导人是比杜，他属于戴高乐派；另一个组织的主要成员是专家、教授和高级文化人士，领导人是约里奥，他是法国共产党员。核化学实验室表面上处在德国占领之下，实际上是地下活动的据点。

德国人企图尽快调试安装回旋加速器用来研究铀，从而制造出核武器。为了不让德国人达到目的，约里奥及其同事绞尽脑汁与德国人斗智斗勇。当时，负责调试的是德国物理学家莫勒，配合他工作的是法国机械师台尔曼。每次调试开始，台尔曼就趁德国人不备，关掉冷却系统的水龙头，引起机器发热，使绝缘体被烧坏，只得一次次停机检修。

为了保护钱三强，约里奥尽量不让他参加法国抵抗运动，也尽量不安排他去做转运武器等掉脑袋的事。他公开的工作，是在楼上实验室做有关 γ 射线的课题。但在暗中，钱三强一直为抗德特工队改装武器、制造炸药，还掩护过一个犹太小姑娘，甚至参加了上街游行。

庆幸的是，钱三强于 1940 年 10 月得到了"居里－卡内基奖学金"。据了解，这笔奖学金是美国慈善家卡内基捐赠给居里夫人的，目的是"使一些成绩斐然和有研究才能的学者不会中断研究"。负责支配奖学金的伊莱娜这样做，可见两位导师对钱三强的重视。

我不想把钱三强冠以天才称号，那其实是对他所经历的所有磨难、挫折的漠视与忽略。我只想说他悟性超强、十分专注并极其勤奋，否则就无法解释他在那样一种白色恐怖之下，那样一种压抑、惨淡、局促的气氛中，仍能坚持实验并取得累累硕果。1941 年初，他的研究报告《射钍的 γ 射线》发表于《法国科学院公报》第 213 卷。接着，伊莱娜又交给他一个新课题，让他做一个氙气电离室，用以测量 AcK（即钫 –223）的低能 γ 射线的强度。4 月，他完成了实验，研究报告《放射反冲的扩散及其本性》发表于《物理学与镭学学报》第 2 卷。10 月，他又完成了对射锕 γ 射线的研究，测定了 γ 射线的能量，成果发表于《物理学与镭学学报》第 3 卷。

7. 回国梦碎

1941 年冬，德国为了将巴黎殖民化，要求各国驻法外交机构撤离巴黎，迁往贝当傀儡政府所在地维希。随后，钱三强接到中国驻法使馆通知，说他既可以随同南迁，也可以留在巴黎，悉听尊便。

一天，钱三强从同胞张德禄口中得到一个消息，说马赛到中国的海上航线并未完全中断，有时能买到前往香港或上海的船票。于是，钱三强萌生了回国的念头。

他把想法告诉了约里奥－居里夫妇。两位导师也认为，目前实验室的研究条件今非昔比，出成果已很困难，仅仅从安全角度考虑，他们也支持钱三强暂时离开。为此，伊莱娜专门为钱三强回国写了评语，她在评语结论部分说："我坚信，钱三强先生有很高的科学水平，他能够在高等教育和科学研究方面服务于他的国家。他特别适合组建一个放射性和核物理实验室，因为在这个领域他有广泛的理论和实践知识，而且他同时拥有物理学家和化学家的能力，这些对这门科学来讲是绝对必要的。"[1]

11 月下旬，钱三强和张德禄离开巴黎，准备经里昂前往马赛，继而乘船回国。

途中，前方传来的消息，都是太平洋无战事，美国还与日本签订了《美日谅解方案》。既然如此，他们并不急于赶路，而是想在里昂小住数日，以便领略这座中世纪古城的独特风貌。里昂，位于法国东南部，处在索恩河与罗讷河交汇处，有着 2000 多年的建城史，曾是勃艮第王国的都城，直到 14 世纪才被法兰克王国控制，是东方丝绸、香料、珠宝的集中贸易地，有欧洲丝绸之都之美誉，也是欧洲重要的文化与艺术中心。钱三强还听说，一个叫邓小平的四川人，担任过中共里昂支部书记。这里，值得他顺便浏览一番。

---

[1] 见伊莱娜·约里奥－居里为钱三强回国写的工作评语（1941 年 11 月 8 日），收入葛能全、陈丹编注：《钱三强往来书信集注》，世界图书出版公司 2023 年版。

但刚到里昂，远方就传来了噩梦般的消息。如同他出国前夜遭遇"卢沟桥事变"，留学差点泡汤一样，这一次又是日本人打碎了他的回国梦。12 月 7 日，日本偷袭美国夏威夷军事基地珍珠港，太平洋战争全面爆发，所有前往中国的交通线都被切断。更令人崩溃的是，法国当时被分为自由区和占领区，巴黎属于德国占领区，而里昂属于维希傀儡政府管辖的自由区，从里昂返回巴黎等于进入德国，必须由占领区当局发放入境签证。他们进不得、退不得，一时束手无策。

一天，张德禄告诉钱三强，前往北美的轮船尚能通行，他准备前往美国，问钱三强有没有改去美国的想法。但钱三强告诉对方，自己一门心思回国，为此想暂时住下来，等形势好转再设法启程。

里昂有一所利用庚子赔款创办的中法大学，主要为旅法勤工俭学的中国学生提供住所、学习法文，以便选择合适的专业留学。1941 年冬，钱三强暂住在中法大学宿舍里，打听船的消息。谁知道一打听，根本没有回国的可能性。更严重的问题在于，囊中羞涩的钱三强，连学生食堂的饭菜都买不起，只能靠中国学生的救济和施舍过日子。

好在，里昂大学物理系有一个物理研究所。钱三强就主动找到了研究所负责人，借助约里奥弟子的身份，在研究所谋得了一份临时性研究工作。研究所里有一位比利时籍物理学教授，名叫 M. 莫朗。一天，他问钱三强，你有没有把放射性物质带出来。钱三强告诉他，自己只带了很少一点。莫朗很高兴，承诺帮他申请国家研究中心的经费，并安排他带一个大学生做毕业论文。

之后，钱三强成为研究所助理研究员，参加了新的核物理方面的理化物理实验室的组建，还指导两个物理系学生完成了毕业论文。这两个学生的课题分别是"α粒子在照相底板上的作用""用电解法分解重水"。钱三强亲自做实验，对这两个课题做了大量研究。[1]

钱三强在回忆文章中说："里昂大学条件还算可以，图书馆很好。可是，能做什么实验呢？我带有一点钋α源，寿命虽不长，还可以用一二年。可是探测器[2]就不行了。想来想去，什么条件都不具备，制作云室、电离室、计数管、磁谱仪，都是几乎完全不可能的。那又怎么办呢？我想起来，照相底板恐怕是可以找到的，是不是就先研究一下α粒子在照相底板上的作用。……实验结果发现，钋的α离子能够在照相底板上留下八九个黑点。这已经有点像云室中的粒子径迹了。"[3]

根据实验，钱三强完成了题为《用照相乳胶记录带电粒子》

[1]　见里昂大学 M. 莫朗：《关于钱三强先生在 1941—1942 学年的工作报告》，收入葛能全、陈丹编注：《钱三强往来书信集注》，世界图书出版公司 2023 年版。

[2]　指径迹探测器，作用是把粒子走过留下的"痕迹"放大，使它成为可供观测的"径迹"，再加以记录分析。当时的径迹探测手段，主要有云室、气泡室、原子核乳胶。20 世纪 60 年代出现固体核径迹探测器。

[3]　见钱三强：《重原子核三分裂与四分裂的发现》，科学技术文献出版社 1989 年版。

的实验报告，刊发于 1943 年 6 月的法国《物理手册》。他与"核乳胶"结缘，即始于此。

其间，他还自学了量子力学。

他一直记得居里夫人那段流传甚广的话："我一直沉醉于世界的优美之中，我所热爱的科学也不断增加它崭新的远景。我认定科学本身就具有伟大的美。一位从事研究工作的科学家，不仅是一个技术人员，也是一个小孩，他好像沉醉于神话故事中那样，沉醉在大自然的景色当中。这种魅力，就是使我终生能够在实验室里埋头工作的主要原因了。"[1] 因此，在里昂滞留期间，钱三强并未虚度光阴，而且做到了以苦为乐。

8. 重返实验室

1942 年 6 月，中途岛海战画上句号，美国太平洋舰队以只损失 1 艘航空母舰、1 艘驱逐舰和 147 架飞机的代价，使日本丧失了 4 艘航空母舰、1 艘巡洋舰和 332 架飞机，战局出现了有利于盟军的态势，但太平洋战争并没有停止的迹象。钱三强意识到回国无望，便考虑返回巴黎。

---

[1] 见［法］玛丽·居里：《我的信念》，原载黎先耀主编：《科学随笔经典》，科学普及出版社 1999 年版。

于是，他给约里奥写了一封信，问能不能回巴黎。

回信是伊莱娜写来的，她说自己正在莱辛结核病疗养院疗养，那里位于法国瑞士边境，属于"自由区"，钱三强可以去那里见面。

深秋时节，盛开的野菊布满山岗，红色的教堂尖顶掩映在绿树之间，成群的牛羊在细碎的阳光里时隐时现。钱三强一路辗转，来到莱辛结核病疗养院。伊莱娜患的不是一般性结核病，而是大量 X 射线侵入体内造成的慢性病变。钱三强赶到时，伊莱娜的病情已经得到控制。

钱三强和伊莱娜相约登山。走累了，二人便在如茵的山坡上坐下来，一只小狗在旁边轻摇尾巴，氛围轻松而惬意。伊莱娜告诉他，自己还须做一次膈神经外科手术，促进结核病变的吸收与愈合。钱三强表示可以陪她做手术，被她婉言谢绝。在谈到自己想回巴黎工作时，她表示，既然你回国无路，只要你愿意，约里奥可以帮你弄到回巴黎的签证。

于是，钱三强回到里昂等待签证。

1943 年 1 月，钱三强收到了签证，然后带上 M. 莫朗对他1941 至 1942 学年的工作鉴定书，兴致勃勃地赶回巴黎。

钱三强与里昂华侨和中法大学同学告别时，许多人恋恋不舍。其中一位亲历者回忆说，钱三强在里昂停留期间，中法大学同学会组建了一个 20 多人的"救亡歌咏团"，聘请钱三强担任歌咏团总指挥。他们经过几个月的业余练习，成功举办了一场规模较大的演唱会，鼓舞了中国华侨和留学生的抗日情绪，增强了对中国未来的信心，增进了华侨和旅法学生之间的团结。[1]

回到巴黎，他得到了法国国家科学研究中心奖学金资助，被聘为法国国家科学研究中心副研究员。还接受约里奥委托，在法兰西学院核化学实验室指导两名法国研究生。这一年，他一口气发表了6篇论文。

9. 战火情缘

1943年，战事依旧胶着。

11月的一天，钱三强突然收到一封来自德国的信，信上只有25个单词。据了解，二战爆发后，法、德互为敌国，断绝了邮路。在国际红十字会干预下，方才允许参战国邮寄私人信件，信件由国际红十字会负责收发，但每封信不得超过25个单词，并且要求使用统一格式的专用信纸，填写双方姓名、地址、国籍和收信人年龄、出生地，还不能封口。

来信者是分别6年的女同学何泽慧，这是本书第15次提到何泽慧了。

---

[1] 见王振基：《里昂中法大学生活的回忆》，原载《北京工业学院院刊专辑——中法大学校会专刊》（1986年6月）。

让我把笔触返回她大学毕业前夕。当时，清华物理系按照惯例对学生就业做了一些举荐工作，有两个男同学被推荐去了南京兵工署弹道研究所，其他男生也有着不错的选择，唯独女生们去向不明。教授们似乎不怎么关心女生的去向，南京兵工署也不愿意接收女生。何泽慧在《缅怀周培源老师》中说，"一二·九"抗日救亡运动爆发后，周培源老师为了培养学生的物理应用于捍卫祖国的意识，开了"弹道学"这门课程，这使得何泽慧萌发了到德国学"弹道学"的念头。[1] 她甚至声言："兵工署不要我们，我找那德国军事专家的老祖宗去！"她所说的这个"老祖宗"，名叫克兰茨，德国物理学家，曾经远赴中国担任军事顾问，参与了南京兵工署弹道研究所的筹建，被中国同行称为"弹道学的老祖宗"，此时已经回到德国。

但去找这个"老祖宗"，却不是一件靠谱的事儿，因为德国没有庚子赔款留学生。恰巧，何泽慧从一个山西老乡处得知，"山西王"阎锡山有一条承诺：国立大学毕业的山西籍学生，可获出国留学三年的经费资助，每年1000大洋。她父亲何澄与阎锡山既是山西老乡，又是日本陆军士官学校的同学，还在日本一起加入了同盟会，尽管父亲后来从军界转向实业，但与阎锡山还算有些交情。于是，父亲与山西方面取得了联系，获得了对方认可。她自己私下承认，之所以选择到德国留学，主要基于两个原因，"一是因为德国学费便宜，一年仅需要

---

[1] 见彭桓武、何泽慧、王大珩：《缅怀周培源老师》，原载《物理》1994年第3期。

1000元（用银圆兑换马克相对便宜）；二是德国兵工和理工科教育在全世界都是首屈一指的。"[1]

到德国后，她就读于柏林高等工业学院技术物理系，而系主任，就是抗战爆发后回到德国的克兰茨。但克兰茨所从事的弹道学研究，属于军事保密领域的研究项目，没有接收外国留学生的先例。而何泽慧更是面临着保密性、外国人、女性三重尴尬，因此一开始被克兰茨拒之门外。但她没有妥协，而是真诚地告诉克兰茨，您曾去中国当过顾问，帮我们抵抗日本军队，我来学这个专业也是为了打败日本侵略者，这有什么区别吗？何泽慧的执着打动了他，加上他了解和同情苦难的中国，最终破例接受了何泽慧。于是，她成为技术物理系第一位外国学生，也是学习弹道学的唯一女性。

此后，她在给姐姐何怡贞的信中，专门解释为何执意选择这个专业："我学的弹道学，也许兵工署就要来电报请我回去服务。不是中国兵发炮发不准，放枪放不准吗？其实只要我一算，一定百发百中！他们不早些请我，不然日本兵早已退还三岛了。"

在克兰茨和汉斯·盖格[2]指导下，何泽慧主攻膛外弹道学，研究子弹或炮弹离开枪炮后的运动轨迹以及它们的速度与空气阻力之间的关系。1940年5月，她以题为《一种新的精确简便测量子弹飞行速度的方法》的论文，获得工程博士学位。

---

[1]　见何泽慧给大姐何贞怡的信。

[2]　汉斯·威廉·盖革，生于1882年，德国物理学家，他发明的盖革计数器，是探测 α 粒子和其他电离辐射的探测仪。

学成后，她想尽快回国抗日。等她跑到中国驻柏林大使馆，才知道德国政府不允许任何人离境。无奈之下，经导师推荐，她进入西门子公司弱电流实验室工作。在那里，她结识了拉贝先生，亲眼看到了忠实记录南京大屠杀的《拉贝日记》原稿和照片。

在柏林留学和工作的 7 年间，何泽慧一直住在光谱学老教授帕邢家里，教授夫妇待她如亲孙女一样。1943 年 2 月，斯大林格勒战役结束，德军惨败。由守转攻的苏军，甚至扬言要炸平柏林。帕邢教授担心何泽慧的安全，便把她介绍给德国海德堡核物理学家瓦尔特·博特。在得到对方认可后，何泽慧即将于 11 月份前往海德堡，从事原子核物理研究，成为钱三强的同行。临行前，她还有一件挂心事没有落地，就是近年来柏林与"同盟国"之间通信受阻，她很久没有收到家信了，假如自己前往海德堡，与家人之间的联系就会中断。

无奈之下，她想到了巴黎的钱三强。

何泽慧这封 25 个单词的短信，内容是"巴黎钱三强：我与家人中断通信很久，如你能与国内通信请转告平安。何泽慧 1943 年 11 月 5 日于柏林"[1]。

在任何人看来，这都不是一封情书，充其量是同学之间的请托。但问题在于，一个人遭遇困惑和无助时，第一个想要求助的人，一定是最信任的人，心目中分量最重的人，可以依靠的人。试想，同样漂泊欧洲，为什么她没有求助其他

---

[1] 见《何泽慧致钱三强》，收入葛能全、陈丹编注：《钱三强往来书信集注》，世界图书出版公司 2023 年版。

同班同学和山西老乡？因此我说，这是一封有着缘分天定性质的信，也未尝不可吧。

斯人已逝，我无法穿越时空隧道，与这对科学巨人进行心灵的对话，因此也就无法知晓钱三强接到这封短信时心中的波澜。但我推测，他想得一定不少。毕竟，他已到而立之年，何泽慧也29岁了。中华民国婚姻法规定的婚龄是男20岁，女16岁，即便是普遍晚婚的今天，他们也算大龄青年了，因此他们不可能没有恋爱和结婚的想法。既然心仪之人来信求助，他岂能波澜不惊，无动于衷？

于是，钱三强按照何泽慧提供的地址，连夜向国内的何家发了信函，转告何泽慧在德国一切平安。

鸿雁，从此在法、德之间频繁来往，虽然只有短短25个单词，虽然没有让人脸红心跳的字眼，但独在异国他乡，突然有了可以倾诉的对象，那份心境实在无法用语言描述。

1944年4月，钱三强给在瑞士旅游的何泽慧发信，托她与国内通信时转告北平家人，他在法国安好，请勿挂念。

二战结束前夜，钱三强在伦敦鲍威尔实验室学习核乳胶技术时，接到何泽慧寄自海德堡的信，随信寄来的还有她刚刚用磁云室记录到的正负电子弹性碰撞过程的径迹照片，以及实验说明文字。原来，仅仅接触核物理半年时间的何泽慧，就借助云室研究了正负电子的弹性碰撞，接连取得了一系列科学发现，与博特联名发表了正负电子弹性碰撞的研究成果。

9月下旬，在英法宇宙学术会议上，钱三强报告了何泽慧关于正负电子弹性碰撞过程的实验，当记录的径迹照片投影后，引起与会者极大兴趣。英国综合性科学周刊《自然》以一项"科学珍闻"为题给予高度评价。钱三强后来撰文，称这是自己与何泽慧的"第一次合作"。

爱情，不仅是两个人互看，更应该是朝着一个方向看。共同的志趣把两人更加紧密地连在了一起，两人越走越近，渐渐到了谈婚论嫁的地步。

既然是一个美满的婚姻，就应该得到双方家人的祝福。1945年9月10日，钱三强尊重何泽慧的要求，致信她在美国的大姐何怡贞，就两人想结婚一事，请其向父母转告，并征求二老的意见。为了表示诚意，钱三强还随信附上了个人履历，如同一个前往大公司应聘的应届毕业生。不过，这封信写得"有点绕"，从中能看出钱三强的行文风格。

信是这样写的："我最近收到令妹泽慧的信，她叫我转写一信给您。泽慧同我是在清华大学时的同学，一九三六年她到德国，一九三七年我到法国，在居里实验室从若利欧（即约里奥）夫妇做关于放射学原子核物理的研究工作。因为战争的关系，我们于一九四〇年论文完结后，都不能回国。自一九四三年冬起她因柏林有受炸的危险，离柏林在海德堡从博特教授作原子核物理方面的工作，极得教授之赞扬。由她的信中知她对于这门物理非常之有兴趣。因为工作的范围相同及互相认识的清楚，我们最近决定将我们未来生活及工作完全连系一起。但是泽慧因为有点小孩脾气，所以叫我向您报告我们的决定，并且希望您能有机会时，代向堂上报告。我们现在尚处于异国，所以没有任何仪式，但是我们相信我们的决定已经如同有过仪式一般。至于将来的事情，尚希望您指教。"[1]

何怡贞收到来信的第二天，就写信告知了远在苏州的小妹何泽瑛。11月18日，何泽瑛收到大姐的航空信，先呈母亲王季山阅知，由于信中的表述含混不清，母亲感觉有点"受捉弄"，看了几遍也没弄清什么意思。接着，何泽瑛将信转寄给暂居北平的父亲何澄。12月12日，父亲给小女何泽瑛回信，行文同样"有点绕"，信中说："一切均悉，甚慰。慧总算有结果矣，使余减一责任矣。"可惜的是，不到半年，何澄突发脑溢血，在张大千为他租赁的颐和园养云轩中离世，已经无法见到两年后回国的二女儿和二女婿。

父亲的态度反馈到德国，何泽慧方敢放飞自我。

那是1945年冬季的一天，她既没有预先写信，又没有拍电报，抵达巴黎后也不打电话，就随身带着一个小箱子，如神兵天降一般出现在钱三强的寓所。多年不见，她依然如当年一样秀美而腼腆，两根标志性的长辫子又黑又粗。"使我惊讶的是，打开箱子一看，里面除了许多邮票之外，就都是些云室照片和曲线图等实验资料。"[2]

---

[1] 见《钱三强致何怡贞》，收入葛能全、陈丹编注：《钱三强往来书信集注》，世界图书出版公司2023年版。

[2] 见钱三强：《我和居里实验室》，原载钱三强著，葛能全编：《徜徉原子空间》，百花文艺出版社2000年版。

面对目瞪口呆的爱人，她说，我这次来巴黎，只逗留几天。

随后几天，两人一起讨论实验课题，参观实验室，还领略了塞纳河落日和梦巴黎之夜。这里的黄昏是美好的，帆影入夕阳，红霞散天外；这里的夜晚是美好的，流光迷人眼，歌乐入梦来。

1946 年，那是一个春天，而且是二战结束后的第一个春天。何泽慧彻底结束了在德国海德堡的研究工作，来到巴黎与钱三强会合。

4 月 8 日，两人在中国驻法使馆办理了结婚手续。当晚，他们按照中国习俗，在巴黎近郊的"东方饭店"举行了一场小型婚宴，30 多名好友和同事受邀参加，鲜少参加社交活动的约里奥－居里夫妇也盛装出席，约里奥先生还即兴发表了热情而风趣的致辞。

从此，何泽慧进入法兰西学院核化学实验室和巴黎大学居里实验室。钱三强与何泽慧这对核物理界的"金童玉女"，携手开启了崭新的科学生涯。

每天清晨，这对东方夫妇身披着晨光坐火车赶往法兰西学院；傍晚，则沐浴着夕光回到巴黎近郊的莫东勃朗街 5 号公寓。琴瑟和鸣，岁月静好。对于这对身处异国他乡的新婚夫妇来说，那应该是一段童话里才有的美丽时光。

《山海经》里说，有一种鸟叫蛮蛮，只有半个身体、一个翅膀，它必须和另一只合在一起才能飞翔。

10. 惊世发现

　　众所周知，率先制造出原子弹的美国，为了迅速结束战争，在日本广岛和长崎投下两颗原子弹。约里奥－居里夫妇领导的两个实验室，虽然在核武器制造方面落后于美国，但核物理基础研究水平一直位居世界前列。

　　二战结束后，饱受战争摧残的各国科学家，在医治战争创伤的同时，都主动恢复了研究工作，开始了新的科学竞赛。钱三强和何泽慧当然也不例外。

　　二人更高层次的科学发现，是从结婚开始的。

　　1946 年 7 月，夫妻二人前往英国，出席了剑桥国际基本粒子和低温会议，见到了以美、加、英名义出席会议的周培源、吴大猷、胡宁、彭桓武、胡济民、梅镇岳。钱三强饶有兴致地说："剑桥在伦敦的东北，是一个风光如画的大学城。这里有穿城而过的清澈的剑河，宽广如茵的绿草坪，古色古香的建筑群，纹饰斑斓的学院大门，庄严肃穆的大教堂。更重要的是，有世界科学巨人牛顿和达尔文的遗迹。卡文迪许实验室，也就在这里。选择这个地点来讨论原子核的秘密，是再恰当不过的了。"[1]

---

[1]　见钱三强：《重原子核三分裂与四分裂的发现》，科学技术文献出版社 1989 年版。

　　会议安排了若干学术报告会，其中一个报告涉及了铀核"二分裂"。所谓"二分裂"，是指铀核因俘获中子或者受带电粒子或光子的轰击，激发而分裂成两个较轻的核，这是1938年底发现的裂变现象。1941年，美国物理学家普赖深特根据液滴模型理论推测，铀原子核在吸收一个中子后，获得足够的激发能，从动力学考虑，可以分裂为三个原子核。但这一预言并未引起重视，也未能得到实验证实。

　　在这次会议上，英国青年学者格林和李弗西公布了一张照片。这张照片显示出原子核裂变后，其中一个碎片又放射出另一个 α 粒子，形成了"三叉"。这究竟是一次级联衰变，还是一次三体分裂，报告者未能给出任何解释，只是说像一个 α 粒子。

　　可是，这张照片却引发了钱三强的极大兴趣。他凭着一个顶尖核物理研究者的直觉，认为这个现象很特别，非常值得进一步研究。"为什么我们对它特别感兴趣呢？原来，这时已是1946年，一年前，由于广岛和长崎两颗原子弹的爆炸，整个世界都被核武器巨大的杀伤力震惊了。而原子弹的基本原理，就是利用了重原子核的裂变反应。裂变已成为影响人类前途的重大问题了。可是，裂变的物理过程，尽管经过了许多人的研究，当时还有许许多多不清楚的地方。我自己早在1939年，就参与了裂变的研究。所以，看到这张照片，萌发出对它进行深入探究的兴趣，是不奇怪的。"[1]

回到巴黎，钱三强立即组建了一个 4 人小组，成员包括法国助手 R. 沙士戴勒、L. 微聂隆和何泽慧。在实验中，他们采取了三大举措：第一，没有用云雾室，而是选用原子核乳胶做探测器，来观察原子裂变的径迹。因为云雾室，只有在它膨胀的一刹那才是敏感的，一张照片上只能记录很少的裂变径迹；而用原子核乳胶，它是一直灵敏的，可以把铀"放进去"，"曝光"的时间可以很长，更有机会捕捉到稀有现象。第二，采取"脱敏"的办法，即在核乳胶中加入一些"脱敏剂"，用来压低来自质子、α 粒子的贡献。第三，鉴于乳胶里的粒子径迹极其微小，钱三强向伊莱娜借来了高倍显微镜。

他们每天拍一两百张核分裂照片，逐一筛查，可谓一丝不苟，夜以继日。在一万多径迹中，他们观察到了 30 多个三个碎片同时发射的情况，其中有 18 个可以计算三个碎片的质量，这都是明显不能归之 α 粒子的事例，即不是级联事例。

为此，他们得出结论，这是一种铀裂变的新模式——"三分裂"。[2]

1946 年 12 月，由钱三强、何泽慧、R. 沙士戴勒、L. 微聂隆联名提交的实验报告《俘获中子引起的铀的三分裂》，发

---

[1]　见钱三强：《重原子核三分裂与四分裂的发现》，科学技术文献出版社 1989 年版。

[2]　见钱三强、何泽慧、R. 沙士戴勒、L. 微聂隆：《铀裂变的新模式——三分裂和四分裂》，原载《钱三强论文选集》，科学出版社 1993 年版。

表于《法国科学院公报》第 223 卷。

"三分裂",后来成为国际通用的专有名词。

与钱三强发现铀核"三分裂"几乎同时,英、美、加三国也有人观测到了发射第三个碎片的事例,但都简单地认为第三个碎片只是 α 粒子,其机制是二次发射。只有钱三强抓住不放,在大量实验测量基础上,对"三分裂"模式进行了全面论述,他认为,用"三分裂"来解释实验结果,比用两阶段核作用放出 α 粒子来解释更令人满意,如果裂变前放出了 α 粒子,其方向应倾向于液滴变形的轴向;如果裂变后由某一重碎片放出,则 α 粒子的方向对运动中的重碎片是各向同性的;如果是三分裂变,第三个轻碎片的发射方向应与两个重碎片的发射方向主要呈垂直方向射出,而且不一定全是 α 粒子,可能会有质量谱,估计氚或氦 –6 有可能存在,因为它们包含较多的中子。

铀核"三分裂"的发现,不仅深化了人们对裂变反应的认识,而且由于它是研究断裂点特性的一种有效的、直接的探针,在裂变机理研究中有独特作用。[1] 到了 20 世纪 60 年代,美国、苏联、波兰等国科学家,先后利用新的半导体探测手段研究裂变,证实了第三个裂变碎片确有质量谱:在这些轻粒子中,约有 90% 是 α 粒子,另外是 7% 的氚核、2% 的氦 –6 以及少量的质子、氚核、氦 –3、氦 –8、氦 –10、锂、铍、硼、碳原子核。

---

[1] 见周光召:《钱三强论文选集序言》,原载《钱三强论文选集》,科学出版社 1993 年版。

至此，钱三强 1947 年的预见得到证实，原子核"三分裂"（300
次裂变中约有一次是三分裂）现象得到物理学界公认。

11. 掌声响起来

铀核"三分裂"发现不久，奇迹又出现了。

11 月 22 日晚，何泽慧在实验中观察到一种特殊事例：四
条径迹从同一点出发。那一刻，她兴奋得难以自抑。

当夜，她与钱三强经过长时间的讨论，假定这是铀裂变
的新现象，也就是分成四个带电碎片的裂变——"四分裂"。

第二天，钱三强就将这一意外发现报告了约里奥–居里
夫妇，送给他们一张"四分裂"径迹照片，这张照片一直收
藏在巴黎居里博物馆。

接下来，约里奥向法国科学院会议报告了何泽慧发现的
铀核裂变的新模式——"四分裂"。12 月 23 日，《法国科学院
公报》第 223 卷发表了题为《铀的四分裂的实验证据》的文章，
署名何泽慧、钱三强、L. 微聂隆、R. 沙士戴勒。文章公布了
世界首例铀核"四分裂"径迹照片和各项测量数据，并得出
结论：在铀捕获慢中子导致"三分裂"的后续研究中，何泽
慧发现了一个必须用铀核"四分裂"才能解释的特殊事例。

这一发现，在国际科学界引起了不小关注。

1946年底，法国国家科学院授予钱三强亨利·德巴微物理学奖，他是得到这一奖励的第一位中国人。

1947年1月27日，《法国科学院公报》第224卷发表了《铀三分裂与四分裂现象的能量与几率》，文章根据物理学基本规律，经过精密计算，得出三个碎片出现的概率："三分裂"与"二分裂"之比为1∶300；"四分裂"出现的概率小于万分之二。

2月，钱三强小组又观察到第二例"四分裂"径迹。与第一次观察到的两重两轻不同，此例中的碎片是三重一轻，更符合"四分裂"的理论预言。经过校正，得到慢中子引起"四分裂"的平均动能约100兆电子伏，与玻尔和惠勒的理论预计倾向一致。2月13日，钱三强与何泽慧又完成了一篇用英文撰写的研究报告《铀核的新的裂变过程》，发表于3月15日出版的美国《物理评论》第71卷。

铀核"三分裂"与"四分裂"的发现和证实，在原子核裂变的研究历史上占有一定地位，它不但揭示了裂变反应的复杂性和多样性，而且提供了研究处在断裂点附近的原子核各种特性的可能性，因为没有别的可用的替代手段。

1947年春，在巴黎举行的世界科学工作者协会会议上，约里奥首先宣布了铀核"三分裂"和"四分裂"这项发现，并且说："这是第二次世界大战以后物理学上的一项有意义的工作。它是由两位中国青年科学家和两位法国青年研究人员共同完成的，是国际合作的产物。我们遵循国际科学界的准则和传统，决定立即公开发表它。我们反对某些国家把基础科学研究列入保密范围的做法，反对独占各国都做出贡献的知识成果！"[1]

约里奥讲话的第二天，法国《时代报》《人道报》和《人民报》就对钱三强进行了专题采访。英国布列斯托尔大学鲍威尔教授也发来贺电，说自己分享到了反射过来的荣誉，因为钱三强小组使用的原子核乳胶，是由他发明的。正是由于使用核乳胶技术取得了包括铀核"三分裂"在内的许多新发现，鲍威尔获得了 1950 年诺贝尔物理学奖。

显然，发现铀核裂变的新模式——"三分裂"和"四分裂"，对于钱三强和何泽慧来说，是科学生涯中一个阶段性的高峰。约里奥 – 居里夫妇将铀核"三分裂"和"四分裂"的研究成果，列为实验室年度报告之首。夫妻二人的发现传回中国，受到中国学术界和新闻媒体的一致赞美。此时的夫妻二人，已经不是两个独立的个体，理想、事业、生活、成果把他们完美地融合在了一起，因此他们才有可能并有资格，被西方媒体称为"中国的居里夫妇"。当然，因为发现了铀核"四分裂"模式，何泽慧也被称为"中国的居里夫人"。

1947 年，年仅 34 岁的钱三强被法国国家科学研究中心晋升为研究导师。

同年 11 月，长女在巴黎诞生。由于这个女儿与父亲钱玄

---

[1]　见钱三强：《重原子核三分裂与四分裂的发现》，科学技术文献出版社 1989 年版。

同年龄相差一个甲子（60 年），为了纪念另一个世界的父亲，他给女儿取名钱祖玄。

出名要趁早，钱三强的人生已经有了一个一百分的开局。此时，他已在法国发表了近 40 篇研究论文，正处于科研巅峰，也正处于杰出科学家首次贡献的最佳成名年龄，职位高了，名气大了，女儿也出生了。"很自然，周围的人们都据此以为我们会长期在居里实验室工作下去。"[1] 然而，夫妻二人却做出了一个令人惊愕的决定：离开居里实验室，回中国去！

12. 为什么回国

当时，在美、英、法、德、日等世界一流国家，一些中国留学生已经进入这些国家的核心科研领域，并崭露头角，他们也面临着与钱三强夫妇同样的境况。从 20 世纪初开始，第一次睁眼看世界的中国人，看到了本国与西方世界在教育、科技、军事领域的巨大差距，开始挖空心思派出大批青年学生出国留学。以美国庚子赔款公费留学生为例，中美双方议定，

---

[1] 见钱三强：《中国原子核科学发展的片段回忆》，原载《紫荆》1990年 10 月创刊号。

用"庚子赔偿"中超出美方损失的部分，创办游美学务处 [1]，自 1909 年起，中国每年向美国派出一批公费留学生。第一届招考，从 630 名报名考生中招录了 47 人，后来的清华校长梅贻琦、中国现代物理学奠基者胡刚复、中国现代化学开创者张子高名列其中；第二届招录了 72 人，有新文化运动的旗手胡适、语言学家赵元任、气象学家竺可桢。从 1909 年到 1929 年，接受庚子赔款资助的留美学生达 1800 人，成就显赫的有叶企孙、周培源、钱学森、马大猷、茅以升等。至于庚子赔款留英公费生，也达到 193 人，其中包括卢嘉锡、费孝通和钱锺书、杨绛夫妇，当然也包括本书讲到的王大珩、彭桓武。这些人，绝大多数选择了回国。

钱学森，浙江杭州人，生于 1911 年，23 岁考取清华公费留学生，进入美国麻省理工学院深造，后转入加州理工学院，成为冯·卡门 [2] 的弟子，取得航空、数学双博士学位。此后，他一边在大学任教，一边从事空气动力学、固体力学和火箭、导弹研究，完成了美国第一枚军用火箭的设计，被授予美国空军上校军衔。就是这样一个人，听到中华人民共和国诞生的消息后，决定回国效力。1950 年 8 月，钱学森一家本打

---

[1]　1911 年定名清华学堂，1912 年更名为清华学校，1928 年更名国立清华大学。

[2]　冯·卡门，匈牙利犹太人，生于 1881 年，1936 年加入美国籍，是 20 世纪最伟大的航天工程学家，被誉为"航空航天时代的科学奇才"。他所在的加州理工学院喷气推进实验室，后来成为美国国家航空和航天喷气实验室，钱伟长、钱学森、钱昌祚、郭永怀都是他的弟子。

算绕道加拿大乘飞机回国"探亲",但已经办理了轮船托运的 8 箱行李在洛杉矶海关被官方扣留,他也在准备动身时被美国官员拦下,然后被抓进监狱,还被抄了家。他为此受到的刁难,足可以写一部恐怖小说,在此不再赘述。为了将他营救回国,中美在日内瓦举行外交谈判,作为交换他的条件,中国释放了在朝鲜战场俘虏的 11 名美国飞行员。此前,美国海军部次长丹尼·金布尔毫不客气地表示:"我宁愿枪毙他,也不愿让他离开美国。要知道,无论他走到哪里,都要抵得上 5 个海军陆战师的兵力。"而钱学森的回应是:"我宁愿回到中国老家种苹果去,也不愿在受人怀疑的情况下继续留居美国!"直到 1955 年 9 月,钱学森才得以回到祖国。一家人最重要的行李,是他给妻子蒋英的结婚礼物———一架黑色三角钢琴,而他倾注 20 多年心血的研究笔记,被统统没收。

郭永怀,山东荣成人,生于 1909 年。因为工作的保密性,加上他牺牲得早,所以比起钱学森、邓稼先这些如雷贯耳的名字,郭永怀有些鲜为人知。其实,他在"两弹一星"研制中的贡献,超越很多人。他 1938 年参加中英庚子赔款第七届留学生招考,力学专业只招一人,考试结果,他与钱伟

长 [1]、林家翘 [2] 一起，以罕见的高分同时录取。他先是被改派到多伦多大学应用数学系学习，仅用半年就获得了硕士学位，后来赴加州理工学院古根海姆航空实验室，和钱学森一起成为冯·卡门的弟子。随后，他受邀到康奈尔大学任教。他推出的"跨声速流动的不连续解"理论模型，为人类打开"声障"之锁提供了一把精准的钥匙。因为在跨声速流和应用数学方面的重大成就，他被美国人描述为"既是可以改变世界的人，也是可以征服宇宙的人"。那时，郭永怀主持着康奈尔大学航空工程研究院的技术工作，拥有高额津贴，全家住在洋楼中，生活富足而安逸，但他还是渴盼着回国服务，一直拒绝加入美国国籍。中美在日内瓦签订"双方平民享有返回的权利"的协议后，钱学森一家得以回国，郭永怀也准备启程。面对同事们的挽留和质疑，他的回答很明了："中国是我的祖国，我是无论如何也要回去的！"为了避免美国政府制造麻烦，他在同事们为他饯行的野餐会上，毅然将自己尚未公开

---

[1] 1912年生于江苏无锡，毕业于清华物理系，1942年获多伦多大学理学博士学位，然后进入加州理工学院喷气推进实验室，在冯·卡门领导下研究火箭弹道、火箭空气动力设计、人造卫星轨道等问题，回国后先后担任清华教务长、副校长，上海大学校长，全国政协副主席。在中科院创办了第一个力学研究室，与钱学森合作创办了中科院力学研究所和自动化研究所。是中科院学部委员。

[2] 福建福州人，生于1916年，21岁从清华物理系毕业后留校任教，23岁考取赴英留学生，次年改派多伦多大学，获硕士学位后进入麻省理工学院攻读博士，随后进入布朗大学、麻省理工学院任教，是美国艺术与科学院院士、美国国家科学院院士、中科院外籍院士。

发表的所有书稿付之一炬。然后，变卖了家产，携带着妻女，毅然决然回到阔别 16 年的祖国。回国后，他把变卖家产所得48 460 元，一分不少地捐给了国家。以当时每月几十元的工资水平而论，这笔钱绝对是一笔巨资。后来，他甘心隐姓埋名，参加了原子弹、氢弹、导弹的研制。1968 年 12 月 4 日，他在试验中发现了一个重要线索，于是从青海基地连夜赶回北京进行研究。5 日凌晨，他乘坐的飞机在首都机场降落时坠毁，13 具遇难尸体被烧得面目全非，其中两具尸体紧紧抱在一起。当救援人员将这两具几乎烧焦的尸体艰难分开后，却发觉二人胸部夹着一个完好无损的公文包，包里装着绝密的试验数据。经辨认，这两具尸体，一具是郭永怀，另一具是他的警卫员牟方东。郭永怀在生命最后一刻保护下来的数据，是他留给祖国最后的礼物。他牺牲 22 天后，依据他保护下来的这份数据，中国又一枚热核武器试验成功。是他，教给了我们如何生，如何死。

华罗庚，江苏丹阳人，生于 1910 年，初中毕业后自学了高中、大学数学课程，20 岁发表论文《苏家驹之代数的五次方程式解法不能成立之理由》，一举轰动数学界，先后被清华大学破格聘为图书馆馆员和数学系助理、助教、讲师。1936年赴英国剑桥大学访问，1937 年回清华担任教授，1946 年任美国普林斯顿数学研究所研究员、普林斯顿大学教授。在国际上，以他命名的数学科研成果就有"华氏定理""怀依华不等式""华氏不等式""普劳威尔加当华定理""华氏算子""华王方法"等。他是中国解析数论、矩阵几何学、典型群、自安函数论的创始人和开拓者，被誉为"中国现代数学之父"。1950年2月，时任伊利诺伊大学终身教授的华罗庚，毅然舍弃了洋房、汽车、半年的薪水和光鲜的职位，以到英国讲学为名，携妻儿从旧金山登上邮船返回祖国。在归国途中，他写下了《致中国全体留美学生的公开信》，信中说："细心分析一下：我们怎样出国的？也许以为当然靠了自己的聪明和努力，才能考试获选出国的，靠了自己的本领和技能，才可能在这儿立足的。因之，也许可以得到一结论：我们在这儿的享受，是我们自己的本领，我们这儿的地位，是我们自己的努力。但据我看来，这是并不尽然的，何以故？谁给我们的特殊学习机会，而使得我们大学毕业？谁给我们所必需的外汇，因之可以出国学习。还不是我们胼手胝足的同胞吗？还不是我们千辛万苦的父母吗？受了同胞们的血汗栽培，成为人才之后，不为他们服务，这如何可以谓之公平？如何可以谓之合理？……朋友们！'梁园虽好，非久居之乡'，归去来兮！"

朱光亚，湖北武汉人，生于1924年。1945年，物理学家吴大猷、化学家曾昭抡、数学家华罗庚受国民政府委派，各自带着两个助手，前往美国学习原子弹技术。吴大猷挑选的助手，一个是西南联大助教朱光亚，一个是大二学生李政道；曾昭抡挑选的助手是唐敖庆、王瑞駪；华罗庚挑选的助手是孙本旺、徐贤修。考察组一到美国就被告知，美国不会向任

何国家开放原子弹研制技术，考察组只好就地解散。1946 年
9 月，朱光亚选择留在吴大猷的母校密歇根大学，一边作为吴
大猷的助手做理论物理课题，一边攻读博士学位，学的是与
"原子弹之梦"最接近的实验核物理。闻听新中国成立，作
为北美基督教中国学生会中西部地区分会主席的朱光亚，于
1949 年底牵头组织起草了《给留美同学的一封公开信》，其中
有这样的话语："我们都是在中国长大的，我们受了二十多年
的教育，自己不曾种过一粒米，不曾挖过一块煤。我们都是
靠千千万万终日劳动的中国工农大众的血汗供养长大的。现
在他们渴望我们，我们还不该赶快回去，把自己的一技之长，
献给祖国的人民吗？"[1] 公开信在留美学生中传阅、讨论、联
合署名，仅 3 个月就有 52 人签下了名字。1950 年 2 月，刚刚
获得原子核物理专业博士学位的朱光亚，拒绝了美国经济合
作署提供的救济金，在美国对华实行全面封锁之前，告别女友，
搭乘"克利夫兰总统号"客轮，取道香港返回祖国。

彭桓武，湖北麻城人，生于 1915 年，16 岁考入清华物理
系，23 岁留英，师从马克斯·玻恩，获得哲学、科学双博士。
他两度投入薛定谔[2] 门下，完成了关于介子的 HHP 理论研究。
1945 年，他与玻恩共同获得英国爱丁堡皇家学会麦克杜加尔—

---

[1] 见顾小英、朱明远：《我们的父亲朱光亚》，人民出版社 2009 年版。
[2] 埃尔温·薛定谔，生于 1887 年，奥地利物理学家，量子力学奠基人之一，
因发展了原子理论，与狄拉克共同获得 1933 年诺贝尔物理学奖。"薛定谔
的猫"，是他提出的一个有关猫生死叠加的理想实验。

布列兹班奖。此后他获聘都柏林高等研究院理论物理研究所助理教授，当选为爱尔兰皇家科学院院士，据说还有一位异国科学家恋人，科学的织锦上现出刚劲而炫目的经纬。就是这样一位蜚声异域的科学新宠，却萌生了回国的念头。1947年，他绕道巴黎看望钱三强夫妇，与钱三强相约：回祖国大干一场！当时的都柏林，乘船回国十分困难。彭桓武请在英国海军部工作的科学家朋友布莱克特帮忙，才在一条英国运兵船上找了个舱位。多年以后，有人问彭桓武，"您当年在英国学术界已有极高声誉与地位，为何还要选择回国？"彭桓武答："回国是不需要理由的，不回国才需要理由。"

在法国物理界有口皆碑的钱三强，有诺贝尔奖获得者约里奥－居里夫妇的呵护与指导，肯定会获得更好的科研岗位、更多的研究基金和更大的研究成果。临行前，很多人劝他不要浪费了才华，毕竟科学无国界。而他的回答是："回到贫穷落后、战火纷飞的中国，恐怕很难在科学实验上有所作为。不过，我们更加清楚的是，虽然科学没有国界，科学家却是有祖国的。[1]正因为祖国贫穷落后，才更需要科学工作者努力去改变她的面貌。我们当年背井离乡、远涉重洋，到欧洲留学，目的就是为了学到先进的科学技术，好回去报效祖国。我们怎能改变自己的初衷呢？应该回到祖国去，和其他科学家一起，使原子核这门新兴科学在祖国的土地上生根、开花、结果。

---

[1] 钱三强在此引用了法国科学家巴斯德的名言："科学无国界，科学家有祖国。"

我们渴望着回到离开了十年之久的故土，决心为祖国的富强、进步，贡献自己的力量。"[1]

是啊，但凡外国科学家，有了如此成就和职位，有了家庭和恋人，一般都不考虑回国了。但这批中国人不同，他们出生在最为离乱、最为落后、最为屈辱的晚清，生长在被列强凌辱，被日寇践踏的20世纪上半叶，他们作别父母、背井离乡出国留学，出发点只有一个，就是千方百计学到先进技术；职业选择只有一个，就是学到本领报效祖国；最终目标只有一个，就是让祖国翻身。为了这一终极目标，什么荣誉，什么职位，什么薪酬，什么家庭，都可以忽略，可以无视，可以舍弃，只有祖国不能忽视，不能回避，不能辜负。为了能回国，天大的磨难也可以承受；为了报效祖国，虽九死其犹未悔。

新中国成立前夕，中国科研机构只有40多个，科研人员不足1000人，科研成果寥寥无几，新型学科近乎空白。1949年8月至1957年底，有2500多名中国学者和留学生，陆续携带先进科研设备自愿回国，他们在原子能、兵器、航空、船舶、电子等高端技术领域发挥了极大作用，支撑起了整个"两弹一星"和"五年规划"等科研领域，是新中国建设极其珍贵的人才资源。

1955年，中科院选聘出首届学部委员172人，其中158人是从国外学成归来的，华罗庚、钱三强、严济慈、周培源、

---

[1] 见钱三强：《重原子核三分裂与四分裂的发现》，科学技术文献出版社1989年版。

饶毓泰、吴有训、叶企荪、钱伟长、陆学善、王淦昌、彭桓武、王大珩赫然在列。

1999 年，中共中央、国务院、中央军委授予 23 位科学家"两弹一星功勋奖章"，他们是：于敏、王大珩、王希季、朱光亚、孙家栋、任新民、吴自良、陈芳允、陈能宽、杨嘉墀、周光召、钱学森、屠守锷、黄纬禄、程开甲、彭桓武、王淦昌、邓稼先、赵九章、姚桐斌、钱骥、钱三强、郭永怀。23 人中，周光召、孙家栋是中华人民共和国成立后派到苏联留学的，没有留学经历的只有于敏和钱骥。也就是说，其中 19 人是从海外主动回国的。

英雄，是一个民族最闪亮的坐标。一个苦难的时期，耻辱的阶段，战乱的岁月，一定是诞生世纪伟人和民族英雄的年代。正是在那样一个困苦、屈辱、离乱的年代，一大批功成名就的青年科学家毅然选择回到一穷二白、内忧外患的祖国，为大国铸重器，为人民送安宁。他们犹如一颗颗星、一盏盏灯、一簇簇火，光耀天空、烛照大地，照亮了中华民族伟大复兴的光辉前程。这些"两弹"元勋，这些科学家是当之无愧的英雄。

自 20 世纪 80 年代以来，伴随着改革开放，第二次睁眼看世界的中国人，再次看到了自身与欧美在教育、科学上越拉越大的差距，大量中国青年学生，或公派或自费出国留学。2021 年，约有 37.94 万名中国留学生赴美学习，中国成为美国最大的留学生来源国。以中国最高学府之一清华为例，

2018 年应届毕业生 6960 人，其中 1146 人出国深造；在这些出国深造人群中，前往美国的占 69.5%，也就是 796 人；他们在完成深造后，超过 80% 的选择在美国定居，相当于每年有 600 多名清华毕业生被一纸硕博学位"挖走"，接近清华每年培养人才总量的十分之一。与清华齐名的北大，2019 年也有 1155 人出国留学，其中绝大部分去了美国，学成归来的也属于少数。1978 年到 2015 年，单单是美国硅谷，就接收了 2 万名清华、北大的高才生。他们之所以留在美国，据说主要是科研环境更好、房价收入比相对更低等原因。而原清华大学副校长施一公的解释是四个字："安于享乐"。

当然，我们不能直接断定留学生不回国就是不爱国，也不能轻易对这个人群过多地进行道德和道义绑架，也许他们从小没有经历过什么磨难，没有感受过民族落后的屈辱，没有孕育出 20 世纪那一代人的血性、使命意识和报国情怀，因此也就把目光更多地放在了自身就业、研究环境和发展前途上。个人有没有错？教育有没有错？导向有没有错？这一切，都需要我们用时间和实践去回答。

这不是一个小问题，而是应该高悬在每一个渴望民族复兴的中国公民心头的巨型惊叹号。

13. 祖国张开怀抱

1946 年，钱三强和何泽慧在剑桥参加完学术交流会，就邀王大珩见面，共同约定随时做好回国准备，为建设一个强盛的中国一起奋斗。

是年 9 月，国际应用力学大会在巴黎召开，在美国研学的周培源参加了会议。其间，周培源告诉钱三强，吴有训、赵忠尧已从清华调往中央大学，清华实验物理系无人负责，建议钱三强回母校服务。

12 月，世界科学工作者协会代表会议在巴黎召开，钱三强以专家身份加入中国代表团，在会上当选为世界科学工作者协会会员。钱三强夫妇陪同中国代表团的李书华、赵元任、竺可桢参观了约里奥－居里实验室，介绍了新发现的铀核"三分裂""四分裂"现象，其间也表露了回国的想法。

钱三强准备回国的消息传回国内，引发了一波邀请潮。其抢手程度，完全可以用"洛阳纸贵""炙手可热"来形容。

首先是北大，钱三强有在北大读书的经历，校长胡适又是钱三强之父钱玄同的老朋友，因此胡适热情邀请他回北大执教并做科研。胡适还郑重致函国防部部长白崇禧、参谋总长陈诚，声称"我要提议在北大集中全国研究原子能的第一流物理学者，专心研究最新的物理学理论与实验，并训练青年学者，以为国家将来国防工业之用。"他还说，"现在中国专治这种最新学问的人才，尚多在国外，其总数不过七八人。"为此，他列了一个"第一流物理学者"（共 9 人）名单，钱三强列在第一位，何泽慧列在第二位，并注明夫妻二人已接受北大聘约。[1] 这份名单上还有胡宁、张文裕、张宗燧、吴大猷、马仕俊和袁家骝、吴健雄夫妇。不等钱三强答复，胡适就"约聘"钱三强夫妇为物理系教授，还汇去 800 美金作为二人的归国旅费。

其次是清华。11 月 11 日，叶企荪向清华大学校长梅贻琦提议，邀聘钱三强为清华物理系教授。梅校长欣然同意，并向钱三强发来电报："清华聘任您为物理系教授，可否于 1947 年 3 月回国。请电复。"11 月 25 日，钱三强发电报回复梅贻琦："感谢您的邀请，可能在明年夏天回国，随后寄一封详细说明信。"[2] 4 个月后，梅校长又发来电报，承诺为钱三强全家安排住宅。后来，因为铀核"三分裂"实验尚未完成，加上妻子怀孕，钱三强特意致信梅校长，称短期内无法回国。

北平研究院副院长李书华到巴黎参加联合国教科文会议时，盛情邀请钱三强夫妇到北平研究院工作。后来，他又多次写信，要求钱三强回北平研究院工作，或回原物理研究所，

---

[1] 见《胡适致白崇禧、陈诚信函》，收入《胡适书信集》，北京大学出版社 1996 年版。

[2] 原件存清华档案馆，复印件见葛能全、陈丹编注：《钱三强往来书信集注》，世界图书出版公司 2023 年版。

或重新组建研究机构，一切听凭钱三强安排。

南京中央大学，也加入了邀请钱三强的行列。钱三强在清华读书时的老师吴有训，已调任中大校长；曾在清华物理系任教的赵忠尧，也调任中大物理系主任。二人将振兴中大物理系的重任寄希望于钱三强。

而南京中央研究院，也不甘心被无视。时任南京中央研究院总干事兼物理研究所所长萨本栋，是钱三强、张文裕、彭桓武等在清华读书时的老师。1947年初，萨本栋分别寄信给钱三强等人，邀请他们回国任物理研究所研究员。

中国是一个人情社会，拒绝一件事显然比答应一件事更困难，生长在书香门第的钱三强自然也不例外。面对多家大学和科研机构的盛情、连续相邀，钱三强举棋不定。

经过左右权衡，他最终决定放弃首都南京，选择回北平。主要是考虑母亲年事已高、抱病多年，自己十年来未在身边尽孝，应该陪伴母亲安度晚年。

那么，回到北平选择谁呢？面对三棵"梧桐树"，他开始掂量起来：当年弃北大而投清华，如今不可能再吃回头草吧？至于北平研究院，在大学教授的位置上兼职去做，似乎也行得通吧？那么，天平渐渐倒向母校清华。

而且，清华也足够尽心。因为清华有夫妻不能同系任教的规定，为了争取钱三强来校，梅校长亲自为何泽慧联系了北平研究院的工作。钱三强接到梅校长的情况说明，不禁为母校的真诚深深感动。

梅校长在信中告诉他，近来筹得 50 万美元，为学校图书馆添购设备。为了维持清华的学术地位，我一直希望广纳名师。十余年来，物理系人才之盛，成就之大，在中国近代学术史上举足轻重。但近几年，萨本栋先生去了中央研究所，吴有训、赵忠尧先生去了中央大学，物理系急需补充师资，尤以原子物理研究最需加强，因而非常期待您的归来。

钱三强很快给梅校长回信，感谢母校的一片盛情，建议先建一个小规模的原子能物理实验室，设备费约需 5 万美元。

梅校长复信，表达了积极支持的态度，并承诺从刚刚筹集的 50 万美元图书设备专款中，挤出 5 万美元购买原子核研究设备。另外，梅校长建议他，回国前先去美国参观，以掌握最新研究动向。

钱三强回信说，自己暂时不准备去美国参观，决定抓紧回国组建原子能物理实验室，并且建议清华联合北大、北平研究院、南京中央研究院、南京中央大学，建立一个原子能研究中心，各方取长补短，共同发展。没想到，这一额外设想得到了清华的积极回应。于是，他决定尽快回国。

做出决定后，钱三强给胡适去信，诚恳地说明了自己的艰难抉择，并承诺，"如北大方面缺乏原子核物理教师，当可帮忙授课。"同时，随信寄还了 800 美金路费。

归心似箭的钱三强给梅校长回信说，去年因为何泽慧刚刚生下女儿，行动不便，未能于 10 月份回国。法国的船期一年只有三次，我最早可以订五月份的船位，六月底应该可以抵达上海。

就在他准备订购船位时，又出现了一个插曲。中共巴黎支部书记袁葆华找到他，建议他就回国问题，听听中共欧洲委员会负责人的看法。早在二战期间，钱三强就结识了中共巴黎支部副书记孟雨，对中共的主张有了认知、领悟和好感。1945 年，钱三强前往英国学习原子核乳胶技术时，见到了前来参加英国共产党代表大会的中共传奇人物邓发。二人相谈甚欢，邓发问起他为什么不入党，他讲了科研任务重等理由。后来，尽管他没有履行入党手续，但多次参加中共旅法支部的活动，是中共重点服务和工作对象。

钱三强在卢森堡公园约见了刘宁一。他是河北满城人，41 岁，党的老地下工作者，1948 年就任中共欧洲委员会书记，负责领导中共在欧洲的工、青、妇、学及华侨工作。刘宁一劝钱三强最好等新中国成立后回国。但钱三强如实汇报了决定回国的三点原因，一是怕留在法国越陷越深，责任一天天大起来，将来更不好走；二是母亲有病，一再写信叫我回去；三是想借尚未解放，用政府资金购买一批仪器备将来使用。基于以上三点，决定 1948 年春夏之交回国。

刘宁一认可了他的想法，叮嘱他先回北平教书，坚持到新形势到来。

14. 告别恩师

人生自古伤离别。

回顾钱三强在法国的十年，从踌躇满志的学子，到成果丰硕的科学家，除了自己的悟性与勤奋，还得益于约里奥－居里夫妇在学业上的指导、生活上的照顾、科研上的扶持。约里奥－居里夫妇于他，既是导师，又是恩人，更像亲人。因此，钱三强携何泽慧去向两位导师告别时，一定忐忑而不舍。

"我于1948年初夏向约里奥先生和伊莱娜夫人郑重提出回国要求。他们尽管很舍不得我们走，为我们离去而惋惜，但听了陈述之后，都表示理解和赞成我们的决定。"[1]

当时，约里奥先生说："'我要是你的话，也会这样做的。祖国是母亲，应该为她的强盛而效力。'伊莱娜夫人送给我们两句临别赠言：'要为科学服务，科学要为人民服务'他们还把当时还是保密的重要核数据告诉了我们，并将一些放射性材料及放射源给了我们，让我们带回国。"[2]

过了几天，伊莱娜交给钱三强一件没有封口的书信，两

---

[1] 见钱三强：《中国原子核科学发展的片段回忆》，原载《紫荆》1990年10月创刊号。

[2] 见钱三强：《重原子核三分裂与四分裂的发现》，科学技术文献出版社1989年版。

页纸上密密麻麻写满法文，落款处有伊莱娜和约里奥的共同签名。这是一份对钱三强十年来工作成绩和个人品格的评议书，时间是 1948 年 4 月 26 日。

评议书全文如下：

> 物理学家钱先生在我们分别领导的实验室——巴黎大学镭学研究所和法兰西学院核化学实验室从事研究工作，时近十年，现将我们对他的良好印象书写如下，以资佐证。

> 钱先生与我们共事期间，证实了他那些早已显露了的研究人员的特殊品格，他的著述目录已经很长，其中有些具有头等的重要性。他对科学事业满腔热情，并且聪慧有创见。我们可以毫不夸张地说，在那些到我们实验室来并由我们指导工作的同一代科学家中，他最为优秀。我们这样说，并非言过其实。在法兰西学院，我们两人之一曾多次委托他领导多名研究人员，这项艰难的任务，他完成得很出色，从而赢得了他那些法国和外国学生们的尊敬与爱戴。

> 我们的国家承认钱先生的才干，曾先后任命他担任国家科学研究中心研究员和研究导师的高职。他曾受到法兰西科学院的嘉奖。

> 钱先生还是一位优秀的组织工作者，在精神、

科学与技术方面，他具备研究机构的领导者所应有的各种品德。[1]

据法国科学界证实，约里奥－居里夫妇共同签署对一个外国学者的评语，内容如此之长，评价如此之高，绝无仅有。1985 年 5 月 20 日，法国驻华大使代表法国总统授予钱三强"法兰西荣誉军团军官勋章"时，向公众朗读了约里奥－居里夫妇的这份手稿。72 岁的钱三强发表获奖感言时，深情回忆起两位恩师："我不仅从两位教授那里接受核科技的指导和关怀，他们的爱国热忱，对中国人民反侵略斗争的同情与支持，以及他在保卫世界和平事业中所表现出来的胆略，都使我永远不能忘怀。"[2]

能遇到约里奥－居里夫妇，是钱三强的幸运。能遇到钱三强这样的弟子，又何尝不是约里奥－居里夫妇的骄傲？

---

[1] 见钱三强著，葛能全编：《徜徉原子空间》，百花文艺出版社 2000 年版。

[2] 见葛能全编著：《钱三强年谱》，山东友谊出版社 2002 年版。

第三章　亮相　从黑暗到光明

我不能选择那最好的，是那最好的选择我。

——印度近代文学家泰戈尔

1. 游子归来

1948 年 5 月 2 日，钱三强携带妻子和半岁的女儿，登上了从法国马赛到中国上海的"安德烈·勒邦"号轮船。

一路上，可谓怪事连连。

第一次怪事，发生在新加坡。船在新加坡停靠时，上来几个穿警服的人，身后跟着几个便衣，其中一个自称是中央社的记者，他压低声音打听谁是钱三强，知道钱三强的身份后又不做采访，而是用冷漠的目光盯着他看，没头没脑地说了两声"对不住"，然后悻悻离去。

　　船靠西贡，几乎是新加坡一幕的重演。为此，何泽慧感觉莫名其妙："这些人想干什么？"钱三强同样心烦，但还没忘规劝妻子："不管他们，随他去。"话虽如此，钱三强脑中还是生出某种不祥的预感，因为他万分担心行李中那点"数年集得之放射物"被发现，进而被海关扣下。于是，他在船靠西贡的第二天——5月27日，给北平研究院副院长李书华发出一封求助信。信中说："生等离法时，行李除衣箱尚有书籍等共装九木箱，代研究院买之书籍杂志约装一箱共十箱。最近在船上听其他曾代人运寄书籍归国之同学称，上海海关常常留难，非要清单及买书之书局货单不可，不然即可长期扣留。……生等感到，书籍失去固已可惜，但尚有数年集得之放射物亦在内，虽在他人视为不值一文、可抛入海中之物，但对国内未来工作及生个人实为不可复得之宝物。因此特望先生能个人或用研究院名义帮忙，使海关勿过分留难。"[1]

　　到了香港，上船盘问的人更多，盘查内容更加可笑，就差没有翻看行李了。

　　6月10日，轮船驶入黄浦江，上海滩扑面而来，张开宽阔的臂膀迎接久别的游子。钱三强夫妇抱着7个月的女儿，站在甲板上不住地感叹："到了，我们到家了！"

　　赶来迎接的，是何泽慧的弟弟何泽诚。当时，他刚刚进入《时事新报》晚刊做实习记者。一见到姐姐、姐夫，他就

---

[1]　见《钱三强致李书华》，收入葛能全、陈丹编注：《钱三强往来书信集注》，世界图书出版公司2023年版。

兴奋地说："你们人还没到，消息就在报纸上传开了。"

登岸后，他们临时下榻北平研究院上海镭学研究所。接待他们的，是何泽慧的表姐夫陆学善。他也是浙江吴兴人，钱三强的同乡，清华大学毕业后进入北平研究院物理研究所工作，然后前往英国曼彻斯特大学 X 射线晶体学研究中心深造，获物理学博士学位，回国后任北平研究院上海镭学研究所研究员。王守璩，是何泽慧的二舅王季同的三女儿，同样毕业于清华大学，后来赴曼彻斯特大学留学，从事物理学翻译工作。陆学善与王守璩的结合，也和钱三强夫妇一样，属于典型的志同道合。表亲相见，加上都是清华校友，自然有说不完的话。

本来打算小住几日就动身北上，但钱三强最为担心的事还是发生了。何泽诚到海关取行李时，海关告知：钱三强的行李统统扣留了。心急如焚的钱三强跑到海关，要求归还行李，但海关人员以"执行命令"为由拒绝了。陆学善以镭学研究所名义前去交涉，对方还是那句冷冰冰的"执行命令"。专程到沪迎接钱三强夫妇的萨本栋，以中央研究院名义向海关交涉，同样无济于事。更搞笑的是，钱三强从西贡写给李书华的信 6 月 17 日才收到，比钱三强到沪时间还晚了一星期，他无奈地说："恐已无用矣。"后来才清楚，行李被扣是美国人从中捣鬼。直到两个月后，行李才获准放行。

因为等行李，钱三强只得延期北上。

他先是将妻子和女儿送回苏州娘家小住。这是他作为女婿，第一次登门"灵石何寓"和"网师园"，因此受到了何家的盛情款待。在苏州短短数日，钱三强还被何泽慧的母校振华女校请去为一个实验室建成剪彩，并发表了即兴讲话。

回到上海，学界同仁强烈要求他传授一下留学经验和科学见闻，他欣然接受。7月9日，在中研院物理研究所，钱三强做了回国后的首场演讲，内容是原子核科学的最新发展，听众虽然只有数十人，却来了不少记者。第二天，南京《中央日报》和上海《申报》做了报道，还配发了钱三强演讲的照片。《中央日报》上说："负有国际盛誉之我国原子物理学家钱三强氏，顷自法返国，首次于中央研究院物理研究所做学术演讲。按钱氏曾发现原子核在中子轰击之下，能分裂成三部乃至四部，为一九四〇年以来物理学上之大贡献。"与此同时，何泽慧也在苏州家中接受了上海《妇女》杂志的专访，该刊"人物介绍"专栏发表长文："成长中的中国居礼（里）夫人——何泽慧"。

很快，上海、南京、北平掀起了一股"钱三强热"，邀请其演讲者应接不暇。

7月18日，上海市立科学馆和中国物理学会联合主办学术演讲会，钱三强主讲了"原子能科学之近期进展"，听众反响相当强烈。

7月25日，中国科学社专门举行座谈会，钱三强应邀作"欧洲研究组织的新动向"主题演讲。在回答听众提问时，他对青年学生留学问题，诚恳地阐释了自己的见解："我们并不太穷，可是我们糟蹋钱的地方太多了。就以留学政策而论，若办得恰当，可得良善的收获，但是现在无计划地任青年学子到外国去，结果容易造成一批学不得用的分子。若是把每年留学的外汇用到本国研究工作，或是送真正的学者去留学，像法国、日本一样，我想成效一定要远过于现行政策。一般来说，两三年的留学时间要得优良成就并不是容易的事，但社会的习尚使青年盲目地走上出洋的路，结果有些有志者得不到适宜的发展机会，有些就靠着一个学位及特殊的个人关系在某机关里挂一个职衔，就这样自误误人地过了一辈子……不论是公费或自费，一个普通留学生至少费用是一百美元一月。可是在国内的教授只合十美金一月。若是少派一留学生而以这笔外汇供养五位教授，使他们安心工作，实能造就更多的人才。"[1] 以上肺腑之言，至今仍振聋发聩。

7月28日，他又应中国技术协会之邀举行座谈会，以《从国际科学工作者的集体研究精神，看中国的科学家和工程师》为主旨，谈到科学研究是一个系统工程，假如各个大学和研究机构各自为战，很容易造成资源浪费，也难以产出国际一流成果，建议借鉴法国联合科研中心的做法，在中国加大科研集体合作的力度。他的精辟见解，得到了与会学者的一致认可。

结束了上海的讲座，他应中央研究院之邀前往南京，由萨本栋陪同，拜会了中华民国行政院长翁文灏，说搞原子能

[1] 见中国科学社主办的《科学》（1948年）第30卷第10期。

用不了很多钱，希望政府为原子能科学的发展拨点专款，但没有得到肯定的答复。[1]

当晚，教育部部长、中央研究院代理院长朱家骅安排了接待晚宴，蒋介石的英文秘书兼总统府侍从室主任沈昌焕作陪。曾在德国留学的朱家骅和有美国留学背景的沈昌焕，均劝钱三强留在南京共事，考虑到吴有训身在美国，二人许以中央研究院物理研究所所长之职。对此，钱三强以母亲有恙为由婉言谢绝。

南京方面并不死心，交通部长俞大维亲自会见了他。俞大维，51岁，浙江绍兴人，曾赴美、德深造，获博士学位，担任过兵工署长，是弹道学专家、国防科技的主导人物。两人的谈话始终围绕着原子武器进行。俞大维问，从第一个原子反应堆到原子武器，需要多长时间？钱三强回答，大概需要三四年时间。当钱三强提出增加原子科学研究经费时，俞大维也做了口头承诺。早在1947年出席英国剑桥会议时，钱三强就听吴大猷说起，国民政府想研究原子能，并派人去美国学习，这一消息在他来到南京后得到了印证。

8月初，出于发展原子能的目的，国防部第六厅（掌管军事科学方面的研究业务）专门宴请钱三强。接待他的人，名叫钱昌祚，47岁，江苏常熟人，从清华学校毕业后赴美国麻省理工学院航空机械工程系留学，师从冯·卡门，回国后在

---

[1] 见《钱三强重要活动纪事》，原载《钱三强文选》，浙江科学技术出版社1994年版。

清华大学任教，1928年进入航空界，历任中央航空学校教育长、航空机械学校校长、南川第二飞机制造厂厂长，时任国防部第六厅厅长，已经变成了标准的政客。在一番例行的寒暄之后，钱昌祚询问了原子能技术问题和各国发展现状，钱三强一一作答。借此时机，钱三强重审了原子能研究的重要性，希望国防部能在资金方面积极投入。一会儿，谈兴正浓的钱昌祚莫名其妙地中断了讨论，宴席的气氛立时冷了下来。

当时，在国防部第六厅担任处长的葛正权也在场，这个人后来担任了第六厅雷达研究所所长，1949年率雷达所在杭州起义，荣立了一等功。1968年，他在一份证明材料中揭开了这件事的谜底。原来，钱三强在宴席期间谈到自己的导师约里奥是法国共产党员，钱昌祚怀疑钱三强也是共产党员，因此不敢留他继续讨论原子武器问题，只是让葛正权将车旅费给他送去了事。[1]

对此，钱三强不明就里，认为南京当局在做表面文章。他在《自传》中回忆："就在到南京的第二天，国防部第六厅厅长钱昌祚请我吃了一顿饭。饭后说：'我们已知道你在法国的情况，将来可能有合作的地方。听说你的先生是共产党员，美国对他很不满意。'我说：'是的。我回来主要是看母亲，并且将到清华去教书。'他说：'教书，很好。'就这样结束了这次会面。"

---

[1] 见葛正权：《关于钱昌祚接见钱三强的证明》（1968年4月24日）。

2. 因为幕后黑手

为了等该死的行李，钱三强被迫在南方逗留。母亲徐婠贞盼子心切，总是絮絮叨叨地问小儿子钱德充，不是已经到上海了吗，怎么还不回北平？她撑着病体天天到门口张望，十年没见，不知道三儿子变成啥样了？

比母亲还急的是母校。清华校长梅贻琦担心南京方面留住钱三强，特别安排理学院院长叶企孙飞到上海，与钱三强会面。见面后，叶企孙把临行前与李书华商谈的组建北平原子能研究中心的计划和准备情况，向钱三强做了说明。8月7日，叶企孙致函梅贻琦，说昨日与钱三强商定，由清华、北大、北研院向政府联合申请外汇用于研究中心建设，以三年为期，每年美金九万元。倘若北大对此计划不积极，只由清华与北研院合作亦无不可。

收信后，梅贻琦亲拟电报稿，发至苏州何泽慧家，希望钱三强早日到校。

就在钱三强雄心勃勃，准备北上大干一场时，一只黑手已经伸向他，把他组建北平原子能研究中心的计划扼杀在了摇篮之中，这只黑手就是最早制造并使用原子弹的美国。此前，美国驻中国大使馆就根据情报，开始干涉北平计划。而封杀令，是由美国驻中国大使馆一等秘书卡尔·H·勃林格出面，于 7 月 19 日以秘密公函形式发给中央研究院总干事萨本栋的。公函称："有报告说，北方一组科学家要求中国政府允许在北平建立原子能研究中心。根据美国大使馆得到的情报，一位姓钱的先生将领导所提议的这个研究中心。据报告，钱先生是法国约里奥－居里夫妇以前的学生，他发现了一种产生原子能的方法。我将十分感激您对这一报告所提供的任何情报。如蒙允许，您对这一事件发展为我提供的真实情报和您对任何相关进展的可能性所做出的评论，将受到重视。"[1]

面对美国"太上皇"的暗示，萨本栋于当天亲拟了一份密电，发给清华校长梅贻琦和北大校长胡适，让二人听从美国人的警告，暂时不要建立原子能研究中心。次日，他再次致函梅贻琦："昨得美国大使来函，询问北方科学家拟请政府在北平创立原子能研究室，并云已定由钱三强主办一节，窃以此项宣传，似非其时，曾电请转促注意，兹敬将原电文附呈，至恳赐办！"[2]

面对突如其来的干涉，梅贻琦最初很不理解，于 25 日致信中研院，陈述北平计划的必要性。而美国方面也多次向中研院施压，盯得很紧。无奈之下，萨本栋冒着泄密的风险，

---

[1] 见《美国大使馆致萨本栋查询函》（1948 年 7 月 19 日），现存清华大学档案馆，收入葛能全、陈丹编注：《钱三强往来书信集注》，世界图书出版公司 2023 年版。

[2] 见《萨本栋致梅贻琦函》（1948 年 7 月 20 日），存于清华大学档案馆，收入葛能全、陈丹编注：《钱三强往来书信集注》，世界图书出版公司 2023 年版。

于 29 日将美国使馆密函抄上，分别寄给梅贻琦、胡适，特别交代收阅后"付丙"（意为烧掉）。但梅贻琦并未按要求销毁，而是把它偷偷保存下来，后来转交清华档案馆存档，才让这一秘密勾当最终大白于天下。

分析美国的这一过敏行径，源头恐怕还是钱三强的导师约里奥。因为约里奥不仅属于共产党阵营，而且号召全世界反对美国利用核武器威胁世界和平，公开指责美国"占有各国科学家的共同成果，而对别国保密"，多次宣称"原子弹原理并非美国发明的"。为此，美国十分恼火，不仅公开诋毁他是"共产党的阴谋组织者"，拒绝他和夫人入境美国，还逼迫法国政府撤掉了他的法国原子能总署高级专员职务，甚至授意英国设法让他在地球上消失。英国只是考虑到他在科技界的崇高威望，才没有执行美国的这一极端路数。美国还认为，钱三强作为约里奥的得意门生，也有共产党嫌疑，所以才不择手段地针对钱三强，并将其行李扣留了近两个月，目的当然是彻底封杀北平计划。同时，美国人清楚，南京政府已烂到骨子里，如果准许北平集中人力、财力建立原子能机构，就等于给共产党备了一份厚礼。说穿了，美国不愿意看到世界上除它之外，再有任何一个国家拥有原子弹，也包括对美国言听计从的国民政府。综上所述，美国人把事情做绝，也就不难理解了。

但钱三强不理解。由于梅贻琦对美国密函守口如瓶，所以导致参与北平计划的叶企荪、周培源全然不知，钱三强更是直至去世都被蒙在鼓里。

1948年8月，钱三强回到北平，就趁热打铁实施北平计划。等他一一登门游说，却突然发现，似乎一切全变了。

他首先找到梅贻琦，对方表示理解他的建议，但无能为力。梅贻琦说："你的意见何尝不对，可现在是各立门户、各自为政，谁能顾得上这些呢！"

接着，他又前往北大登门拜访胡适。钱三强认为，胡适既是名校校长，又是可与最高层通话的要人，也许他比梅贻琦的作用大。在钱三强讲明来意后，胡适摇了摇头，摆出一副人畜无害的表情，感叹道："门户之见，根深蒂固。北平有几摊，南京还有一摊，几个方面的人拢在一起，目前的情势下不易办得到，还是各尽其力吧。"

最后，他找到李书华。此时，钱三强对于北平计划已经不抱大的希望，但还是希望把北平的力量先联合起来，加强协作。听完钱三强的建议，李书华一脸尴尬，苦笑着说："一定时期开开学术讨论会是可以的，其他恐怕难以办得到。"[1]

对于三个长者的出尔反尔，他苦思着，疑惑着，迷惘着，既失望，又愤懑，更无奈。其实，不仅钱三强对这三个人失望，但凡北平有识之士都对他们失望。因为不久，胡适、梅贻琦丢下自己管理的北大、清华到了台湾，李书华则抛弃北平研究院去了美国。

美国人的密函在档案馆尘封了整整半个世纪，直到钱三

---

[1] 见钱三强：《中国原子核科学发展的片段回忆》，原载《紫荆》1990年10月创刊号。

强辞世十年后才公诸于世。设若主人公九泉之下有知，他理不理解三个长者当年的出尔反尔？

理不理解尚在其次，首先要看对方应不应该吧。

3.回到清华园

在未来计划上受了重击，好在有亲情这一剂良药。

见到母亲，钱三强只是流泪，为了母亲的衰老，为了没能参加父亲的葬礼，为自己十年没在老人身边尽孝，也为了全家终于团圆。而母亲只是笑，因为她终于见到了日思夜盼的三儿子，还见到了美名远扬的儿媳，更有忽闪着一双大眼睛的小孙女。随后，一家三口陪着母亲，暂住在弟弟钱德充家里。

钱三强学成归来的消息一经传开，沉寂的北平学界和政界立时沸腾起来。北平驻军司令傅作义将军和世界科学社专门设宴为他接风。北平研究院院长李石曾也在怀仁堂举行的纪念建院十九周年暨学术会议上，对他载誉归来表示欢迎。会后，北平研究院宣布组建原子学研究所，聘请钱三强为兼职所长，何泽慧为研究员。

钱三强的正式职位，则是清华大学物理系教授。为了欢迎他回母校任教，学校安排他向物理系全体同学做了首场演讲。《中国新闻报》事后报道："在开会前，科学馆门口挤满了同学，大家都以急切的心情，盼望着等待着一向景仰的钱先生的来临。钟声超过了七点半，钱先生终于准时来了。中等的身材，穿着朴素的西服，满面的笑容，使人一见便泛起无限的钦仰。当主席略致欢迎辞后，掌声中他起立了，开始对同学们作下面的谈话。"

钱三强着重介绍了欧洲科学技术的发展状况。他说，第二次世界大战，在一定意义上可以说是一场科学的战争。人们进一步认识到发展科学的迫切性，大规模充实研究机构，充实研究基金，扩大实验室。研究机构开始成为独立的系统，以科学研究为中心，教育只是它的一个旁支。欧洲的科学研究开始走向集体化，互相配合，携手并进。谈到回国后的感受，他说："我回到祖国，看看国内科学界的情形与若干年前没有多大区别，各大学门户之见甚至各系之间的相互摩擦依然存在。诸位是未来科技界之后备军，我希望你们将来进入社会要根绝这种毛病，要打破为清华大学，甚至为清华大学物理系努力的观念，你们要努力的是为整个中国物理界！"

演讲结束后，他耐心回答了学生们的提问。有同学提问，自然科学是不是超然的东西？是否以人为中心？

钱三强回答："自然科学并不是超然的，但研究过程中多少要带着好奇心。科学的研究是要给以相当的自由，并不是政治上所谓的自由，而是思想与心理上的自由。自然科学研究的对象是物，但研究的结果仍然会归结到人的方面来。说人类会因科学的利器而毁灭，我想不至于。以火来譬喻，燧人氏发明火时，何尝不说它是杀人利器，但经过人类好好地利用，便使它成为人类生活之必需。人类一旦知道某种东西的厉害，便会害怕，不会妄自利用它来残害人类。"[1]

从 10 月份开始，钱三强开始在校内讲授普通物理和现代物理。他的课，不仅本系学生爱听，其他系的学生也来旁听，电机工程系学生朱镕基就旁听过他的现代物理。他每周还在中法大学开设一堂原子物理公开课，目的是让更多的人理解和支持原子科学发展。[2]

授课之余，钱三强还要花时间到东皇城根甲 42 号院，着手组建北平研究院原子学研究所。但是论其当时的工作条件、人员情况，这个研究所可谓徒有其名。最初，研究所只有 6 个人，包括兼任所长的钱三强、研究员何泽慧，另有助理员、技术员、技工、事务员各一名。研究所每个月的经费，仅够买十几支真空管；实验室内空空荡荡，仪器设备奇缺，他们只好骑着自行车大街小巷跑旧货摊、废品站。他们曾经从天桥旧货市场买回一台旧车床，自己制作了一些简单仪器。可是，靠着如此简陋的条件，要想搞起中国的原子能事业，可谓杯水车薪。

谈到旧中国的科研状况，钱三强在一篇文章中说："据

---

[1] 见王春江：《裂变之光——记钱三强》，中国青年出版社 1990 年版。

[2] 见胡仁宇：《根深叶茂，功业长存——怀念我国原子能科学技术队伍的创业者钱三强先生》，原载《钱三强文选》，浙江科学技术出版社 1994 年版。

我所知，1949 年以前，中国的其他科学领域也都如此，都是科学家个人凭着为国家富强的热情和献身科学的精神，在经费拮据、人员不足、手段落后和社会变乱无常的困难条件下，自发地做些力所能及的工作。"[1] 后来，他在接受记者采访时又说："那时，真可以说是白手起家，旧中国只有寥寥几个研究所，大都是在外国文献中寻找课题，情况稍好的是地区性强的地质科学和生物科学。"[2]

对此，他并未对自己选择回国后悔，因为这种状况与他此前的推测基本一致。他只有尽人事，听天命了。

为了授课和实验方便，钱三强在城内外各有一个家。在清华备课、授课时，就住在北院七号叶企荪住所。到了周末或在原子学研究所上班时，则进城住在北平研究院为何泽慧安排的月牙胡同宿舍，母亲也被接来同住，一家三代其乐融融，享受着久违的天伦之乐。

不久，彭桓武从云南大学转到清华任教，也住进了北院七号。一时间，北院七号成了清华物理系的大本营，每天夜里灯都亮到很晚，大家或围坐谈笑风生，或各自埋头备课，几位在世界物理学界叱咤风云的青年教授，在内战炮火打不到的这个角落里，度过了一段自得其乐的时光。

---

[1] 见钱三强：《中国原子核科学发展的片段回忆》，原载《紫荆》1990 年 10 月创刊号。

[2] 见罗荣兴：《社会主义科学事业的胜利——就颁发自然科学奖访著名科学家钱三强》，原载 1982 年 10 月 24 日《人民日报》。

这种感觉,有点类似"躲进小楼成一统,管他冬夏与春秋"了吧。但钱三强明白,这种生活不是他想要的,他想要的是发展原子能,让中国这头东方睡狮醒来,让自己的国家和民族不再任人践踏。

他在等待。

他清楚,天越黑,距离黎明就越近。

4. 天终于亮了

1948 年 12 月 16 日,因为母亲病重卧床,钱三强由清华北院七号回到月牙胡同照顾母亲。这天,一辆汽车开进胡同,车里走出一个人,他叫杨光弼,56 岁,第三批清华留美公费生,回国后任清华第一任化学系主任,此时担任北平研究院总干事。

他匆匆步入钱家,神色慌张地告诉钱三强,说南京方面要接一批文化教育界知名人士南下,您的名字也在其中,飞机停在北平南苑机场。然后,把登机通知递给了他。

原来,从 1948 年 9 月开始,人民解放军发起战略决战,短短三个月就相继拿下济南、郑州、开封和东北,紧接着发起淮海、平津战役,眼看江北不保,蒋介石开始考虑退路。国民政府发出训令:"科学教育界能搬迁的人、财、物尽量搬迁, 先以台湾大学为基础, 而后慢慢站稳脚跟, 以达'求生存、图发展'的目的。"经蒋介石授意, 朱家骅会同傅斯年(中央研究院历史语言研究所所长, 随后兼任台湾大学校长)、杭立武(教育部常务次长)、蒋经国(国民党中央执行委员、蒋介石的长子)、陈雪屏(教育部政务次长), 在南京谋划出一个"平津学术教育界知名人士抢救计划"。"抢救人员"名单涉及62人, 分为四类, 第一类是各院校馆所行政负责人; 第二类是因政治关系必须离开北平者; 第三类是中央研究院院士; 第四类是在学术上有贡献并自愿南来者, 钱三强被列入此类。[1]

与此同时, 蒋介石亲自指派的飞机也冒着炮火飞抵北平, 停留在南苑机场等待被"抢救者"登机南飞。计划要求被"抢救人员"只带随身物品, 连同家眷立即登机。按照蒋介石的意图, 这些名人"抢救"出来以后, 将经南京送赴台湾。

尽管事发突然, 但钱三强并未犹豫, 因为不去南京, 他早在巴黎就拿定主意了, 只是眼下对不知底细的杨光弼要讲出合情合理的借口, 于是他说, 家母重病卧床, 女儿又小, 我暂时无法离开, 敬请您和南京方面体谅。

杨光弼听了, 似乎并不意外, 只是提醒他, 如果您决意不去南京, 最好先找地方避一避。钱三强也感到杨光弼的提醒非常及时, 当即安排弟弟接走母亲, 然后星夜骑车赶回清华园, 准备和师生们同进退。到了北院七号才得知, 叶企孙也接到了通知, 但他同样借故推辞了。后来还知道, 列入"抢救人员"

---

[1] 据台北"国史馆"中的"蒋中正总统文物":蒋介石给傅作义的电文。

名单第一类的 22 人，袁敦礼（北平师范学院院长）、李麟玉（中法大学校长）、陈垣（辅仁大学校长、院士）、胡先骕（国立中正大学校长，院士）、冯友兰（清华文学院院长、院士）、霍秉权（清华物理系主任）、陈岱孙（清华经济系主任）、褚士荃（清华训导长）、汤用彤（北大哲学系主任、院士）、饶毓泰（北大物理系主任、院士）、郑天挺（西南联大总务长）、贺麟（北大训导长）、郑华炽（北大教务长）、沈履（曾任西南联大总务长）、黎锦熙（北平师大文学院院长）、徐悲鸿（北平艺专校长）和叶企荪等人没走。列入第二类的人员，朱光潜（北大文学院代院长）、邱椿（北大教育系教授）、陈友松（北大教育系教授）、刘思职（北大医学院教授）、齐思和（燕京大学人文学院院长）、雷海宗（清华历史系主任）、戴世光（清华统计学教授）、吴泽霖（清华人类学系主任）、赵凤喈（清华法律系主任）没有南去；列入第三类的 6 名院士全都没走，他们是许宝騄（数学家）、张景钺（植物形态学家）、陈达（社会学家）、戴芳澜（真菌学家、植物病理学家）、俞大绂（植物病理学家、微生物学家）、李宗恩（热带病学医学家）；列入第四类的 14 人，有 11 人没走，他们是杨振声（教育家）、罗常培（语言学家）、赵迺抟（经济学家）、李辑祥（机械工程学家）、张政烺（考古学家）、邵循正（历史学家）、孙毓棠（历史学家）、邓广铭（宋史学家）、沈从文（作家）、严济慈、钱三强。

12 月 15 日，执行"抢救计划"的飞机在南苑机场等了两天，才有胡适、英千里（北平教育局局长）、张伯谨（河北省教育厅厅长）、毛子水（北大图书馆馆长）、钱思亮（北大化学系主任）、黄金鳌（北平师大训导长）、张佛泉（北大教授）、陈寅恪（清华教授）等人登机，大部分舱位空着。随同胡适前往台湾的，还有名单上唯一的女教授蒯淑平。

21日，从新修成的东单机场匆匆南飞的第二批人员，只有梅贻琦、梅贻宝（梅贻琦的弟弟，燕京大学代校长）、李书华、袁同礼（北平图书馆馆长）、杨武之（清华数学系主任、杨振宁之父）、敦福堂（清华教授）、顾毓珍（北平工业试验所所长）、张颐（北大教授）、张起钧（北大教授）、赵梅伯（北平艺专教授）等区区24人，其中包括一些不在名单上但家在南方的教授、讲师、助教。据说飞机上有不少空位，袁同礼的老妈子也上了飞机。

另据统计，在国民政府1948年选出的81位院士中，留在大陆及随后从海外归国的59人，选择南去的只有22人，其中10人去了台湾，11人远走美国，陈寅恪则去了位于香港的岭南大学。

那段时间，杨光弼可谓心力交瘁，因为院长李石曾已任总统府资政，副院长李书华也坐飞机走了，他这个总干事只能临时挑起北平研究院的担子。北平解放后，作为北平研究院临时维持会主席的杨光弼，为接管工作日夜操劳，积劳成疾，于1949年3月突然去世。

12月初，解放军对塘沽、天津、北平的分割包围接近完成，如果北平守军拼死抵抗，北平这座历史古城将面临玉石俱焚的命运。于是，北平各校学生纷纷罢课，要求华北剿总总司令傅作义放弃抵抗，迎接北平和平解放。清华学生素有捍卫民族利益的传统，这轮罢课自然也是带头者。为了稳住学生，校方请钱三强以他的影响力督促学生回归课堂。准备上街的学生，见钱三强夹着讲义走来，便纷纷回到教室，钱三强却说："今天，全校同学约定罢课，你们肯定不想违约，但又怕错过我的课，是不是？"同学们都笑了，然后静待老师解决这个矛盾，而钱三强所出的点子是："今天的课不上了，以后找时间补上。"立刻，整个教室沸腾起来，学生们一起涌出课堂。

12 月 17 日，清华园所在的海淀提前获得解放。为了建设新中国，许多学生不再安心学习物理，或者要求转系，或者要求弃学参加革命。当时中央的方针是，凡是学理工专业的，一个也不准动。于是，清华新领导请钱三强与学生们座谈，当时的物理系学生何祚庥就是听众。他在回忆文章中讲述了当时的情景："三强同志慷慨激昂地说：'要知道，中共是人民政府，一个人民政府，如果是为人民谋利益的，对人民负责的政府，那么我认为就必然会发展原子能。到了那个时候，不要说你们班上这些数目有限的学生，那就再加十倍也不够。'没想到他这一'预言'，竟成为事实。1955 年，国家成立了三机部（两年后改称二机部），亦即后来的核工业部。1956 年，我也就从宣传工作的一员，被三强同志网罗了去，参加到原子能的行列。"[1]

---

[1] 见何祚庥：《回忆三强同志在原子能科学技术中的重大贡献》，原载《自然辩证法研究》1992 年第 8 卷第 8 期。

1949年1月16日，傅作义的代表邓宝珊与解放军代表林彪、罗荣桓、聂荣臻会面商谈。21日，双方签订了《关于和平解决北平问题的协议》，这座辉煌灿烂的文化古都连同200万民众免遭涂炭。2月3日，解放军举行进驻北平入城式。站在欢迎队伍里，钱三强突然忆起回国前刘宁一"坚持到新形势到来"的叮嘱，于是在心中默念："我做到了！"

北平和平解放后，清华大学成立校务委员会，叶企孙任主任委员，周培源、吴晗任副主任委员。钱三强则被任命为物理系主任。从此，钱三强白天在物理系主持教务，晚上赶回城里照顾病危的母亲，直到2月25日母亲突发心脏病去世。

天亮了，母亲却走了，他悲欣交集。

5. 第一笔外汇

1949年3月中旬，钱三强接到了一个电话。来电话的人名叫丁瓒，心理学家，此前是中央卫生实验院心理卫生室主任，他通知钱三强入选中国人民和平代表团，作为科技界代表参加世界和平拥护者大会。

他随后得知，当时中共中央还在西柏坡，力主参加这次国际会议的，是有留法经历的中共中央书记处书记周恩来。

在北平动员一批社会名流与会，也是他的主意。[1] 在最后敲定的中国代表团名单中，郭沫若任团长，马寅初、刘宁一任副团长，钱俊瑞任秘书长，丁瓒任副秘书长。尤其令他兴奋的是，世界和平拥护者大会的举办地是巴黎，大会主席是自己的导师约里奥。

很快，钱三强心底冒出一个念头，"我作为一名自然科学工作者，也还应该有自己业务方面的一份责任。于是想到这次去巴黎会见到我的老师约里奥 - 居里先生，如果请他帮助订购些原子核科学研究的必要仪器设备和图书资料，穿过封锁运回来，正是极好机会。"[2] 于是，他抱着试试看的心理，去找丁瓒。

丁瓒问："需要带多少外汇？"

钱三强做原子能实验，急需一台中型回旋加速器的电磁铁，于是提出："我估算需要约20万美金吧。如果拿不出那么多，带5万美金也成。"

丁瓒听了很惊讶，因为新中国尚未成立，这笔钱对于党中央来说，算是一笔巨款了。

发现丁瓒满面纠结，钱三强赶忙解释说，原子能实验设备向来都是天价，按照将来的需要，20万只是个零头。不过，

---

[1]　见中共中央文献研究室编：《周恩来年谱 1898—1949》（修订本），中央文献出版社 1998 年版。

[2]　见钱三强：《中国原子核科学发展的片段回忆》，原载《紫荆》1990 年 10 月创刊号。

目前可能不太现实。这只是我个人的想法，如果您感觉不妥，大可不必向上反映。

钱三强注意到，尽管丁瓒很为难，还是做了谈话记录。

3月25日凌晨6时，"进京赶考"的中央书记处五大书记毛泽东、朱德、刘少奇、周恩来、任弼时，率领中央机关离开西柏坡，抵达北平西郊。下午4时，钱三强等100多名民主人士，从北京饭店集体乘车赶往西苑机场阅兵现场。五大书记与大家一一握手，热情交谈。半个多小时后，天快黑了，周恩来才恳请大家分开，并称以后会有很多见面的机会。

钱三强万万想不到，仅仅两天之后，自己就能再次见到周恩来。3月27日下午，周恩来在北京饭店接见和平代表团全体成员并发表讲话。然而，关于带外汇出国买仪器的事，在接见中无人提及，钱三强预感已经没有希望了，开始为当初的提议感到内疚："此后三天未见信息，我心中忐忑不安。我埋怨自己书生气太重，不识实务，不懂国情。战争还没有停息，刚解放的城市百废待举，农村要生产救灾，国家经济状况何等困难！怎么可能在这种时候拨出外汇购买科学仪器呢！这不是完全脱离实际的非分之想么？"

第四天，钱三强突然被一个电话叫到中南海，约见他的是中共中央统战部部长李维汉。此人又名罗迈，早在1919年就赴法国勤工俭学，与赵世炎、周恩来等组建了旅欧中国少年共产党，钱三强在法国就听说过他的大名。

李维汉向他客气地打过招呼，便说："三强，你的那个建议，中央研究过了，认为很好。清查了一下国库，还有一部分美金，有这个力量，决定给予支持。估计一次用不了你提的全部款项，因此在代表团的款项内，先拨出 5 万美金供你使用。"没等钱三强缓过神来，李维汉接着说，"你是代表团成员，和刘宁一又熟悉，用款时，你们商量着办就成了。"

本认为没有希望的事，却突然有了结果，钱三强心如潮涌，眼前一片模糊……

新中国发展原子核科学的第一笔外汇，其实就是从这 5 万美元专款起步的。这一点，让钱三强感慨万千："当我拿到那笔用于发展原子核科学的美元现钞时，喜悦之余，感慨万千。因为这些美元散发出一股霉味儿，显然是刚从潮湿的库洞中取出来的。不晓得战乱之中它曾有过多少火与血的经历！今天却把它交给了一位普通科学工作者。这一事实使我自己无法想象。……由此往前不到半年，就是 1948 年下半年，也是在这个北京城，我曾经为了适当集中一下国内原子核科学研究力量，几番奔走呼号，可是每回都是扫兴而返……"[1]

钱三强不知道的是，就在中共中央离开西柏坡的前一天，周恩来签发了《关于参加世界和平拥护者大会的中国科学技术界团体及人员的意见》的电报。这封发给北平文管会的电报共涉及 8 个事项，其中 3 项与钱三强有关。

（一）邀请团体，同意增加中国科学工作者协会。丁瓒、

---

[1] 见钱三强：《中国原子核科学发展的片段回忆》，原载《紫荆》1990 年 10 月创刊号。

钱三强、卢于道、袁翰青均可去。曾昭抡已由香港邀请，尚未得复。

（六）同意以钱三强代钱伟长。

（八）钱三强购买实验设备事，请先调查外汇如何汇去，实验设备如何运回。到之，具体情况待面谈。[1]

也就是说，这笔用来购置核仪器设备的专款，是周恩来特批的。

6. 参加和平大会

1949 年 3 月 29 日，中国和平代表团乘火车离开北平，郭沫若、马寅初、刘宁一、郑振铎、田汉、洪深、曹禺、萧三、赵树理、卢于道、丁瓒、钱三强、戈宝权、徐悲鸿、戴爱莲、程砚秋、翦伯赞、张奚若、许德珩、李德全、丁玲、许广平等 39 人同车西去。4 月 11 日，代表团抵达莫斯科。

意外来得非常突然。当中国代表团到法国大使馆办理前往巴黎的签证时，却被告知，为了限制大会人数，法国政府拒绝给苏联、中国和其他共产党国家代表团发放入境签证。

---

[1] 见中共中央文献研究室编：《周恩来文化文选》，中央文献出版社 1998 年版。

于是，大会主席约里奥顶着巨大压力决定，在捷克斯洛伐克首都布拉格设立分会场。为了保证分会场的收听效果，用扬声器把无线电声音放大，来进行主会场与分会场的联系。同时，派出两名人员前往布拉格做现场指导。

17 日，中国代表团抵达布拉格。

4 月 20 日至 25 日，世界和平拥护者大会（后规范为第一届保卫世界和平大会）顺利举行，来自 72 个国家、10 个国际团体的 2005 名代表参加了大会。主会场设在巴黎普莱耶尔礼堂，主席台上坐着科学家约里奥、画家毕加索、作家阿拉贡等，台中央悬挂着毕加索为大会创作的"和平鸽"。分会场设在布拉格大剧院，郭沫若和各国代表团团长在主席台就座。

在开幕式上，扬声器传来钱三强十分熟悉的声音。约里奥主持开幕式并发表讲话，他首先痛斥了法国当局屈服于某方压力，拒绝部分国家到巴黎参会的不公正行径，并激愤地说出了一句流传甚广的名言："真理的旅行是不需要签证的！"他倡议，在原子时代到来之际，全世界要维护和平，反对战争，共同制止原子战争。他还特别向民主中国（指解放区）、自由西班牙、自由希腊、越南、印尼的代表致敬，表达了对这些国家人民争取和平民主斗争的支持。[1]

23 日，郭沫若代表中国代表团发表演讲，向全世界表达了中国人民反对侵略战争、争取民主和平的强烈愿望，并表

---

[1] 见［英］莫里斯·戈德史密斯著，施莘译：《约里奥－居里传》，原子能出版社 1982 年版。

示中国人民愿意联合全世界一切民主和平力量，为反对战争、克服新的战争危险而斗争。

最激动人心的场面发生在 24 日。会议正在进行，会场广播里突然播出了一条来自中国的特大新闻：中国人民解放军攻占南京总统府！会场立时沸腾了，全体代表起立鼓掌，外国代表纷纷离开座席，与中国代表握手、拥抱。身材瘦小的丁瓒被一群外国代表连续三次抛向空中。代表们鼓掌、欢呼的时间超过半小时。徐悲鸿做了现场速写，回国后完成了中国画《保卫世界和平大会》。

晚上，几千名布拉格大学生到中国代表团祝贺。深夜，郭沫若还来到钱三强等人的住室，含着泪水表达自己激动难抑的心情。第二天，巴黎、布拉格又有 10 万人上街游行，欢呼中国人民的伟大胜利。

在会上，郭沫若当选为大会副主席，刘宁一当选为大会理事。

为了祝贺中国人民的胜利，大会组委会和捷克斯洛伐克方面举行联欢晚会，各国代表团都表演了节目。中国代表团除了戴爱莲的独舞，还临时排演了一个秧歌剧，由钱三强担任合唱指挥，表演者有程砚秋、曹禺、戈宝权、丁玲等。[1]

那是个忘情的不眠之夜，回到住处已是凌晨。郭沫若仍毫无睡意，他来到钱三强房间，和他聊起约里奥，说这次会议收获很大，意义不可估量，你的老师是世界和平的一面大旗。

[1] 见陈培仲、胡世均：《程砚秋传》，河北教育出版社 1996 年版。

钱三强说，"他一向旗帜鲜明，无所畏惧。"[1]

因为没有与约里奥见面的机会，托他购买仪器和资料之事无法按原计划进行，但中国发展原子科学又迫在眉睫，于是，钱三强与刘宁一商量，决定从 5 万美金专款中支取 5 千美金现钞，托前来分会场指导的法国同志转交约里奥，请他设法代购。约里奥不负重托，想尽一切办法将购买的原材料、小型仪器和图书资料，委托旅欧中国人分两次带回北平。一次是 1951 年上半年，由核物理学家杨澄中从英国带回一部分；第二次是同年 10 月，由核化学家杨承宗从巴黎带回一部分，还带回了伊莱娜赠送的 10 克含微量镭盐的标准放射源。

杨承宗回国前，约里奥还托他带话给毛泽东："你们要反对原子弹，你们必须要有原子弹，原子弹也不是那么可怕的，原子弹的原理也不是美国人发明的。"随后，钱三强将约里奥的原话，按组织程序上报了中共中央。

岂不知，约里奥的做法，是冒着巨大政治和人身风险的。钱三强知道其中的细节，还是 8 年之后。那是 1957 年，约里奥－居里夫妇的女儿海伦到访中国，向钱三强讲起往事，谈到父亲收到从布拉格捎来的美金后，怕发生意外，亲自把美金包好，埋藏在自家小花园的树下。然后，父亲以自己的实验室需要为借口，多次亲自外出找仪器，或者托朋友购买，还写信请英国的朋友代购。父亲做事从不隐瞒真相，为了完成中国的

---

[1] 见钱三强：《忆我尊敬的长者——郭老》，原载《钱三强文选》，浙江科学技术出版社 1994 年版。

委托，他不惜破了一次例。

从莫斯科返抵齐齐哈尔途中，广播里传来全国青年代表大会在北平召开的消息，廖承志当选为中华全国民主青年联合总会主席，缺席会议的钱三强当选为副主席。

5月25日，中国代表团乘火车返回北平。周恩来率领董必武、林伯渠、李济深、沈钧儒、叶剑英、聂荣臻等到前门火车站迎接，并与代表们一一握手。随即，他们前往天安门广场参加10万北平各界代表欢迎庆祝大会。

这是钱三强平生受到的最高尊重。

7. 给毛泽东当翻译

钱三强万万想不到，自己的高光时刻才刚刚开始。

1949年9月21日至30日，中国人民政治协商会议第一届全体会议在北平召开，635名代表和300名来宾出席了这一促成和见证新中国诞生的盛会。会议决定：中华人民共和国的国都定于北平，北平更名北京，采用公元纪年，以《义勇军进行曲》为代国歌，国旗为五星红旗。会议选举毛泽东为中央人民政府主席，朱德、刘少奇、宋庆龄、李济深、张澜、高岗为副主席；选出第一届全国政协委员180人，毛泽东为全国政协主席，周恩来、李济深、沈钧儒、郭沫若、陈叔通为副主席。钱三强当选为全国政协委员，还是"国旗国徽国都纪年方案审查委员会"委员。参会期间，二女儿出生。他和妻子商量，既然她诞生在人民政协会议期间，就取名民协吧。

会议分组讨论时，毛泽东的政治秘书胡乔木急匆匆找到钱三强，说毛泽东主席和周恩来副主席准备接受意大利记者采访，这位意大利人讲法语，中央决定由钱三强担任临时翻译。而且强调，这是毛泽东进京后首次接受外国记者采访，中外关注，意义非凡。

钱三强是见过大场面的人，翻译法语也没有问题，但近距离为一国领袖服务，他还是平生第一次，而且双方既没有稿子，也没有提纲，甚至连采访范围也不加限定，外国记者问什么不知道，毛泽东、周恩来怎么回答更无从猜测，根本无从准备，因此他既激动又忐忑。

9月22日晚，中南海的一间宴会厅，厅内布置简洁素雅，桌上摆着几样简单的菜品。毛泽东和周恩来设宴招待意大利人维里奥·斯巴诺。斯巴诺时年44岁，是意大利共产党机关报《团结报》的政论专栏记者兼评论，还是意共中央委员、意大利国会参议员、共和政府农业部次长。这一次，他是代表意共中央，应邀出席开国大典的。

席间，毛泽东举杯庆祝意大利共产党领袖托格里亚蒂的健康，并感谢欧洲人民对于中国革命的援助。[1] 然后，气氛变

---

[1] 据新华社北平 1949 年 9 月 23 日电。

得轻松起来，谈话内容也十分宽泛，有新政府的组成、经济建设、土地改革、财政和外交问题等。因为中共迅速赢得内战胜利，是一件震惊全球特别是共产党阵营的大事，也是一个富有神秘色彩的奇迹，所以对方想要了解的很多。

对于新中国成立后面临的安全问题，他问："你们成立人民共和国，把国民党打垮了，美国人被赶走了，他们会甘心吗？如果美国进行直接干涉，你们怎么办？"

这个问题十分尖锐，钱三强如实翻译。

毛泽东深深吸了一口烟，然后操着一口湖南话，气定神闲地说："他们要干涉，就要他们来吧！他们来了，就捅了一个马蜂窝了。马蜂被惹急了，会飞起来蜇他们的！"说完，哈哈笑起来。周恩来也跟着笑了，说："这个比方好啊！"

毛泽东的湖南话，读"马蜂"为"马烘"，钱三强弄不清"马烘窝"是什么意思，因此在翻译时停顿了一下。身边的周恩来及时察觉，马上提醒了他一下，钱三强这才恍然大悟。他和毛主席、周恩来都会心地笑起来。

毛泽东调侃钱三强："我的湖南话，给你添麻烦啰！"

钱三强摇摇头，似乎有些难为情。

这句话钱三强没有翻译，斯巴诺不知他们笑什么，表情非常尴尬，欲言又止，搞不清是自己哪里出了问题。斯巴诺滑稽的表情，让宴会主人又忍不住笑了起来。

整个采访在愉快的氛围中画上句号。

最激动人心的日子终于到来了。10月1日下午，钱三强同全国政协委员一起，乘车经午门登上天安门城楼，参加中华人民共和国开国大典。下午 3 时，在群众的欢呼声中，毛泽东用他那带着湖南口音的洪亮声音，向全世界庄严宣告："中华人民共和国中央人民政府今天成立了！"立时，偌大的天安门广场沸腾了，所有在场的人都流下激动的泪水，当然包括钱三强，因为他已经和千千万万国人一起成为了这个崭新国家的主人。

斯巴诺也出席了开国大典，还代表意大利共产党，在中国保卫世界和平大会上发表了演说。钱三强也代表中华全国民主青年联合会，在和平大会上发表了演讲。

回到意大利，斯巴诺把这次的东方见闻写成《在毛泽东的中国》一书，无形中提升了他在国内的地位和影响，而后他还担任了意大利和平运动总书记。

8. 进入科学院

早在 1949 年 7 月的全国自然科学工作者代表会议筹备会上，钱三强作为 205 名筹备委员之一，光荣当选为 35 名常务委员之一。会议拟定了一份给中国人民政治协商会议的提案，建议："设立国家科学院，统筹及领导全国自然科学、社会科学的研究专业，使与生产及科学教育密切配合。"随后召开的政协会议，讨论了科代会筹委会提出的提案，明确肯定了新中国成立后要成立一个国家科学院。

此后，中央委派中宣部部长陆定一负责筹建工作，承担具体工作的是原延安自然科学院院长恽子强和世界科协中国理事丁瓒。因为钱三强是北平研究院工作人员，所以也被邀参加了筹建工作。

由于周恩来在科代会筹备会上讲过"为人民所有的科学院"，因而不少科技人士主张将国家科学院定名为"人民科学院"。对此，钱三强也表示认同，并与丁瓒一起，给政务院起草了题为《建立人民科学院草案》的报告。

这一"草案"，是在钱三强家里形成的，由黄宗甄[1]做了记录。记录人后来回忆，他和丁瓒相约到了钱三强家里，畅谈了一个下午，"有关新中国人民科学院的规模、组织、方针等，主要由钱三强提出，我做的记录。钱三强在法国多年，一直做研究工作，熟悉法国研究机构的情况。当时法国有以约里奥－居里为负责人的国家科学研究中心，包括许多做实际研究工作的机构。还有苏联科学院也是这样。可以说，我们筹建科学院的雏形是苏联、法国类型的……"[2]

这份"草案"，针对旧中国科学机构存在的缺乏计划性、

---

[1] 黄宗甄，植物学家，科学院筹建人员，此后担任中科院秘书处处长。

[2] 见樊洪业、王德禄等：《黄宗甄访谈录》，原载《中国科技史料》2000 年第 4 期。

大学与研究机构缺乏合作两大痼疾，主张将"为科学而科学"的观念转化为"科学为人民服务"的意识，一要让科学院成为工农业及国防领域解决科学理论及技术问题的最高机构，纠正以往科研与现实脱节的问题；二是科学院必须担负起计划和指导全国科研的任务，不能只注重应用科学而忽视基础科学与理论研究。[1]

这样的设计，无疑是清醒的和有远见的。

政务院第二次会议研究讨论了科学院的建院方案，它的职能定为"有计划地利用近代科学成就以服务于工业、农业和国防的建设，组织并指导全国的科学研究，以提高中国的科学研究水平。"它的基本任务有三项，一是确立科学研究的方向，二是培养与合理分配科学人才，三是调整与充实科学研究机构。关于名称，会议决定冠以"中国"二字，定名"中国科学院"（以下简称中科院）。

1949 年 10 月 19 日，中央人民政府委员会第三次会议通过了中科院领导机构名单，任命历史学与考古学家郭沫若为中科院院长，陈伯达、李四光、陶孟和、竺可桢为副院长。院本部设立计划局、编译局、联络局、办公厅四个职能机构。计划局局长由竺可桢兼任，钱三强任副局长。

当时确定：中央研究院、北平研究院由中科院接管；静

---

[1] 见《当代中国》丛书编辑部：《当代中国丛书·中国科学院》，当代中国出版社 1994 年版。

生生物调查所[1]、中国地理研究所、中央地质调查所等，中科院准备接管；其他私人研究机构暂缓接管。

建院伊始，计划局最紧迫的任务有两项，一是接收中央研究院、北平研究院等旧有研究机构，提出新的调整组建方案，也就是把"庙"建起来；二是调查全国范围自然科学研究机构和全国现有专家情况，给每个"庙"里配上"会念经的和尚"。任务艰巨，人手又少，但在两位局长带领下，工作仍有条不紊地展开。

1950 年初，中科院首批研究机构方案出台，原有 24 个研究机构调整为 18 个，新组建研究机构 4 个。在研究机构布局上，物理、数学、社会科学以北京为发展中心；生物、化学、应用科学以上海为发展中心；地学、天文以南京为发展中心。位于北京的近代物理研究所（以下简称近代物理所），以原子核研究为主，由原北平研究院原子学研究所、中央研究院物理研究所原子核物理部分合并而成。

与此同时，计划局经过精细调查，掌握了全国科技专家的分布情况，全国成就较大的自然科学家有 865 人，其中 147 人尚在国外。接下来，钱三强等人一方面为各大研究机构选聘专家，一方面多方争取国外学者归国服务。时任大连理工

---

[1]　范源濂，字静生，生于 1875 年，湖南湘阴人，中国近代著名教育家。辛亥革命后，先后任教育部次长、北洋政府教育总长、北京师范大学首任校长，1927 年病逝。静生生物调查所是为纪念他而建立的，新中国成立后被撤销合并。

大学教授、应用物理系主任的王大珩，就是这个阶段被钱三强推荐到中科院负责仪器馆筹建的，王大珩后来被誉为"中国光学之父"，当选两院院士，成为"两弹"元勋。

关于钱三强这一时期的工作，曾在中宣部科学处工作的龚育之回忆说："科学院初创，科学工作各方面具体的政策、方针、规章、制度都有待制定，汪志华同志曾把这类工作称为'制礼作乐'。中国科学工作的'制礼作乐'，三强同志'与有力焉'"。[1]

对于钱三强所发挥的作用，竺可桢的评价是："钱三强实为科学院最初组织时之灵魂也。"[2]

9. 面对角色转换

不知不觉间，钱三强的人生轨迹已经发生了根本性转折。如果，我是说如果，这一辈子他只埋头从事自己最熟悉、最热爱，也最擅长的科研工作，一定过得很开心、很稳定，也很充实，应该不会经历只有身居高位者才可能遭遇的"折返

---

[1] 见龚育之：《悼念三强同志》，原载《自然辩证法研究》1992 年第 8 卷第 8 期。"与有力焉"出自《史记》，本意是"参与其中并出了一份力"。
[2] 见竺可桢：《竺可桢日记》，上海教育出版社 2006 年版。

跑"与"过山车"。问题是，这根本由不得他。因为他在归国知识分子中太优秀、太显眼，名气太大了。新中国需要从科技界破格选用一批形象代言人，进入中高级领导岗位，一方面显示国家重视人才、重视科学的决心，另一方面作为吸引海外人才归国的示范，而钱三强无论是年龄、才华，还是名声、成就，恰恰符合这个形象代言人的标准。

此前，钱三强是一个不折不扣的科学家；进入中科院之后，他变成了一个忙忙碌碌的管理者。好比一个人从职称序列的研究员变成了职务序列的教育厅厅长，工作对象也从物变成了人。但他并未意识到这一转变，仍旧像此前从事科研一样，该说什么说什么，该干什么干什么，谁做错了事就直言不讳地纠正，根本没有想过该顾忌谁的面子，该走什么程序，一直坚持效率优先、雷厉风行的原则。开始的时候，大家还能理解，因为他毕竟是有名的科学家嘛。但长此以往，他这些只求效率不讲策略、先斩后奏或者只斩不奏的做法，逐渐引起了周边同事的议论，坊间还传出了"子强不强，三强太强"的说法。

恽子强，曾用名恽代贤，江苏武进人，生于1899年，是中共早期青年运动领袖恽代英的弟弟，毕业于东南大学化学系，早年参加新四军，是一位红色化学家，曾任延安自然科学院副院长、晋察冀工业专门学校校长、华北工学院副院长，此时担任中科院办公厅副主任。由于处事风格不同，加上风言风语的加持，恽子强与钱三强产生了摩擦。

　　对于彼时心态，钱三强在回忆录中写道：“在这个时期里，我心中主观地觉得可以将一些不合理的现象打破了，在国外所见到的一些比较进步的科技组织情况也可以用在中国了。就是在这种心情下，参加了中科院计划局的工作，当时没有经过完整的调研，更不懂得什么叫作‘群众路线’，就凭了一些国外所见及自以为是的改善办法，与丁瓒同志拟定了中研院、北研院的调整计划。……因为上级希望赶快办好，于是我就打起精神来，依仗着政府与党的威信，快刀斩乱麻的方式就执行了调整计划。……由于此事，与恽子强同志意见有了相当的距离。以后又做了专家统计与推荐的工作，成立了专门委员制度，目的是团结全国科学界，扩大科学界的统一战线，但是后来领导上不同意这种做法，结果使得专门委员会成为空名。……对于调整工资与名义，树立各种制度，树立学位法等问题，我主张严格与激进，这里又与领导上有了分歧。”[1]

　　想当初，钱三强接受任命进入中科院，对于一般人看来是很荣幸的，但对于他这样一位沉迷科研的科学家来说，却是难以接受的，甚至是痛苦的，因为让他离开最熟悉、最热爱，也最擅长的科研岗位去做管理，犹如让鲸鱼离开大海。可以说，他是抱着一种“为胜利而牺牲”的心态来做中科院琐碎的管理工作的。如今，居然发生了如此多的问题，与同事们出现了如此明显的矛盾，他当然异常纠结和苦闷，并且萌生了回

[1]　见钱三强：《自传》（1953 年 2 月 20 日），存于“钱三强档案”。

研究所搞科研的念头。

他把自己的苦衷与打算告诉了竺可桢，请求免去自己的计划局副局长职务，甚至郑重推荐心理学家曹日昌接替自己。竺可桢对他的想法予以理解，但没有完全满足他，而是像太极高手一般，拿出了一个两全之策——建议他一半时间在近代物理所工作，一半时间继续在计划局上班。

对此，他并未讨价还价，而是选择了服从。并且这种服从，不是阳奉阴违、被动应付，而是抱着积极的、开放的心态认真对待两项工作。也就是说，他只能登上并非他所选择的舞台，演出并非他所选择的剧本，而且还要对得起自己，对得起观众。这当然需要承受更重的压力，付出更多的心血，做出更大的牺牲。

他这一时期的心路历程，在给两位法国导师的信中，有所显露："尊敬的老师：我从布拉格回国以后，所有的进步人士都被吸收到国家各个组织的重建工作中。我的工作主要是从事科学领域和青年方面的组织。有一阵我感到有些担忧，因为我不知道是否还能重新回到我的科研工作中，但另一个方面，我知道人民的胜利不是件容易的事，为了能取得彻底的胜利，每个人都应当做出自己的贡献，全国有很多爱国同胞为此做出了牺牲，如果我能够用一生的某个阶段来参加国家的重建工作，也是'为胜利而牺牲'……"[1]

---

[1] 见钱三强：《致约里奥－居里夫妇》，法文原件现存于巴黎居里和约里奥－居里档案馆，译文收入葛能全、陈丹编注：《钱三强往来书信集注》，世界图书出版公司 2023 年版。

从信中看出，钱三强已经调整了心态，放下了包袱，做好了"为胜利而牺牲"的思想准备。从此，中国核物理科学界少了一位优秀专家，多了一位卓越领导者。正如他的学生周光召所言："回国后，他服从全局需要，听从组织安排，放弃了个人对于科学上有所发现的追求，以全部精力投入科技组织管理工作。他那宽阔的胸怀、勇担重担的气魄、杰出的组织才能、甘为人梯的精神、谦逊朴实的作风，只讲奉献、不求索取的高风亮节，为后人留下了宝贵的精神财富。"[1]

从严格意义上讲，管理工作不是他的选择，而是他的服从，他的担当，他的牺牲。

10. 率团访苏

20世纪上半叶，苏联是国际共产主义运动的核心，也是各国共产党夺取政权的模板。尤其是第二次世界大战之后，全球形成了美国、苏联两极格局。中华人民共和国成立后，自然应该向苏联老大哥看齐，于是在全国掀起了向苏联学习的热潮，中科院自然不甘落后。

中科院学苏联，有两大过人之举。

---

[1]　见周光召：《钱三强与中国科学院》，原载1992年7月11日《人民日报》。

一是消除语言障碍。钱三强速成俄文学习达到了能阅读专业文献的程度，许多人学得比他还快。到 1954 年，全院居然有四分之一的人达到了翻译水平。

二是率先走近苏联。1953 年初，中科院率先组团访苏，由 40 岁的钱三强任代表团团长，50 岁的中科院党组书记、副院长张稼夫任代表团党支部书记，代表团成员 24 人，有数学家华罗庚，化学家刘咸一、彭少逸，生物学家朱洗、贝时璋，生理学家冯德培、沈霁春，医学家沈其震、薛公绰，地质学家张文佑、武衡、宋应，气象学和地球物理学家赵九章、建筑学家梁思成、天文学家张钰哲、土壤学家马溶之、植物学家吴征镒、农学家李世俊、史学家刘大年、语言学家吕叔湘、教育学家张渤川、自动武器专家于道文、电机工程专家陈荫谷、土木工程专家曹言行，可谓阵容庞大，群星荟萃。

3 月 5 日，代表团顺利到达莫斯科。当晚，代表团住地传来消息，世界社会主义阵营的旗帜性人物、苏共中央总书记斯大林突然病逝。他去世前，还对中国科学代表团来访做了详细指示，要求苏联科学院热情接待，尊重中国同志的意见，对一些学术问题不要争论。眨眼之间，已阴阳两隔。

中国的吊唁活动异常隆重。毛泽东、朱德亲自到苏联驻中国大使馆吊唁。政务院总理兼外交部长周恩来率领党政代表团前往莫斯科参加斯大林的葬礼。毛泽东签发命令，从 3 月 7 日到 3 月 9 日全国下半旗志哀，所有企事业单位，停止一切宴会、娱乐活动。中国还在天安门广场举行了 60 多万人参加的斯大林追悼会。

突如其来的噩耗，也增加了中国科学代表团的行程。他们集体到莫斯科工会大厦瞻仰了斯大林遗容，在红场参加了斯大林葬礼。钱三强还陪同周恩来、郭沫若、李富春（国家财经委副主任、重工业部部长，正在苏联进行援建项目谈判）、张闻天（中国驻苏联大使），为斯大林护灵 10 分钟。

其间，钱三强见缝插针，经李富春安排，向周恩来作了一次临时情况汇报，因为在苏方接待中国科学代表团的日程中，没有安排参观原子能研究机构，钱三强认为应该加进这一内容，但不知能否安排及如何提出。周恩来认为应该争取，并亲自向苏联高层作了斡旋，最终促成对方增加了列宁格勒技术物理研究所等 5 个核物理领域的保密研究机构，前提是只允许钱三强等几个人参观。

令钱三强最兴奋的，莫过于在列宁格勒技术物理研究所，结识了被誉为"苏联原子弹之父"的库尔恰托夫。刚见面时，也许出于保密的考虑，库氏与钱三强很少交流。接下来，当对方知晓了他的履历，突然变得热情起来，并主动谈起两年前约里奥前来领取斯大林和平奖时，参观过他的研究所。从心怀戒备到相谈甚欢，库氏对约里奥的这位中国门生很快有了好感。随后，库氏还盛情邀请钱三强去家里做客。

参观苏联科学院物理研究所时，钱三强又遇到了当年在居里实验室相识的斯柯别里琴院士，他是苏联原子核和宇宙线物理学创始人，又是列宁国际奖委员会主席，还是该所所长。

尽管对方名气很大，但毕竟是他乡遇故知。双方一高兴，居然撇开翻译用法语交谈起来。钱三强还试探性地问他，能否帮助中国建造原子反应堆和回旋加速器？

三个月转瞬即逝，他们已经参观考察了 98 个研究机构、11 个大学和一些工厂、矿山、集体农庄、博物馆等。其间，他们听取了苏联科学院的科学报告和工作介绍，中国科学家也向苏方做了研究报告，钱三强的报告是"中国近代概况"。此行，可谓眼花缭乱、收获颇丰。

问题在于，苏联的核心经验是什么，中国应该如何吸收？对此，钱三强是冷静的、清醒的。代表团回到长春，就形成了书面考察报告。6 月 20 日，在郭沫若主持召开的中科院常务会议上，钱三强作了访苏报告。1954 年 1 月 20 日，在周恩来总理主持的第 204 次政务会议上，钱三强报告了苏联科学发展的经验。对于如何消化苏联经验，钱三强认为，苏联经验对我国基本上是适用的，有的可以立即付诸实施，如培养干部和制订科研计划等；有的则需要经过一段时间，创造条件之后才能实施，如研究机构的分工和院士选举等。[1]

会后，为了落实访苏报告中涉及的内容，中科院党组决定在院务会议之下设立学术秘书处，任命钱三强为学术秘书处秘书长，秦力生、武衡为副秘书长，贝时璋、叶渚沛、钱伟长、张文佑、刘大年、张青莲、叶笃正、汪志华等任学术秘书。

---

[1] 见武衡：《中科院代表团首次访问苏联》，原载中国科学院：《院史资料与研究》1991 年第 2 期。

在是否仿照苏联建立院士制度问题上，学术秘书处和有关方面多次召开专家座谈会，广泛征求各领域专家、学者的意见。多数专家认为，在中国建立院士制度还不够成熟，因此建议建立学部委员制度。1953 年 11 月，中科院党组提交了《关于目前科学院工作的基本情况和今后工作任务给中央的报告》，提出建立学部的建议，得到了中共中央批准。接下来，钱三强主持起草了《学术秘书处暂行组织条例》，研究提出了学部委员的三个条件：学术成就、对学科的推动作用、忠于人民事业，组织开展了推荐学部委员、召开学部成立大会的各项筹备工作。[1]

1955 年 6 月 1 日至 10 日，中国科学院学部成立大会在北京召开，党和国家领导人周恩来、董必武、陈毅、陆定一、李济深、郭沫若等出席会议，苏联、波兰科学院代表团及多国科学家代表应邀出席。中科院物理学数学化学部、生物学地学部、技术科学部、哲学社会科学部宣告成立，233 位专家被聘为学部委员。各学部成立后，成为中国科学家之家、全国科技发展规划的摇篮和国际学术交流的一大中心。

在会上，钱三强当选为中科院物理学数学化学部学部委员、常委，成为中国物理学领域的领军人物。

---

[1] 见周光召：《钱三强与中国科学院》，原载 1992 年 7 月 11 日《人民日报》。

11. 入党始末

作为非中共党员率团访苏，钱三强的表现有目共睹。访苏代表团党支部给他的鉴定是："这次出国一般表现很好，对工作有热情，学习苏联经验很努力。担任团长的职务也认真，对党所提的意见，对党的领导，也能接受和尊重。"[1]

这份鉴定意味着，钱三强在政治上成熟了。因此，1954年2月7日，中科院学术秘书处党支部召开支部大会，决定吸收他加入中国共产党。[2]

作为一个拥有650万党员的执政党，发展党员是一项常规工作，每年吸收党员数以百万计，但对于钱三强这样一个有着海外复杂经历的名人来说，就非同小可了。据了解，他是回国知名科学家中，最早入党的极少数人之一。

他的入党还是充满曲折的。

早在留法期间，中共巴黎支部的袁葆华、孟雨以及中共旅欧支部的刘宁一、邓发等高层人物，都曾动员他加入中国共产党，但每一次，他都既不拒绝，也不松口。当对方追问他为什么不入党时，都被他以种种理由支吾过去。其实，他对科学与政治的态度，在巴黎中国人圈中几乎无人不知，谁

---

[1] 据《钱三强访苏期间的表现》（1953年7月13日），见"钱三强档案"。

[2] 见葛能全：《钱三强传》，人民出版社2023年版。

也没有评论过对错，即使过从甚密的中共巴黎支部负责人，也尊重他的态度。

时过境迁，从前巴黎那个埋头科研的学者，如今已是新中国科学管理者，对党组织的渴望，自然十分强烈。直到钱三强多次申请入党却迟迟得不到批准时，才坦言当初不入党的缘由："他（邓发）曾问我为什么不入党，我的理由：第一，从来只参加运动不参加组织；第二，现在科学研究正在热头上，入党后即不可能全力做科学工作；第三，从前对革命一无贡献，若入党总该先做些工作，不然的话是拣现成；第四，感觉自己在留学生界还有些小名声，若无党籍，说共产党好容易起影响；若有党籍，影响反而不大。"[1]

尽管做了解释，仍有少数党员认为他当年硬是不入党，往小了说可能是认识问题，往大了说可能是政治问题。为了对他负责，并依照组织程序，党组织专门派员调查了在巴黎与他交往过的人。对方都对他做出了相当客观的评价。当然，这是钱三强本人所不知情的。

刘宁一写给党组织的材料是："关于钱三强同志，在法国学物理学，为人正派。我和他的接触是 1947 年开始的，那时在法国他积极参加爱国运动，反对美蒋集团，在留法学生和华侨中有些影响。他之所以未加入党，据我了解不是由于政治关系，而是由于他本人的技术观点，而且个人英雄主义的毛病也相当重。但对党一直是同情，并不断地进步。"落款是

[1] 见钱三强：《自传》（1953 年 2 月 20 日），存于"钱三强档案"。

1953 年 5 月 9 日。[1]

同年 6 月 11 日，另一位知情人袁葆华提供的材料是："我和钱三强 1943 年秋在巴黎东方饭店相遇，他骂德国法西斯，从此一直争取他。这个人有正义感，对国民党不满意。1946 年他是发起成立华侨和平促进会成员，每次开会他都参加发言，一次大会上他公开骂国民党'祸国殃民'。1948 年曾争取他入党，孟雨同他谈过多次。"[2]

与钱三强接触最多的孟雨，先后两次介绍了钱三强的政治表现。第一次是 1950 年 1 月 9 日，他重点介绍了钱三强在旅法华侨和平促进会成立大会上，不顾生命危险，与国民党驻法使馆特务进行面对面斗争的情况。第二次是 1954 年 1 月 26 日，说钱三强"优点方面：热情、诚恳、纯洁、朴素，有正义感，有责任心。缺点：政治不开展，没有树立正确的无产阶级人生观和世界观。如：他认为陈独秀、胡适等办《新青年》和提倡新文化运动有功，后来陈、胡虽然走错了路，中国共产党对他们的批判似乎应当宽恕一点，不应该过于严格。再就是，他怀疑中共是不是也懂得科学或者也重视科学。

---

[1] 见《刘宁一复信介绍钱三强在法国》，收入葛能全、陈丹编注：《钱三强往来书信集注》，世界图书出版公司 2023 年版。

[2] 见《袁葆华复信介绍钱三强在法国》，收入葛能全、陈丹编注：《钱三强往来书信集注》，世界图书出版公司 2023 年版。

这种不科学的想法,也是他当时不愿意加入组织的原因。"[1] 他还向外调的同志反映,近年来钱三强要求入党坚决,曾三次提出申请,有一天在孟雨家说起入党之事,伤心得流了泪。

这些外调材料作用很大,但也只是证明他没有大的政治瑕疵,党组织最终决定向他敞开大门,主要还是因为他在率团访苏时的表现,当然也包括顶头上司张稼夫对他的认可。对于这一点,他的入党介绍人、时任中宣部科学处负责人于光远后来说得很清楚:"建国后的 43 年,我和三强一直保持联系。对他从事的原子能研究领域,我没有多少接触,可是中科院正是我在中宣部科学处的联系对象。1953 年以钱三强为团长同张稼夫、武衡等访问苏联,对于中科院的建设起了很大作用。那时候许许多多的问题,稼夫、三强等我们都是一起研究解决的。也是在这一年,稼夫和我看到三强已经完全具备了共产党员的条件,而中科院党的领导急需得到加强,稼夫和我作为三强的入党介绍人完成了三强入党必备的手续。"[2]

至于中科院院长郭沫若的作用,当然也不能忽略。钱三强入党前,郭沫若多次启发他,要做一个关心政治、关心国家命运的科学家,积极向党组织靠拢。填写入党志愿书的第二天——也就是 1 月 27 日,钱三强把喜讯报告了郭沫若,郭

---

[1]　见《孟雨致函介绍钱三强在法国》（1950 年 1 月 9 日）、《孟雨再致函介绍钱三强在法国》（1954 年 1 月 26 日），收入葛能全、陈丹编注:《钱三强往来书信集注》,世界图书出版公司 2023 年版。

[2]　见于光远:《告别三强》,原载《自然辩证法研究》1992 年第 8 卷第 8 期。

沫若听了非常高兴，除了一番鼓励之外，特别指出他有遇事急躁的毛病。[1]

当夜，郭沫若欣然提笔，将马克思《资本论》法文译本序文中的一句话，录奉钱三强座右，以为纪念。这句话是："在科学领域内，没有平坦的道路可走，只有那在崎岖小路上攀登不怕劳苦的人，才有希望达到光辉的顶点。"

这一墨宝，一直挂在钱三强书房正面的墙上。

12. 正义的声音

让我们把历史时针拨回到 3 年前。1950 年 9 月 30 日，以美国为首的"联合国军"越过三八线，战火很快烧到鸭绿江边。为了保住东北，保住来之不易的建国大业，中国应朝鲜要求，于 10 月 28 日派出中国人民志愿军奔赴朝鲜战场，战争的天平开始向中朝一方倾斜。到了 1952 年初，被打急了的美军狗急跳墙，向朝鲜和中国东北发起了细菌战。仅从 2 月 29 日至 3 月 26 日，美军飞机就出动 177 批 865 架次，在对中国东北进行疯狂轰炸的同时，还投掷了大量细菌弹，把携带病菌的

---

[1] 见钱三强：《忆我尊敬的长者——郭老》，原载 1982 年 11 月 17 日《光明日报》。

老鼠、苍蝇、蜘蛛、土蜂等撒向田野、村庄，造成 20 多个城市和地区迅速流行起霍乱、鼠疫。

部分国际组织和知名人士，在对受到细菌战肆虐的地区考察后，证实美军使用了细菌武器，并通过新闻媒体对美军进行了谴责。但美国以这些发声者不是专业人员为借口，一再加以抵赖。于是，郭沫若以中国人民保卫世界和平委员会主席的名义，两次紧急致电世界和平理事会，要求组织国际科学调查团进行实地调查，制止美国的细菌战。朝鲜也同时提出了以上要求。

接到中朝的紧急要求，世界和平理事会主席约里奥立即行动，一方面把中朝的电报和抗议信转发各国和平理事会分会，号召全世界正义人士对细菌战发动者予以声讨；另一方面顶住政治压力，决定在奥斯陆召开世界和平理事会执行局特别会议，讨论中朝进行国际调查的要求。

特别会议于 1952 年 3 月 29 日举行，郭沫若率领中国代表团赶赴奥斯陆，世界和平理事会理事钱三强作为郭沫若的工作助手出席了会议。

这是一个没有硝烟的战场。美国国务卿艾奇逊会前发表声明，否认使用细菌武器，提议由国际红十字委员会做出判断，不同意组织国际调查团。中朝代表则向与会代表提供了证物和说明材料，用事实驳斥了美方的抵赖，坚决反对美国的提议，认为国际红十字会无法摆脱政治偏见，要求由超脱而独立的科学家组成国际调查委员会进行调查。通过独立调查，以便证实中朝的指控是否成立，无论从道义上还是从程序上都是顺理成章的。但美方死活不同意，不仅对一些国家的执委进行拉拢、欺骗，而且开动宣传机器，对约里奥进行攻击、谩骂，污蔑他是"共产党的阴谋组织者"。

要不要干预朝鲜战争中的细菌武器问题，在部分执委中形成了针锋相对的两种声音，还有一些执委选择沉默，奥斯陆会议出现僵局。在此情况下，约里奥只好采用很少使用的方式——付诸表决。

郭沫若和钱三强担心约里奥顶不住压力，便抓住一切机会与约里奥沟通。幸运的是，作为坚定的国际和平主义者，约里奥没有让正义缺席，也没有任局势失控。

表决前夜，约里奥特意召开了一个小型会议。为了显示公正，这个会议既未邀请中朝代表参加，也未通知美国及其主要盟友的代表参加。在会上，约里奥讲了一番话，使与会执行理事受到了巨大感染。会后，和平理事会秘书长拉斐德向钱三强透露了讲话内容，其中讲道，"理事会支持不支持被侵害的中国与朝鲜的要求，是关系到世界和平理事会存亡的问题。若不能主持正义，还有什么理由让世界和平理事会存在下去？！"

会议表决前，约里奥又发表了讲话："大家选我为世界和平理事会主席，我很荣幸。我们受着同一个信念的鼓舞，为消除战争而工作。我们要尽一切办法，使我们的孩子们不再经历新的战争恐怖，使科学为其正当目的而不为罪恶目的服务，使世界上劳动者不断努力创造幸福，而不致造成破坏。只要危险没有消除，我们就要坚持做下去。没有任何东西可以阻挡我们。"[1]

经过辩论和表决，会议通过决议：组织"调查在朝鲜和中国东北的细菌战事实国际科学委员会"（简称调查团）。

钱三强后来回忆："在胜利的时刻，我们每个人的脸上都像一束绽开的花，然而却不是在笑，而是流出了兴奋的泪水！郭老听完决议，忍不住内心激动，他一动不动地坐在座位上，长时间用手绢捂住眼睛，不想让人看出他在流泪。"[2]

会后，钱三强留在布拉格，受约里奥和郭沫若委托，具体负责调查团组建任务。他在 1952 年 4 月 10 日致国际调查委员的邀请函中说："这一国际委员会，是在奥斯陆世界和平理事会执行局会议上通过了由中国人民保卫世界和平委员会提出的建议而迅速成立的。组成该委员会的科学家和传教士将在布拉格汇集，我将亲自陪同他们前往目的地。委员会的出发日期预定在五月初，如您接受邀请，请尽快告知我。您的旅费和在委员会工作期间的费用，将全部由中国人民保卫世界和平委员会承担。"[3]

---

[1] 见［英］莫里斯·戈德史密斯著，施莘译：《约里奥－居里传》，原子能出版社 1982 年版。

[2] 见钱三强：《忆我尊敬的长者——郭老》，原载 1982 年 11 月 17 日《光明日报》。

[3] 见《钱三强致国际调查委员的邀请函》，收入葛能全、陈丹编注：《钱三强往来书信集注》，世界图书出版公司 2023 年版。

令钱三强义愤填膺的是，他的邀请工作遭遇巨大阻力，发出的邀请几乎得不到回应。原来，无处不在、无孔不钻的美国人从中作梗，威胁受到邀请的科学家，如果胆敢参加调查团，就是不受美国欢迎的人，将被拒绝入境美国。为使调查团流产，美国驻联合国代表沃伦·奥斯汀居然直接致信约里奥，用词相当无礼，甚至指责对方"滥用科学"。

面对混淆是非、颠倒黑白的指责，约里奥选择用公开信的方式予以回击。他首先提醒世界各国，第一次世界大战之后，国际联盟于1925年6月在日内瓦通过了《禁止在战争中使用窒息性、毒性或其他气体和细菌作战方法的议定书》（简称《日内瓦议定书》），该议定书于1928年2月生效，而美国至今拒不执行这个协议。而后，他自信而严正地驳斥奥斯汀："你指责我滥用科学，因为我反对罪恶地使用伟大的巴斯德的发现，因为我号召公众反对发动细菌战。我认为滥用科学的人，正是在广岛和长崎用毁灭20万居民的手段而开创了原子时代的那些人……不能因为朝鲜人和中国人选择了和你们国家不同的社会制度，也不能因为他们不是白种人，就认为用凝固汽油弹或用细菌来大规模地消灭他们是合法的。"

约里奥的正义之声震惊了全球，让爱好和平者深表敬意，让无理取闹者闭上了嘴巴，也使钱三强一度受阻的组团工作顺利完成。为此，郭沫若亲自写信向他表示祝贺："三强兄：您这次做了很好的工作，总理和定一（陆定一）、同志们都表示满意，把您辛苦了。我们的意见，望您待国际委员会组成后一道回国，望您把这一任务彻底完成。"[1]

经过两个月的努力，7 位独立科学家接受了邀请，这个名单也得到了约里奥的认可，他们是：瑞典女医学家安德琳博士，英国剑桥大学生物学教授李约瑟，意大利人体解剖学家欧利佛教授，巴西寄生生物学家贝索亚教授，苏联医学科学院茹科夫·维勒斯尼柯夫教授，法国动物生理学家马戴尔教授，意大利微生物学家葛拉求西博士。其中茹科夫·维勒斯尼柯夫担任过"伯力日本细菌战犯审讯团"首席医学专家。

6 月 22 日，钱三强陪同调查团抵达北京。

至此，钱三强的任务就算结束了，他可以全身心履行近代物理所所长的职责了。

13. 战地惊魂

然而，他万万想不到，一个新任务又落到他头上，就是受邀担任调查团的唯一"联络员"，并且规定全程陪同调查，调查团讨论时他可以发言，但没有表决权。

作为一名科学家，他只有服从，而且是愉快地服从。考

---

[1] 见《郭沫若致钱三强信》，收入葛能全编著：《钱三强年谱》，山东友谊出版社 2002 年版。

虑此行用时难以把握，赴战争前线又有危险，所以他在动身前做了两件事。一是报经郭沫若同意，由尚未正式任命的两位副所长王淦昌和彭桓武，代行物理所所长职权；二是前往清华大学，找到主持校务的叶企荪和周培源，申请辞去自己兼任的清华物理系主任职务，推荐以理论物理见长的王竹溪教授出任系主任。

解决了后顾之忧，他和妻子何泽慧依依惜别。中华人民共和国成立后，钱三强经常出国或出差，对家庭关顾不多。此时，他们已经有了两个乖巧的女儿和不到一岁的儿子，一家人的生活重担几乎全压在何泽慧肩上。对此，他十分愧疚。但何泽慧反而安慰丈夫说："放心去吧，国家更需要你，祖玄、民协和思改（1961 年改名思进）我会照顾好的。"那一刻，钱三强的眼圈少见地红了。

7 月 10 日，国际调查团乘火车连夜向东北进发。车上除了调查团成员，还有协助调查团工作的中国接待委员会副主席廖承志及多位中国资深专家。

到了抚顺和丹东，代表们看到了美军投放的"细菌炸弹"实物，检验了携带病毒的昆虫。其间，外国专家不放过任何线索，他们既听取了大量细菌感染者的血泪控诉，还问询了被俘的美国飞行员和空勤人员，问询时气氛轻松，绝无居高临下之态，体现了公平公正的原则。

经过两个多月的调查，调查团获取了大量证据，证明美军确实发动了细菌战。

7月16日，调查团从丹东进入朝鲜，三人一组乘坐苏式吉普车行进。掌控着制空权的美军，到处搜寻调查团的踪迹，一有蛛丝马迹就狂轰滥炸。为了安全起见，调查团只能昼伏夜行。即使夜间行进也不开车灯，有几次还是被狡猾的美军飞机盯上，差点发生重大伤亡。一次，安德琳和钟惠澜（中央人民医院院长，热带病学家和寄生虫学家）乘坐的吉普被炸翻，二人当场晕了过去。还有一次，钱三强和李约瑟乘坐的车子被一枚炸弹的气浪掀了起来，撞到土堆上，差点翻下山谷。

为了保障调查团不发生意外，中朝派出部队护卫，还安排军医随行。来到平壤，朝鲜内阁首相金日成接见了调查团一行，并将他们安排在金日成的防空洞里。即便如此，仍危机四伏。中国专家朱弘复博士（中科院实验生物研究所昆虫研究室副主任，昆虫学家）后来回忆："到平壤以后，我们住在金日成将军的防空洞里，很坚实，但是地下排水不行，没有厕所。有一天晚上，我和方纲（中央卫生研究院免疫室负责人，医学细菌学家）出来，他问门外的朝鲜士兵，有没有飞机，回答说"小小的"（意为"有"），我们只好半途退回。正在这时候，厕所被美军飞机炸掉，从距离上看，如果我们不退回，就要遇上危险。"[1]

1952年8月10日，钱三强陪同调查团平安回到北京。调查报告由李约瑟用英文打字机敲出了初稿，钱三强自始至终

---

[1] 见朱弘复：《谈参加反细菌战斗争》，原载中国科学院：《院史资料与研究》1993年第3期。

是他的参谋。

经过全体委员反复讨论，最后形成的调查报告书连同附件共 45 万字，译成英、法、俄、汉四种文本，法文为正本。结论部分写道：

> 为调查细菌战的有关事实而组织的国际委员会，在现场进行了两个多月的工作之后，现在结束工作。有大批事实摆在委员面前，其中一些事实，首尾连贯，富有高度说明性，足以例证。所以，委员会特别集中力量来研究这些事实。
>
> 委员会已得出下面的结论：朝鲜及中国东北人民，确已成为细菌武器的攻击目标；美国军队以许多不同的方法使用了这些细菌武器，其中一些方法，看起来是把日军在第二次世界大战期间进行细菌战所使用的方法加以发展而成的。
>
> 委员会是经过逻辑的步骤而后达到这些结论的。这种遭各国人民一致谴责的灭绝人性的手段，竟见诸使用，此为本委员会的委员们过去所不易置信，现在本委员会迫于事实，必须下这些结论。[1]

调查报告形成后，还出现了一个插曲。个别委员提出，

---

[1] 见《调查在朝鲜和中国的细菌战事实国际科学委员会报告书》，原载《中科院史事汇要》（1952）。

报告书应以委员会的名义落款，不必由委员个人签名，如果需要，附上委员会组成人员名单就可以了。显然，这是担心美国胁迫委员所在国对自己报复。钱三强明白，如果不让委员个人签名，调查报告书的权威性会受到影响，甚至会给某些别有用心的国家以可乘之隙。为此，他与李约瑟进行了深度交流，取得了共识，李约瑟答应去找每一个委员沟通。

8月31日，星期日，北京饭店。"调查在朝鲜和中国东北的细菌战事实国际科学委员会"调查报告书签字仪式和记者招待会隆重举行。委员们郑重地在报告书上签下名字，然后回答了记者提问。随后，钱三强与全体委员合影留念。

12月12日，第三次世界和平大会在维也纳开幕。中国派出59人的代表团，团长宋庆龄，副团长郭沫若，钱三强也是成员。宋庆龄作为合作主席之一，与约里奥共同主持了开幕式，并作了《停止现有战争》的演讲。大会的其中一项议程，就是由贝索亚代表"调查团"陈述调查报告，证实朝鲜和中国东北人民确已受到美国细菌武器攻击。

回国后，李约瑟在书中评价钱三强，是"当需要的时候就会出现的儒士与骑士"。[1]

这一年，英国人口中的这位"骑士"，在职称上也有所斩获。经中科院研究，报政务院批准，评定华罗庚、钱三强、庄长恭、赵承嘏、贝时璋、钱崇澍、冯德培、赵忠尧为首批特级研究员。

---

[1] 见《李约瑟题献叶企荪和钱三强》，原载［英］李约瑟：《中国的科学与文明》物理卷（英文版）题记，1962年英文版。

第四章　主歌　聚焦原子能

你们要反对原子弹，你们必须要有原子弹。

——20 世纪法国物理学家约里奥 – 居里

1. 招兵买马

　　题记上这句话，是约里奥捎给毛泽东主席的话，时间是
1951 年 10 月。尽管此时朝鲜战争已经爆发，美国在战争期间
也没有使用原子弹，但原子弹始终是高悬在中朝头顶的一把
利剑。朝鲜战争爆发后，毛泽东曾用"你打你的，我打我的，
你打原子弹，我打手榴弹"的话，来激励志愿军不畏强敌、
敢于斗争，但这绝不意味着毛泽东不重视军事工业，时隔一
年他就给朝鲜前线发电报说："没有现代的装备，要战胜帝国
主义的军队是不可能的。"他在《论十大关系》一文中讲得更

直白："（中国）不但要有更多的飞机和大炮，而且还要有原子弹。在今天的世界上，我们要不受人家欺负，就不能没有这个东西。"正如战争的目的，是为了消灭战争一样，中国研发原子弹，目的就是为了对抗美国的核威慑与核讹诈。也就是说，以戈止武，以核制核，是摆在新中国面前唯一且最有效的自卫途径。

那么，中国的原子能事业由谁担纲呢？于是，人们把目光聚焦到钱三强身上。

钱三强刚刚回国时，就一再动议成立北平原子能研究中心，这一理想最终因为美国暗中掣肘而灰飞烟灭。中华人民共和国成立后，立即同意组建近代物理所，由钱三强负责筹建。尤其是新中国成立前夕，身在西柏坡的周恩来就亲自批准拿出 5 万美金让他出国采买原子能设备，让他看到了中国原子能事业的曙光。

设备固然重要，但更重要的是领头人。按说，作为筹建者，他完全可以自任所长，他也有足够的资历和能力领导这个机构，但他没有。为了使这个新机构具有足够的号召力，他决定给自己找一个顶头上司。这个顶头上司，就是自己曾经的老师、时任上海交通大学校务委员会主任吴有训。

1950 年 1 月，他拿出最诚恳、最谦恭、最真切的态度，说服老师来亲自带领这支队伍。要知道，此时的吴有训职位等同于大学校长，接受学生的邀请绝非重用，但心系核物理的老师还是毫不犹豫地答应了。

如果需要为中国原子能事业确定一个"元年"的话，1950 年或许是一个备受青睐的选项。这一年 5 月 19 日，经中央人民政府政务院第 33 次会议批准，中科院近代物理研究所[1]正式成立。吴有训任所长，钱三强任副所长，研究人员只有来自中央研究院的赵忠尧、李寿枬、陈耕燕、程兆坚、殷鹏程和北平研究院的何泽慧、杨光中、黄静仪等 10 余人。所址为原北平研究院原子学研究所——东皇城根甲 42 号。

得到近代物理所成立的消息，约里奥 - 居里夫妇发来贺电。约里奥的电文是："为科学服务，科学为人民服务——祝贺中科院近代物理所的成就。"伊莱娜的电文是："致中科院近代物理所，它将发展新中国的放射性科学。"

随后召开的近代物理所第一次所务会议，确定了科研工作的四个方向：实验原子核物理、理论物理、宇宙线、放射化学，其中以实验原子核物理为重点，准备建立两种粒子加速器，并进一步配置回旋加速器。吴有训提出，近代物理所"工作一切从零开始"。

四个方向，就意味着成立四个组。现有的十几人，是无法支撑这种组织构架，更是无法承载繁重研究任务的。唯一的办法，就是面向全国和全球招兵买马。在这一点上，身兼中科院计划局副局长和近代物理所副所长的钱三强，无疑具

---

[1] 1953 年 10 月更名为中科院物理研究所，1954 年 1 月办公地点从东皇城根迁到中关村物理楼，1958 年 7 月更名为中科院原子能研究所，中关村物理楼从此更名原子能楼。

有他人不可比拟的优势。一来，中科院计划局掌握着全国专家的资料；二来，他招兵买马的工作早在近代物理所成立前就开始了。

那还是 1949 年 4 月，他在参加世界和平拥护者大会期间，就从布拉格发出了两封"求才信"。

第一封信于 4 月 20 日寄给远在美国的葛庭燧，着重介绍了新政权的执政理念和制度优势。[1]葛庭燧，山东蓬莱人，与钱三强同岁，还是何泽慧的姐夫。他与何怡贞结婚后一同赴美留学，先是在加州大学伯克利分校攻读博士，后在麻省理工学院光谱实验室参加了美国研制原子弹的有关工作，获得了美国国防研究委员会颁发的奖状、奖章，随后参加了芝加哥大学金属研究所的筹建工作，是国际知名的金属物理学家。接到钱三强的信，夫妻二人于 1949 年 11 月动身回国，成为首批回国的美国华人科学家。回国前，葛庭燧把钱三强的来信摘要发表在 1949 年 5 月 28 日《留美学生通讯》第一卷第七期上，推动了留美学生的回国运动。回国后，他担任了清华大学物理系教授兼中科院近代物理所研究员，何怡贞则受聘到燕京大学物理系担任教授。

第二封信于 4 月 27 日写给《留美学生通讯》编者，回答了留美学人至为关切的几个问题："一、中共并无一特别对留美学生的政策。凡是本身有用的人才，不是自私自利者，都

[1] 见《钱三强致葛庭燧》，原载葛能全、陈丹编注：《钱三强往来书信集注》，世界图书出版公司 2023 年版。

欢迎回国，参加建设工作。但不像从前，只认头衔不认本领及工作经验。相反地，凡是真埋头苦干，不骄不躁的专家都受到尊重。更谈不到有什么对美国留学生特别实施的政治训练。二、留美同学在组织上的准备，与任何公民一样。A. 了解政策问题，内容及材料可由《华侨日报》得到。B. 人生观问题，放弃个人主义，想到自己是大众一分子，为人民服务。C. 在工作上，应该尽量提高自己的知识及技术水准，但同时要时时想到利用知识以及技术，为大众服务。三、留美学生，从前既不应当特别受到重视，现在也不应当受到轻视。事实上歧视问题毫不存在。在北平的各校教授，大多数是留美的学生，一个也没有解聘。对于一般政策，中共欢迎批评及提出建议。在为大众服务的人生观下，学术研究及言论是自由的。所以最后一句话，一切一切，都是自己人生观的问题。若是能够改变人生观，一切都自然。若人生观不能改过来，则需要从实际生活上，一点点地走向适应环境之路。举例来说吧，以小弟之无知，从来未走衙门，拜显要，中共来了以后，也不特别轻视。我觉得一切都很自然。"[1] 这封信在 1949 年 5 月 14 日《留美学生通讯》第一卷第六期刊出，消除了许多人的思想顾虑，促成了一轮留美学人归国潮。据国家教委统计，从 1949 年 8 月至 1954 年 12 月，从美国回国的学人共 937 人，其中不少人回国后进入了近代物理所。

---

[1] 见清华校友总会：《校友文稿资料选编》（第七辑），清华大学出版社 2001 年版。

　　如果说面向海外写信是漫天撒网的话，接下来的动作就是缺什么人，引什么人了。

　　先看实验核物理组（一组）组长人选。

　　如果您关注近代物理所成立的消息就会发现，有一名研究员叫赵忠尧，是钱三强在清华读书时的老师。其实，研究所 1950 年成立时，这个人还在美国。赵忠尧，那年 48 岁，浙江诸暨人，早年赴美国加州理工学院留学，师从诺贝尔奖获得者密立根，在做硬伽马射线实验时，观察到了一种反常的吸收现象，还发现硬伽马射线在铅元素中会产生一种特殊辐射，他将这些现象整理成论文发表了出来。直到两年后安德森因发现正电子径迹获得了诺贝尔奖，大家才意识到，当初赵忠尧观察到的特殊辐射和反常吸收，正是正负电子的产生与湮灭过程，最该得奖的是赵忠尧。后来，他进入英国剑桥大学卡文迪许实验室，与原子核大师卢瑟福一起工作。回国后，在清华大学物理系建立了中国第一个核物理实验室，首次开设了核物理课。1946 年，他第二次赴美，任务是购买核物理研究器材。其间，他利用在加州理工学院开展原子核反应研究的身份，偷偷低价采购实验室退役的"废品"，先后发回加速器部件及相关器材 30 多箱。得到被近代物理所聘为研究员的消息，他便下决心回国。1950 年 8 月 28 日至 31 日，他和涂光炽（北美学生会副会长，宾夕法尼亚州立大学助理研究员）、叶笃正（芝加哥大学研究助理）、余国琮（匹兹堡大学助理教授）、傅鹰（密歇根大学研究员）、庄逢甘（加州理工学院研究学者）、罗时钧（加州理工学院航空、数学博士，钱学森的弟子）、沈善炯（加州理工学院分子遗传学博士）、鲍文奎（加州理工学院遗传学博士）、邓稼先（普渡大学物理学博士）等128名学者和留学生，先后从旧金山和洛杉矶登上"威尔逊总统号"回国。岂不知，美国联邦调查局已经盯上了他们。首先，钱学森一家在该船上的行李在洛杉矶被扣留，钱学森也于9月6日被美国拘留。接着，美国联邦调查局发出了追截赵忠尧及与钱学森有关人员的命令。9月12日，当轮船经停日本横滨时，赵忠尧、罗时钧、沈善炯被要求携带行李从三等舱到头等舱接受检查，然后被驻日美军押送下船，关进了位于东京下野的巢鸭军事监狱。为此，中国掀起了谴责美国当局无理扣押中国科学家的浪潮，政务院总理兼外交部长周恩来代表中国政府发表了严正声明；中国科学界联名致电联合国大会主席、联合国秘书长、美国总统和相关国际组织，强烈抗议美国非法侵犯中国留美教授、学生人身自由的行为；钱三强则联合一批著名科学家发起了声援赵忠尧的活动，包括请导师约里奥出面，呼吁全世界爱好和平的正义人士谴责美国政府的无礼行径。

赵忠尧被扣在中途，他在南京的家属也遇到了困难。9月30日，吴有训和钱三强联合向中科院院长郭沫若写了一份请示："由于赵忠尧被驻日美军扣押后，其家庭断绝经济来源，申请院方核定赵每月薪金1300斤小米，并按百分之七十发给其在宁家眷生活补助费，直至赵到所工作为止。"[1] 赵的薪金 1300 斤小米，合 680 元，是当时教授中的最高级。郭沫若很快批准了这一请示。

被羁押和软禁期间，赵忠尧、罗时钧、沈善炯断然拒绝了台湾当局驻日代表要他们前往台湾的邀请。由于在三人的行李中没有搜到"违禁"物品，美国迫于国际压力，只得将三人释放。直到 11 月 17 日，三人方才乘坐下一班"威尔逊总统号"离开日本，于 11 月 28 日抵达香港，进而回到内地。对于近代物理所照顾自己家眷的义举，赵忠尧分外感动，于是欣然加入了这一团队，成为近代物理所一组组长，主持建成了中国第一、二台质子静电加速器。

再看宇宙线组（三组）组长人选。

早在 1949 年 12 月，钱三强就向浙江大学（简称浙大）物理系教授王淦昌发出了邀约信。王淦昌，江苏常熟人，42 岁，从清华物理系毕业后，考取了江苏省官费留学生，到德国威廉皇家化学研究所师从女核物理学家迈特纳。获得博士学位后回国，先后担任山大、浙大物理系教授，此间曾作为访问学者赴美研究宇宙线中介子衰变问题，先后三次错失诺贝尔奖，是中国宇宙线研究的领军人物。接到钱三强的邀约信，王淦昌立即冒着凛冽的北风，自费购买硬座车厢的坐票赶到北京，与钱三强夫妇见面恳谈。1950 年 2 月 16 日，王淦昌正

---

[1] 见《吴有训、钱三强致郭沫若的请示》，原载葛能全、陈丹编注：《钱三强往来书信集注》，世界图书出版公司 2023 年版。

式到京报到，担当起了宇宙线研究的重任，顺便把浙大的云雾室带到了北京。浙大物理系的忻贤杰、胡文琦，也跟随王淦昌加入了近代物理所。

然后是理论物理组（四组）组长人选。

钱三强清楚，彭桓武是这个岗位的不二人选。早在英国留学时，彭桓武就在理论物理领域取得了骄人的成就。回国前，二人还约定"回祖国干一场"。在清华大学任教期间，二人又同住一院，可谓志同道合。彭桓武从清华调入近代物理所后，很好地担当起了理论物理研究的重任。清华大学的金建中、李德平，也随同彭桓武加入了这一团队。

就在王淦昌、彭桓武调入的同时，一批在海外学有所成的科学家，也响应祖国召唤，放弃优渥工作、生活条件，陆续来到近代物理所。他们是：

邓稼先，安徽怀宁人，生于1924年，17岁考入西南联大物理系，26岁获美国普渡大学物理学博士学位，被称为"娃娃博士"。获得博士学位第9天，他就毅然决然地登上轮船，于1950年10月回到祖国，进入近代物理所，进而成为原子弹、氢弹研制的主要组织者、领导者，病逝后被追授"两弹一星功勋奖章"。

朱洪元，江苏宜兴人，生于1917年，1948年获英国曼彻斯特大学博士学位，随后任曼彻斯特大学物理系帝国化学工业科学基金会研究员，1950年应邀回国，担任近代物理所研究员，后来成为中科院院士。

　　胡宁，安徽休宁人，生于 1916 年，从西南联大物理系毕业后到美国加州理工学院公费留学，获博士学位后进入普林斯顿高等研究院，师从理论物理学大师 W. 泡利，从事核力的介子理论和广义相对论研究。之后，辗转各国从事理论物理学研究，是胡适拟邀请回国的 9 名"第一流物理学者"之一。他于 1950 年底应邀回国，任北大物理学教授，1955 年当选为中科院学部委员。

　　萧健，湖南长沙人，生于 1920 年，从西南联大物理系毕业后赴美国斯坦福大学和加州理工学院留学，进行宇宙线研究。虽然他已完成了博士论文实验，但怕错过时机回国时受到阻挠，毅然放弃即将获得的博士学位，于 1950 年 4 月回国，担任近代物理所助理研究员，后来当选为中科院学部委员。

　　1950 年归国的专家，还有在法国工作的金星南，在美国工作的郭挺章等。

　　1951 年 2 月 13 日，吴有训升任中科院副院长，不再担任近代物理所所长职务。3 月 2 日，政务院任命钱三强为中科院近代物理所所长，这也开启了他长达 27 年的所长生涯。

　　钱三强上任后，继续大刀阔斧地招徕天下贤士。经过他主动联络和诚挚邀请，留英的核物理学家杨澄中和在法国居里实验室工作的杨承宗，于 1951 年回国进入近代物理所，分别主持电子学组（五组）和放射化学组（二组）。为了区分二人太过相近的姓名，同事们想出了一个办法，就是以留学地分别称他俩为"英杨"和"法杨"。

　　钱三强在招揽人才上还有一个新招，就是"不求所有，但求所用"。至于具体做法，一种是外聘一部分不承担具体任务的专门委员，如周培源、张宗燧、叶企荪、赵广增等，让他们定期对全所的研究方向和重要学科的发展前景提出建议，把关定向；另一种是聘请外单位的专家兼任近代物理所室主任，并负责相关课题的研究，如生物学家贝时璋、理论物理学家王竹溪、金属物理学家葛庭燧、理论物理学家胡宁、金属物理学家李林、化学家刘静宜、低温物理学家洪朝生、晶体学家吴乾章等。钱三强"巧借外脑"的举措，不仅壮大了近代物理所的研究力量，也使得专家本人发挥了更大作用，可谓两全其美、事半功倍。

　　对于这段历史，钱三强的老部下黄胜年说："在组建近代物理所的时候，他就想方设法把国内最强的优秀科学家请到所里来工作。越是有本领的人，越要请来。不能全部时间来所工作，就请他们来兼职指导工作。请来以后，尽可能创造条件，让他们施展才华。在工作安排上，他从不强调自己的科学工作领域，总是从全局出发，尽量先支持其他科学家的研究。正是由于这种人才上兼收并蓄，组织工作上甘为人梯的大度方针，使得在他的任期内，原子能所人才济济，兴旺发达，学术风气浓厚，学科门类齐全，成为一个高水平的综合性科学研究中心。"

　　经过钱三强广纳贤才，近代物理所由初创时的 10 余人，扩张到 1956 年的 638 人。

2. 代号 "6 组"

乍一看，这似乎是一个情报机构。其实，它是一个地地道道的培训机构。

钱三强尽管从国内外招揽了大批人才，但总感觉远远不够，因为要适应原子能事业甚至研制原子弹的需要，必须有计划、有组织、有针对性地培养原子能专业人才。要做到这一点，大学是有欠缺的，因为大学教育重在理论，而近代物理所却是理论与实验并重。于是，他想出了一个富有前瞻性的点子：在近代物理所建立一个专门培养未来人才的机构——近代物理研究室，代号 "6 组"。

这是一个未雨绸缪之举，更是一步暗中架炮的妙招，自然得到了周恩来总理和中科院高层的认可。之后，计划紧锣密鼓地展开。

第一步，争取到中科院的经费支持后，在中关村附近盖了教学实验楼和学生宿舍，订购了必要的设备和图书，使 "6 组" 有了 "庙"。

第二步，为这座 "庙" 请来有足够资格的 "方丈"。钱三强放眼国内，精挑细选，终于凑齐了筹建班子人员。这三个人，每一个都分量十足。

胡济民，江苏如皋人，生于 1919 年，毕业于浙大物理系，

165

后来赴英国伯明翰大学留学，并在伦敦大学莫赛教授指导下用唯象的方法研究核力，在核子间相互作用力的理论研究方面取得了开创性成果，获博士学位。1949年9月回到刚刚解放的杭州，现任浙大副教务长。

虞福春，福建福州人，生于1914年，毕业于北大物理系，后来赴美留学，获俄亥俄州立大学博士学位，随后进入斯坦福大学做博士后研究工作，与同事合作发现了核磁共振谱线的化学位移和自旋耦合劈裂。1951年2月携妻儿回国，现任北大普通物理教研室主任。

朱光亚，密歇根大学原子核物理专业博士，26岁从美国归来后，成为北大物理系最年轻的副教授，目前是东北人民大学（今吉林大学）物理系特殊实验计划组副组长。

经周恩来总理亲自批示，胡济民被任命为物理研究室（即"6组"）主任，虞福春、朱光亚成为助手。

第三步，由"方丈"广招"弟子"。1956年3月，"6组"从全国各重点大学选拔了一批高年级学生进入实验教学基地，为中国培养了首批原子能专业人才。一年后，经周恩来总理和教育部批准，"6组"在北大开办了技术物理系，由胡济民、虞福春、朱光亚、卢鹤绂负责；与清华校长蒋南翔筹划，在清华创办了工程物理系，由何东昌负责。

接下来，蒋南翔和钱三强在准备派往苏联、东欧留学的理工科学生中，挑选出350人，改学原子能科学、工程技术专业。1958年，钱三强主管的原子能所，又在中国科技大学开办了近代物理系和放射化学系，课程设置、教学、实验设备完全由原子能所负责。首届近代物理系由赵忠尧、郑林兼任正、副主任；放射化学系由杨承宗、苏振芳兼任正、副主任。授课教师全部由研究所的专家担任，从而开创了研究所办教育的先河。

3. "吃面包从种麦子开始"

近代物理所初创时期，国家很穷，根本不可能给所里拨多少钱；外国封锁，即便有钱也很难买到急需的实验设备。但没有设备，做不了实验，研究所还配叫研究所吗？于是，钱三强悟出了一条生存与发展之道——"吃面包从种麦子开始"。用延安时期毛泽东发明的一句流行语表示，就是"自己动手，丰衣足食"。

他后来回忆："建所初期，工作和生活条件都很艰苦，西方国家对我们实行禁运，有钱买不到商品仪器。于是，我和王淦昌、彭桓武几位负责人，领导全所人员学习延安'自己动手，丰衣足食'的革命精神，自己动手制造各种设备，虽然困难不少，所花的时间多一些，但是锻炼了年轻的科技工作者，使他们在制造设备过程中，掌握了不少必要的技术知识，对以后独立开展研究工作，有很大的好处。"[1]

创业过程中，令人哭笑不得的事儿比比皆是。

近代物理所建所伊始，钱三强所长发动大家到北京的旧货市场去找零件，用来自制仪器。一次，彭桓武到天桥的垃圾箱里翻找零件，竟被警察误认为是小偷。解释了半天，警察才搞清楚他留过洋，是个教授，还是一个科学家，这才没把他抓起来。

一天，邓稼先在上班路上，遇到路边有几个小孩用一节废铜丝玩游戏。他和这些小孩商量了好一会儿，从供销社买来一把糖果，才换得了这一节铜丝。

制作氡铍中子源，需要氡气。研究所无钱购买氡气，杨承宗就带领朱润生、朱培基，冒着生命危险到协和医院旧镭氡装置上提取氡气。

李德平为了制造一套技术管的真空系统，没有真空封蜡和测量仪器，就从北京灯泡厂弄来装了钨丝没有抽气的灯泡，接到真空系统上代用，居然把事情搞成了。[2]

"只要我们自己不绝望，谁也无法使我们绝望。"就是这样一个家徒四壁的研究所，就是这样一群赤手空拳的穷书生，他们硬是用勤劳的双手和智慧的大脑，在一块儿只能开苦菜

---

[1]　见钱三强：《中国原子核科学发展的片段回忆》，原载《紫荆》1990年10月创刊号。

[2]　见葛能全：《魂牵心系原子梦：钱三强传》，中国科学技术出版社2013年版。

花的贫瘠土地上，种出了灿烂的科技之花。

实验原子核物理方面，由赵忠尧、杨澄中主导，先后建成大气型 70 万电子伏特质子静电加速器、250 万电子伏特质子静电加速器、40 万电子伏特高压倍加器；探测器研制方面，由何泽慧、戴传曾、杨澄中主导，先后成功研制了核乳胶、云雾室、卤素计数管、空气电离室、中子正比管和多种闪烁晶体；β 谱仪方面，由梅镇岳、郑林生分别建成了多种 β 谱仪，丁渝回国后建造了第一台铯原子束装置；放射化学方面，杨承宗、郭挺章主持，在天然放射性元素、铀化学、重水、石墨等方面开展了大量研究工作；宇宙线方面，由王淦昌、萧健主持，在海拔 3180 米的云南落雪山建成了第一个高山宇宙线实验室；在理论物理方面，彭桓武、朱洪元带队主攻原子核物理、粒子物理理论；电子学方面，由陈芳允主持，于 1953 年 10 月建成了扩大的电子学组，实现了近代物理所核电子学小组、电子学研究所筹备处、数学研究所电子计算机部分的阶段性合并。[1]

专家们取得的每一点进步，每一次突破，每一个成果，钱三强都看在眼里，记在心上，落在纸上。他欣喜于大家兢兢业业的工作精神，更关注着整个人才队伍的成长。他熟悉和了解其中每个人，上到著名科学家，下到普通技术人员，在钱三强撰写的《新中国原子核科学技术发展简史》（1950—

---

[1] 见钱三强、朱洪元：《新中国原子核科学技术发展简史》，原载《钱三强文选》，浙江科学技术出版社 1994 年版。

1985）中，各个时期的重要成就、做出成就的科技骨干，都一一在册，无一遗漏。

4. 又红又专

对于"又红又专"，如今的年轻人已经很陌生了，但它在20世纪五六十年代却是一个热词。这个词源于1957年10月毛泽东主席在中共八届三中全会上的讲话，他的原话是："政治和业务是对立统一的，政治是主要的，是第一位的，一定要反对不问政治的倾向；但是，专搞政治，不懂技术，不懂业务，也不行。我们各行各业的干部都要努力精通技术和业务，使自己成为内行，又红又专。"

建所伊始，钱三强就旗帜鲜明地鼓励青年人努力钻研业务，在科研上敢于冒尖。他经常告诫大家，要树立"不进则退"的危机感，一个人如果30多岁还拿不出像样的成果，就可能被淘汰。为此，他注意用榜样的力量引导人，在研究所阶梯教室挂上了居里夫人、卢瑟福、爱因斯坦、玻尔、库尔恰托夫等科学家的肖像。与此同时，他也反对追名逐利，自我膨胀，告诫年轻人把服从国家需要视为天职，为了国家随时准备"转行"，并且要有隐姓埋名奋斗一辈子的思想准备。

每年新大学生和研究生到岗，他都要作一场报告，给大家讲如何对待自己，如何对待事业，如何正确处理政治与业务的关系。他讲话比较生动，连举例子都是专业术语。他曾经形象地说，政治与业务的关系，好比骑自行车，保持物体沿圆周轨道运动，需要一种向心力。政治就好像给车把一个向心力，没有这点力，车就会沿切线方向"出轨"，于是就犯了错误。但是这个力不能太大，否则也会从里面"出轨"，这条路也走不下去，所以要随时修正方向。

后来，他根据实践与思考，发明了"红专矢量论"。那天，他用粉笔在黑板上画了一个直角坐标，横坐标为"红"，即社会主义方向；纵坐标为"专"，即专业技术；沿45度角画一条动径，箭头标明"矢量"。然后，他回过头来，对听众说，矢量的模代表专业能力，矢量在横坐标上的投影，就是对社会主义的实际贡献，矢量方向与横坐标夹角的大小表示"红"的程度，这就是"又红又专"。讲完，他丢掉粉笔，笑着说："你们看，我成三角学家了。"[1]

他的"红专矢量论"，影响了一代又一代年轻人。当年听过钱三强报告的何祚庥一直记忆犹新：

"三强同志不仅指导青年同志们的科学研究，也抓青年同志们的思想工作。他多次向原子能所内青年同志做报告，要他们又红又专。他以物理学工作者熟悉的语言，向青年同志们指出：在迈向社会主义的道路上，每个人都要出一份力，

[1] 见孙汉诚、王甘棠：《核世纪风云录》，科学出版社2006年版。

大家都推他一把，这就是红。用物理学的语言来说，'红'是一个矢量，即有确定指向的矢量，而'专'是这一矢量的长度。仅仅方向对头，而长度太小，那么推力不大。如果长度很大，但方向不对头，甚而偏向另一边，那就适得其反。这就是三强同志所发明的'红专矢量论'，应该说这是政治思想工作很好的一个创造。遗憾的是，在'文化大革命'中，竟成为'反动学术权威'放出的'大毒草'。"[1]

当初在该所从事回旋加速器研究，后来成为中国工程院院士的樊明武，在一篇回忆文章中写道："是钱三强老师的一段话给了我人生的启迪。这段话使我在'文化大革命'中也保持清醒头脑，在'知识无用'的浪潮中仍然坚持读书、做学问，在'崇洋媚外'的压力下仍然坚持学习外语，在阶级斗争天天讲、月月讲、年年讲的氛围下坚持科研生产，从容地度过了这场风波，获得首批出国深造的机会，以及以后在加速器的研究中取得成就……钱老师的'红专矢量论'，就这样一直伴随我，引导我进入科研工作。"[2]

后来担任国务委员、国家科委主任的宋健，也于 1991 年 12 月 25 日致信钱三强，希望他将"红专矢量论"原作再次公开发表，信是这样写的："钱老：近读外交部一些同志写的纪

---

[1] 见何祚庥：《回忆三强同志在原子能科学技术中的重大贡献》，原载《自然辩证法研究》1992 年第 8 卷第 8 期。

[2] 见樊明武：《钱老"红专矢量论"指引我人生路》，原载《原子科学城》2013 年第 3 期。

念陈毅同志的文章，赠送一阅。其中第 14 页有一段精彩的关于红与专的论述。使我回想起，您 60 年代曾阐明过的'红专矢量论'，那是绝对正确，有如初等代数定理之再造。皇天后土，永无可能反顾。这与陈毅同志的论点不谋而合，是'英雄之见略同'。可惜我并未拜读过大作，仅从'文革'大字报中得知一二。如原作能再布，必成历史杰作。"[1] 只可惜，此时钱三强已身患重病，这件事最终未能如愿。

钱三强向来不做表面文章，他是这样讲的，也是这样做的。在落实"又红又专"上，他有三大开创性举措。

一是借鉴外国研究机构，给所有科研人员建了业务档案。研究所有了业务档案，你做过什么，有些什么发明、创造和论著，只要单位想用你，几分钟就可以全部了解清楚。

二是从 60 年代初开始，推出了规范的业务考核制度。如 1963 年的考核结果是，被考核的两名高级研究人员，一名达到研究员水平，一名达到总工程师水平；有 16 名中级技术人员达到副研究员和副总工程师水平；348 名初级研究技术人员，有 147 名达到中级研究技术水平。考核结果与职称聘任挂钩，一切都公开透明。

三是在国家尚未公布学位条例时，率先在研究所试行副博士论文考试。1956 年，研究所成立副博士论文考试委员

---

[1] 见《宋健致钱老的信》，收入葛能全编著：《钱三强年谱》，山东友谊出版社 2002 年版。

会，由赵忠尧任原子核考试委员会主任委员，施汝为[1]任经典物理考试委员会主任委员，钱三强任论文答辩委员会主任委员。考试邀请所内外有关专家参加，用无记名投票方式决定。1956年至1957年，于敏、黄祖洽、陆祖荫、肖振喜通过了"副博士水平"考试。这一举措，不仅为在职人员进行学位晋升打开了新通道，而且有效提升了无留学背景人员站上科技巅峰的自信心，一批共和国自己培养的青年科学家脱颖而出。

于敏，天津宁河人，生于1926年，18岁考入北大工学院，后来转入物理系，本科毕业后以物理系第一名的成绩考取了北大理学院院长张宗燧的研究生。1949年从北大物理系硕士毕业后，被钱三强直接调入近代物理所，长期从事核武器理论研究与设计。他从未留过学，却发表了多篇重量级论文，与合作者提出了原子核相干结构模型，填补了中国原子核理论的空白，被诺贝尔奖获得者朝永振一郎称为"国产土专家1号"。全球仅有两种氢弹构型，一种是美国T–U构型，另一种就是"于敏构型"，因此曾被誉为"中国氢弹之父"。

黄祖洽，湖南长沙人，生于1924年，20岁以总分第一的成绩考入西南联大物理系，两年后回到清华物理系继续学习，被称为"20年难得一遇的清华才子"。他大学毕业后找不到工

---

[1] 施汝为，生于1901年，上海人，从东南大学物理系毕业后任清华大学物理系助教；1930年赴美国留学，先后获得伊利诺伊大学硕士学位和耶鲁大学博士学位；回国后先后担任中央研究院物理所研究员、广西大学教授、中科院应用物理研究所代理所长；1955年当选中科院学部委员，乃中国现代磁学奠基人。

作，便报考了清华物理系教授钱三强的研究生，研究核乳胶。一年后，由于钱三强忙于筹建近代物理所，又逢彭桓武受聘于清华，钱三强就把黄祖洽推荐给彭桓武做研究生。1950 年，他硕士毕业后进入近代物理所理论室，从事原子反应堆理论研究，进而参加了氢弹研制，后来当选为中科院院士。

陆祖荫，江苏常熟人，生于 1926 年，毕业于西南联大物理系，1950 年 2 月放弃即将到手的硕士学位，被钱三强调入近代物理所，在何泽慧指导下从事核乳胶研制及中子物理研究，1957 年通过"副博士"考试后被派往苏联进修两年，归国后从基础研究转为原子弹研究，并于 1962 年调任国防科委核试验研究所三室主任，负责核物理测量，是首次核试验主要有功人员之一。后来，因身患多种疾病并遭遇医疗事故，他才被迫退出核试验一线，转业到清华任教。

5. 总理约见

1955 年 1 月 14 日，星期五，北京天寒地冻，路宽人稀。

钱三强按照通知，来到中南海的一处院落。进门后才知道，这里是周恩来总理办公和居住的西花厅。同时来到总理办公室的，还有国务院第三办公室[1]主任、国家建委主任薄一波，地质部长李四光，地质部党组书记、第一副部长刘杰。

那天的西花厅，温暖如春。见到周总理，大家急忙站起来。周总理笑着对大家说："欢迎你们！"

周总理招呼大家坐下，说，今天召集大家来，是和大家谈谈关于发展原子能和铀资源的情况。

随后，周总理以严峻的表情谈起了国际形势。他告诉大家，朝鲜战争进入僵持状态后，美国国务卿杜勒斯托印度总理尼赫鲁给周恩来捎话，说如果不安排停战，美国就要轰炸鸭绿江以北的满洲庇护所。杜勒斯还提到，美国已经成功试验了核炮弹。言外之意，美国可能会在朝鲜战场毫不犹豫地使用这种武器。尼赫鲁拒绝传话，美国又通过板门店谈判传达了付诸核战争的信息，扬言可能使用原子武器攻击中国本土，包括北京。刚刚过去的 1954 年，从 4 月越南奠边府告急，到 9 月人民解放军炮击金门，再到 11 月中国宣布对 13 名被俘的美国飞行员以间谍罪判刑等，美国一次接一次地对中国实施核讹诈与核威胁。美、英、法等国甚至在华盛顿开会，计划对支持越南解放斗争的新中国做出"核反应"。

周总理历数的这些事实，钱三强多数闻所未闻。看来，如果不及时采取措施，"纸老虎"就要变成会吃人的"真老虎"了。

面对美国的核威胁，中国怎么办？这是今天周总理谈话

---

[1] 1954 年 11 月，国务院成立了八个办公室，第三办公室协助总理掌管重工业部、一机部、二机部、燃料工业部、地质部、国家建委的工作。

的主要内容。周总理把目光投向钱三强："三强，你清楚约里奥－居里先生带的话：'你们反对原子弹，就要有自己的原子弹'，这是朋友的忠告。毛主席、党中央很重视这个意见。但是前些年，对这件事一时还顾不上，有些条件也不具备。比如铀矿资源情况，总不能靠买外国的原料吧。再说，这样敏感的东西谁会卖给我们呢？现在情况有些不同了，去年秋天，地质部在广西发现了铀矿。现在到了考虑发展原子能的时候了。这件事迟早要做，今天先小范围做点研究，听听有关情况，便于中央讨论决策。"[1]

周总理说，请三强先讲，尽可能讲得通俗易懂。

钱三强简要介绍了西方国家和苏联核科学发展概况，讲解了原子弹的原理及关键性技术和设备，顺便提出了让苏联援建原子反应堆和回旋加速器的建议，还汇报了专业人员集聚培养情况和研究现状。周总理边听边记录，还详细询问了原子反应堆、原子弹、氢弹的原理和基本构造，对目前科技力量、设备情况、所需经费一一做了了解。钱三强在汇报结束时表态说，开展原子武器研发，就目前情况看是有很多困难，但这些困难不是不能克服的。

对于铀矿勘探进展情况，周总理也十分关切。1954年秋，中国地质队员在广西发现了铀矿石标本，这对研制原子弹是

---

[1]　见钱三强：《我国现代科学技术的组织者、领导者——缅怀周总理对我国科学技术事业的关怀和对科学技术工作者的教诲》，原载1979年3月10日《人民日报》。

绝对的利好消息。由于李四光牙痛，这方面的工作由刘杰作了汇报。刘杰说，我们发现的铀矿石标本，尽管是在广西的一个次生矿找到的，开采价值不大，但也证明了中国大地上有铀。既然有次生矿，就可能有原生矿[1]。地质系统继续努力，在国内找到有工业价值的铀矿床，是完全可能的。

结束座谈时，总理交代："明天，毛主席和中央其他领导同志要听取这方面的情况汇报，请做好准备，汇报要简明扼要，通俗易懂。可以带点铀矿石和简单仪器，做一下现场演示。"

当晚，周总理致信毛主席：

"今天下午已约李四光、钱三强两位谈过，一波、刘杰同志参加。时间谈得比较长，李四光因治牙痛先走，故今晚不可能续谈。先将有关文件送上请先阅。最好能在明（十五）日下午三时后约李四光、钱三强一谈，除书记处外，彭、彭、邓、富春、一波、刘杰均可参加。下午三时前，李四光午睡。晚间李四光身体支持不了。请主席明日起床后通知我，我可先用一个小时来汇报今日所谈，以便节省一些时间。"[2]

---

[1]　原生矿，是各种岩类成矿后，受到不同程度的物理风化，但未经化学风化的碎屑，它从未经过地震、火山喷发、风吹雨淋、河流搬运等自然力移动过，一直被泥土和岩石覆盖着，化学成分没有改变；次生矿，是原生矿物质经过化学风化作用后形成的新矿物，其化学组成和晶体结构均已有所改变。

[2]　引自中共中央文献研究室 1987 年 5 月 27 日致钱三强公函附件。

6. 毛泽东拍板

1955 年 1 月 15 日，农历腊月二十二日，既非节日，也非纪念日，历史上的今天似乎只有清太祖努尔哈赤去世尚有一点儿影响。但对于中国来说，却是一个绝对值得记忆的日子。

钱三强来到中南海一处古色古香的庭院——丰泽园。这是毛主席办公和居住的地方，中央书记处会议也时常在此举行。

今天举行的，是中央书记处扩大会议，议题是讨论发展原子能问题。出席会议的除了毛泽东、刘少奇、周恩来、陈云四大书记（朱德缺席），还有彭德怀、彭真、邓小平、李富春、陈毅、聂荣臻、薄一波等。

毛泽东从书房走进会议室，先和李四光、钱三强握了手，并笑着说："今天，我们这些人当小学生，请你们来上一课，讲讲美国人天天挂在嘴皮子上的原子弹。不过，这堂课却不允许记笔记。"在场的人都跟着笑起来。

当时，桌子上摆着一块由地质部发现的铀矿标本，它呈黑黄色，是中国核工业第一块铀矿石，被誉为"开业之石"。首先，李四光和刘杰汇报了铀矿资源勘探情况，尤其是上半年在广西富贺钟地区发现铀矿的过程。经过一年普查，地矿系统已在西北、中南、华东地区发现异常点 200 多处，确认有远景的矿点 11 处。他们特别提到，为了开发铀矿资源，准备和苏联签订中苏合营在中国勘探放射性元素的议定书，双方共同成立一个委员会，在全国开展铀矿普查，相信能找到有远景的铀矿资源。

接下来，钱三强汇报了原子弹、氢弹原理及西方国家原子能发展概况。

汇报前，周总理说："先做一下现场演示，有点感性认识，再听情况汇报。"

只见钱三强用盖革计数器，接通电源，慢慢靠近桌上那块铀矿标本，便听到"嘎""嘎"的响声。当他把计数器移开，响声便停止了。几位领导人好奇地走上前来作实验，刚才的现象再次发生，引得大家笑声不断。

随后，钱三强把一小点放射源装进上衣口袋，慢慢向盖革计数器走去，他一靠近，就突然响起"嘎""嘎"的声音。大家不禁疑惑，仪器怎么自己响呢？钱三强笑着从口袋里掏出放射源，向大家解释说："就是这点东西，它也含有放射性，是法国约里奥－居里夫人送给我们的。"

然后，他按照昨天周总理"通俗易懂"的要求，先从肉眼看不见的原子讲起：原子，来自希腊文 Atom，本意是"不可分割"。原子的直径只有 1 厘米的一亿分之一左右。如果把一个原子放大 100 亿倍，它就像一个直径 1 米的圆球。一个只有芝麻粒那么大的东西，里面有万亿亿个原子。但原子还不是最小的，它本身的构造很复杂，像个小小的"太阳系"，每个原子中间都有个微小的"太阳"，这就是原子核。

在讲解过程中，周恩来提示他："三强，你可以举一些例子。"钱三强便以原子核来举例说，打个比方，假如把一个原子放大到怀仁堂礼堂那么大，那么其中的原子核就像一粒黄豆躺在礼堂中央。

会场发出会意的笑声。

之后，他挂出两张示意图，继续介绍原子弹和氢弹的基本结构。他说，原子弹是两块半球型的浓缩铀 -235 或钚 -239，外面包着一层中子反射体，隔开一定距离放置在弹壳里面，用高能炸药引爆，使两个半球形的铀在百分之一秒时间内骤然结合，发生快速链式反应，原子弹就爆炸了。而氢弹是根据重氢和超重氢的热核反应原理制造的。要使氢弹爆炸，必须有原子弹来引火。它的基本构造是，在原子弹外面包围相当数量的重氢或超重氢，利用原子弹爆炸产生的极高温，引起热核反应，使氢弹爆炸。

对于他深入浅出的讲解，与会人员频频点头。

他讲道，尽管原子弹杀伤力和破坏性巨大，但是如果采取相应防御措施的话，几种主要破坏作用可以大大降低。他简单列举了对冲击波、光辐射、放射性的防御方法。

他接着说，原子弹爆炸成功的国家有美国、苏联、英国，美国和苏联已经进行了氢弹试验，法国正在研制原子弹。他最后汇报说，我国原子能科学研究，建国后白手起家，已经有了一点基础，最可贵的是集中了一批优秀人才，个人的研究能力并不弱于别的国家，还有些人正在争取回来，大家对发展原子能事业充满信心。

听完汇报，会议进行了热烈讨论。

最后，毛泽东开始讲起关于"原子弹是纸老虎"的一段往事。这个人所共知的观点，是毛泽东于 1946 年 8 月 6 日提出的。那天，是美国向日本广岛投下第一颗原子弹周年纪念日，延安杨家岭雨过天晴，在窑洞前的一棵苹果树下，毛泽东会见了美国作家安娜·路易斯·斯特朗。二人交流了对中国内战和前途的看法之后，话题由国内形势转到国际形势，毛泽东还重点谈到了苏联在保卫世界和平，阻碍美国建立世界霸权中的作用。斯特朗问："如果美国使用原子炸弹呢？如果美国从冰岛、冲绳岛以及中国的基地轰炸苏联呢？"毛泽东回答："原子弹是美国反动派用来吓人的一只纸老虎，看样子可怕，实际上并不可怕。当然，原子弹是一种大规模屠杀的武器，但是决定战争胜败的是人民，而不是一两件新式武器。"[1]

此时，毛泽东并未放弃"纸老虎"的说法，但今天讨论的是这个问题的另一个方面。他说，从主观愿望说，我们不愿意搞原子弹，我们反对使用原子弹。但是，要反对原子弹，就要掌握原子弹。掌握了它，就能打掉美国的嚣张气焰。

毛泽东点燃一支烟，开始做总结性讲话："我们的国家，现在已经知道有铀矿，进一步勘探，一定会找出更多的铀矿

---

[1] 见《和美国记者安娜·路易斯·斯特朗的谈话》，原载《毛泽东选集》（第四卷），人民出版社 1991 年版。

来。我们也训练了一些人，科学研究也有了一定的基础，创造了一定条件。过去几年，其他事情很多，还来不及抓这件事。这件事总是要抓的。现在到时候了，该抓了。只要排上日程，认真抓一下，一定可以搞起来。"

"你们看怎么样？"毛泽东看了看大家，接着强调说："现在苏联对我们援助，我们一定要搞好。我们自己干，也一定能干好！我们只要有人，又有资源，什么奇迹都可以创造出来！"

会议好像要结束了，可毛泽东话锋一转，与钱三强讨论起原子的内部结构问题："原子核是由中子和质子组成的吗？"

"是这样。"钱三强随口回答。

"那质子、中子又是由什么东西组成的呢？"

这个问题并不离奇，要回答准确也不容易，钱三强只好照实说："原子论起源于古希腊，原子这个词，古希腊文的意思是不可再分的东西。根据现在研究的成果，质子、中子是构成原子核的基本粒子。所谓基本粒子，就是最小的，不可再分的。"

"是不可再分的吗？"毛泽东略加思考，然后说："我看不见得吧。从哲学的观点来看，物质是无限可分的。质子、中子、电子，也应该是可分的，一分为二，对立统一嘛！不过，现在实验条件不具备，将来会证明是可分的。你们信不信？你们不信，反正我信。"这是一个预言，一位政治家的哲学预言。需要说明的是，就在同年晚些时候，美国科学家塞格勒、恰勃林等，用具有 62 亿电子伏能量的质子轰击铜靶，发现了反质子，同时还发现了一种不带电、自旋相反的中子——反中子。

毛泽东微笑着宣布散会。

会后，毛泽东留大家共进晚餐。大家从会议室来到餐厅，一共摆了三桌，钱三强被安排和毛泽东同桌，坐在毛泽东对面。李四光、彭真坐在毛泽东左右两侧。席间，彭真问毛泽东在北大期间是否见过钱三强的父亲，毛泽东回答没有，但看过钱玄同先生的文章，还对其中一篇文章所表现出的勇气表示赞赏。最后，毛泽东站起身来，端起酒杯，大声说，"为我国原子能事业的发展，大家共同干杯！"[1]

这一天，被全世界记录为"中国正式下决心研制核武器的起始日"。

雪落无声，雁过无痕。这次中央书记处扩大会议，没有形成任何书面文件和会议记录，目前已知的正式文字，只有周恩来办公室台历上写的"约李四光、钱三强来谈"和周恩来 1 月 14 日晚写给毛泽东的便笺。

---

[1] 见钱三强：《中国原子核科学发展的片段回忆》，原载《紫荆》1990年 10 月创刊号。

7. 为了原子反应堆

谈到原子反应堆，这里有必要做一下科普。

早在 1939 年，法国的约里奥和美国的费米等人，就找到了释放原子能的钥匙——实现了铀的链式反应，从而奠定了使用原子能的科学基础。接下来，第一个工业规模释放原子能的目标，就是建立原子反应堆。核燃料铀 –235，是从天然铀矿中提取的；而核燃料钚 –239[1] 是人工放射性元素，只能通过原子反应堆获得。

所谓原子反应堆，就是通过合理布置核燃料，使得在无需补加中子源的条件下，能在其中发生自持链式核裂变，进而获得原子能的过程。在原子反应堆中，铀与石墨按照理论计算方式安排，最后中子在堆中起链式反应，裂变不断产生，能量主要用热的方式传送出来，铀受了中子打击后，除铀 –235 裂变外，铀 –238 不断地捕获中子而产生钚 –239，因而原子反应堆起了双重作用：发热和产生钚。原子反应堆的发展目标，有产生钚、发电、核动力船舶等多种。至于原子弹，就是以

---

[1] 钚的大规模制备是通过反应堆中的核反应进行的，由铀 –238 吸收中子后生成，再用溶剂萃取和离子交换纯化。钚因为属于人工放射性元素，所以人类的耐受性为零，其毒性比山埃（氰化钾）、炭疽、神经毒气还要重，经水、空气或食物等途径进入人体，就会令细胞突变，引发癌症。

原子反应堆产生的钚 –239 或从天然铀矿中提取的铀 –235 为原料，用慢中子引起迅速的链式反应产生巨大热量而制成的大规模杀伤性武器。[1]

也就是说，无论是发展核工业，还是制造原子弹，都必须首先拥有原子反应堆。

本书在"率团访苏"一节讲到，钱三强 1953 年访苏时遇到了在巴黎工作时的老相识——苏联物理研究所所长斯柯别里琴院士。鉴于原子能处于保密领域，钱三强不想让对方为难，便撇开翻译，用法语问对方："中国要建原子反应堆的话，你认为苏联能给予帮助吗？"

对方用法语回答："这个恐怕要由最高领导来决定。"

"那么，回旋加速器呢？"

"这件设备，情况稍有不同，说不定是可以的。"对方说，"不过，我们研究所做不了主。你知道，这些设备对发展原子能是很敏感的。"[2]

双方的初步交谈，让钱三强看到了苏联帮助中国建原子反应堆和回旋加速器的希望。回国后，他为促成此事使出了浑身解数。

首先，他把与斯柯别里琴院士的谈话写成书面材料交给

---

[1] 见钱三强、何泽慧：《原子能发现史话》，原载《钱三强论文选集》，科学出版社 1993 年版。

[2] 见葛能全：《魂牵心系原子梦：钱三强传》，中国科学技术出版社 2013 年版。

胡乔木，期待通过胡乔木有机会向毛泽东主席汇报，因为主席的态度对促成中苏协作至关重要。

接着，他约上丁瓒，一起拜访了中央人民政府副主席、国家计划委员会[1]主席高岗。他向高岗请求，将来不管是自建还是援建，请国家计委给予大力支持。高岗表示，发展原子能是大事，国家经济再困难，也要积极向中央反映。

随后，他见到了军委副主席、国防部长彭德怀。那是1954年8月20日，钱三强应约来到中南海永福堂彭德怀办公室，在座的有粟裕、陈赓、许光达、刘亚楼、邓华等将军。彭德怀讲，今天的任务是"拜师"，因为他即将率领军事代表团去苏联参观核爆炸实验，不能闹出笑话。按照彭德怀的要求，钱三强着重讲解了原子弹的原理、构造及威力，然后提出，您在访苏期间，能否促成苏联援建"一堆一器"？

钱三强的三步走，是否收到效果了呢？

1954年9月9日，彭德怀、刘伯承（军事学院院长）率领中国军事代表团访问苏联，观摩了原子弹爆炸演习。其间，彭德怀和陈赓（哈尔滨军事工程学院院长）一起，向苏联试探了援建原子反应堆和回旋加速器的可能性。

10月，苏共中央第一书记赫鲁晓夫率苏联代表团来北京参加新中国成立5周年庆典，中苏领导人举行了最高级别会谈。

---

[1] 1952年11月，中央人民政府决定增设独立于政务院的国家计委，重工业部、一机部等13个部划归其领导，在当时有"经济内阁"之称。1954年9月成立国务院，国家计委成为国务院组成部门。

会前，彭德怀亲自打电话给负责中苏合作谈判的国务院副总理兼国家计委主任李富春 [1]："那个反应堆的问题要提上，宁可削减别的项目，这个堆一定要争取。" [2]

会谈在中南海颐年堂举行。

赫鲁晓夫问，你们对我方还有什么要求？

毛泽东马上说，我们对原子能、核武器感兴趣。今天同你们商量，希望在这方面对我们有所帮助，使我们有所建树。

那一刻，赫鲁晓夫的表情有点僵硬，似乎没有思想准备。稍作停顿，他说，搞那个东西太费钱了。我们这个大家庭有了核保护伞就行了，无须大家都来搞它。我们的想法是，目前你们不必搞这些东西，还是集中力量搞经济建设。发展与国计民生有关的生产，改善人民的福利，提高人民生活水平比搞原子弹强。如果你们十分想办这件事，而且是为了进行科研、培训干部、为未来新兴工业打基础，那么我们可帮助先建设一个小型原子堆。这比较好办，花钱也不多。

毛泽东听后说，也好，容我们考虑考虑再说。

1955 年 1 月 15 日的中南海会议之后，发展核武器正式提上议程。

有人要睡觉，有人送枕头。时隔两天，也就是 1 月 17 日，

---

[1] 高岗 1954 年 8 月自杀。1954 年 9 月，李富春由中央人民政府政务院委员、财政经济委员会副主任、重工业部部长、国家计委副主席，提拔担任国务院副总理兼国家计委主任。

[2] 据张纪夫：《致钱三强信转达王亚志访谈记录》（1990 年 12 月 25 日）。

苏联部长会议发表了《关于苏联在促进原子能和平用途的研究方面，给予其他国家以科学、技术和工业上帮助的声明》。

1月31日，周恩来主持召开国务院第四次全体会议，讨论苏联部长会议的声明。周恩来在会上说，苏联1月17日发表声明，要帮助中国和平利用原子能，这是一件大好事。会议通过了《国务院关于苏联帮助中国研究和平利用原子能问题的决议》。决议指出：中国人民在苏联的帮助和合作下，将同全世界爱好和平人民一起，为反对原子战争、禁止使用原子武器和氢武器、为促进和平利用原子能而奋斗不懈。

为了落实决议，周恩来部署了需要立刻铺开的几项工作，一是开展"拥护苏联帮助中国和平利用原子能""反对制造和使用原子武器"的签名运动；二是进行有关原子能的科学教育，注意对现有的物理学家的使用，中科院录用留学生有优先权；三是认真进行原子能的研究工作。

关于物理学家的归队和使用问题，周恩来强调："要把现在的原子物理专家逐渐从行政工作中抽出来。物理专家的组织才能都很强，钱三强是科学院的秘书长，又是青联的副主席，钱伟长是清华大学的教务长，周培源是北京大学的教务长，在浙江大学有个物理专家，叫胡济民，担任副教务长，调了好久调不来，这次要下命令调来，从行政部门把他们'解放'出来。如果找不到适当的人选做教务长，当个名誉教务长也可以嘛。总之要号召专家归队，各位如果知道有专长的人可以推荐，不要瞒起来。"[1]

为落实周恩来的指示，中科院马上行动起来，钱三强更是冲锋在前。

先说"反对使用原子武器签名运动"。钱三强首先参加了科学家小型座谈会发起签名，又出席了首都著名科学家及科学工作者千人签名大会，与全体与会科学家一起签署了反对原子战争的《告全世界人民书》。

再说"进行有关原子能的科学教育"。中科院组织 90 名专家教授组成宣讲团，并由吴有训、钱三强、周培源、钱伟长、严济慈、王淦昌、于光远、袁翰青、曹日昌 9 人组成"原子能通俗讲座组织委员会"，向中央和全国各地领导干部、学生、工人、战士宣讲原子能科学技术知识。钱三强的首场宣讲，安排在北京西皇城根干部学校礼堂。宽敞的礼堂里坐满不同年龄、不同工作岗位、不同文化背景的听众，中途没有一人离场。竺可桢在日记中写道："听钱三强讲原子能，听众极为拥挤，直至五点半始散。演讲极为成功。"[2]

钱三强还到部队、学校、机关、工厂做了多场宣讲，他的讲稿经何祚庥、秦浩、汪容整理，以《原子能通俗讲话》为名出版，发行 20 万册。

自 1955 年上半年起，全国出现了"认识原子能，发展原

---

[1] 见周恩来：《我们必须掌握原子能》，原载《周恩来文化文选》，中央文献出版社 1998 年版。

[2] 见《竺可桢日记》，科学出版社 1989 年版。

子能"的热潮。

全国一片热潮，领袖也没做旁观者。

1955 年 3 月 21 日至 31 日，中国共产党全国代表会议在北京召开。毛泽东在会上指出："我们进入了这样一个时期，就是我们现在所从事的、所思考的、所钻研的，是钻社会主义工业化，钻社会主义改造，钻现代化国防，并开始要钻原子能这样的历史新时期。"[1]

一次，毛泽东和钱三强、钱学森聊天，周恩来笑着对毛泽东说，主席，你一边钱三强，一边钱学森，你被"钱"包围了！

毛泽东也开起玩笑，哈哈！一边是原子弹，一边是导弹！你们两位又都姓钱，莫不是来找我要钱的么！

在场的人都笑起来。[2]

8. 赴苏联实习

毛泽东说得没错，发展原子能的确需要钱。

1955 年 4 月，刘杰、钱三强、赵忠尧组成中国政府代表团，在莫斯科与苏联签订了《关于苏维埃社会主义共和国联

---

[1]　见《毛泽东文集》（第六卷），人民出版社 1999 年版。

[2]　见东生：《天地颂——"两弹一星"内幕》，新华出版社 2000 年版。

盟援助中华人民共和国发展原子能事业以及为国民经济需要利用原子能的协定》（简称"中苏原子能协定"）。协定包括：接受中国工程技术人员和核物理研究人员赴苏联培训、实习；苏联帮助中国建造一座 7000 千瓦的原子反应堆和一台磁极直径 1.2 米的回旋加速器，金额预计 4300 万卢布。

这当然是一笔不菲而又必须的开支。

"中苏原子能协定"一签署，中央政治局会议随即做出决定，在国家建委成立"建筑技术局"，主要负责筹建原子反应堆和回旋加速器等重大科学工程，所需经费中央财政要予以保障。1955 年 7 月 1 日，建筑技术局正式挂牌，刘伟（原地质部部长助理）任局长，钱三强、张献金、罗启霖、陈一民、冯麟、力一、牟爱牧、邓照明任副局长。

同时，中央指定陈云、聂荣臻、薄一波组成中央三人领导小组，加强对原子能事业的领导。陈云是中央书记处书记，薄一波是国务院第三办公室主任、国家建委主任。在此特别介绍一下从此与原子能结缘的聂荣臻，他是重庆人，生于 1899 年，20 岁赴法国勤工俭学，后来进入比利时沙洛瓦劳动大学化工系学习，进而转入莫斯科东方大学和苏联红军学校中国班学习军事，回国后就任黄埔军校政治部秘书兼政治教官，"中山舰事件"后离开黄埔参加革命，抗日战争期间任晋察冀军区司令员兼政委，解放战争期间任华北军区司令员，1955 年被授予元帅军衔；1956 年 11 月就任国务院副总理，接替陈毅主管科技工作；2 年后又兼任国防科委主任、国家科委主任；1959 年，任中共中央军委副主席，在军委分管尖端武器研制工作。一直是"两弹一星"攻关的总指挥。

钱三强上任后的第一项工作，就是到郊区为原子反应堆和回旋加速器选址。刘伟和钱三强跑了半个月，才选定了北京西南郊房山坨里。坨里距离北京市中心 40 公里，西北有燕山环抱，中间有河流穿过，东侧是一个土岗，正好作为实验区和生活区的隔离带，水文地质、环境地质、工程地质都符合要求。但缺点也显而易见，就是交通不便，生活艰苦，筹建处只能设在一座破庙里，筹建人员只能分散居住在北坊村农民家中。

选址完成了。根据"中苏原子能协定"，原子反应堆和回旋加速器工程的初步设计由苏方负责，中方需要为初步设计提供勘探资料和总平面图，并且参与审定初步设计、编制设计任务书。

接下来，问题来了。多数中国专家连原子反应堆和回旋加速器都没见过，如何审定初步设计，如何编制设计任务书？就算完成了初步设计，那么原子反应堆和回旋加速器如何建造？建成后如何维护、运行、开发、利用？一切的一切，对于中国人来说，几乎是一张白纸。怎么办？

正所谓，困难，困在家里就难；出路，出了门才有路。唯一的捷径就是走出去，抽调一批骨干到苏联学习，把技术环节学懂弄通。而担当这一任务的，又是钱三强。

首批赴苏人员，由钱三强、彭桓武带队，成员包括 19 名科研骨干。他们于 1955 年 10 月 19 日出发，到达苏联后一边到科研机构学习，一边参与审查原子反应堆和回旋加速器的初步设计。

第二批赴苏人员，经钱三强调度，从物理研究所[1]抽调11名骨干，于11月4日出发，与赴苏的首批人员会合。

考虑到学习任务太重，钱三强又选拔10名留苏学生加入了学习队伍。这样一来，实习人员达到了40人。

赴苏实习的目标单位叫"热工研究所"。其实，这是为了保密而取的一个假名，它的真名是苏联理论与实验物理研究所。顺理成章，中国实习团队便取名"热工实习团"，由钱三强任团长，冯麟、力一、彭桓武、何泽慧任副团长。

按照实习团分工，钱三强除了负总责，侧重原子反应堆与物理方面；冯麟带领11人学习原子反应堆；力一带领6人学习回旋加速器；何泽慧负责物理实验；彭桓武和黄祖洽负责理论物理。这个临时拼凑起的特殊群体，多数人不具备核物理专业知识，更不了解原子反应堆和回旋加速器，而每个人承担的任务不仅要求完全弄懂，还要求能动手制作，而时间只有半年到一年，难度与压力可想而知。

他告诫团员，现代物理早就不是凭几块黄蜡和镜子去做实验的阶段，必须具备现代工程技术知识才行。为了提高大家的理论水平，他经常组织大家一起学习研讨，分享国外最新成果，鼓励大家去听学术报告，"即使听不懂，也要去听，

---

[1] 1953年10月，中科院研究决定，近代物理研究所更名为物理研究所（简称物理所），钱三强仍任所长，王淦昌、彭桓武任副所长。

听多了慢慢就懂了。"

留苏学生黄胜年，多年后仍对这段往事记忆犹新："实习团中除了反应堆和加速器两个组外，还有一部分人是做物理实验的。这些人原来的专业各不相同，有分子光谱、超声波、光学、微波等等，多数人对原子核物理都知之甚少，要很快跟上工作，必须在短期内补上核物理的基础知识。这时，钱、何两位先生想出了一个培训我们的好办法，就是利用业余时间自学，加上讨论，互教互学，一起提高。把我们几个人组织起来，系统地学习核物理基础理论。每周开一次讨论会，每人分一个专题，自己阅读文献，然后在组里作报告，讲给大家听，随时进行讨论。两位先生每次都从头到尾参加，跟大家一起提问题，一起寻求答案。"

就在钱三强带领"热工实习团"在苏考察实习期间，刚从美国归来的钱学森也来到苏联，加入了钱三强的考察队伍。在开阔视野这一点上，真正的智者从来不甘落后。

几个月下来，每一个人都完成了"学懂会做"的艰巨任务。1956 年春天，一批完成实习任务人员便提前回国了。

实习的过程，既是一次重做小学生的经历，更是一次在磨砺中奋起的历练；既饱含创业艰难百战多的崎岖坎坷，也不乏旌旗十万斩阎罗的动人时刻；既体现出开放办院、兼收并蓄的全球视野，更洋溢着奋发图强、自主创新的主旋律。他们吃过的每一次苦，跨过的每一道坎，都是中国原子能事业攀上世界巅峰必不可少的铺垫。

9. 科学的春天

1956 年，科学的春风来了，它直接催生出核物理科学姹紫嫣红的春天。

这一场春风，首先来自高层。1 月 14 日至 20 日，中共中央在北京召开知识分子问题会议，钱三强参加了会议。在会上，周恩来代表中共中央作了《关于知识分子问题的报告》。报告指出，为了实现社会主义工业化，"必须依靠体力劳动和脑力劳动的密切合作，依靠工人、农民、知识分子的兄弟联盟"。报告首次提出，知识分子已经成为我们国家的各方面生活中的重要因素，他们中间的绝大部分已经是工人阶级的一部分。报告特别提到，"科学技术新发展中的最高峰是原子能的利用，原子能给人类提供了无比强大的新的动力和泉源，给科学的各个部门开辟了革新的远大前途。"在会议的最后一天，毛泽东出席会议并讲话，发出了"全党努力学习科学技术，同党外知识分子团结一致，为迅速赶上世界先进水平而奋斗"的号召。会后，全国掀起了"向科学进军"的热潮。

春天也有寒流。3 月 14 日，伊莱娜因患白血病在巴黎居里医院逝世，享年 59 岁。听到噩耗，身在莫斯科的钱三强悲痛难抑，立即致电约里奥，表达对恩师的沉痛悼念。不久，郭沫若也致信约里奥，在表达全体中国科学家对其夫人逝世亲切慰问的同时，邀请这位中国人民的老朋友到中国来，"您愿意在中国住多久就住多久。"[1]

　　接着，就是更加浩荡的春风。3月下旬，由11个国家合作组建的"联合核子研究所"在苏联杜布纳[2]成立，钱三强出席了合作签字仪式，赵忠尧、王淦昌、胡宁成为该所首任学术委员会委员。此后，这里成为世界社会主义阵营的原子能培训与研究基地，先后有130多名中国科学家和有志青年来到这里研学，其中包括王淦昌、张文裕、胡宁、朱洪元、周光召、何祚庥、吕敏等。4月，王淦昌等人在北京起草了《和平利用原子能科学远景规划（草案）》初稿，然后将初稿带到苏联，尚在莫斯科的钱三强主持修订了这一初稿，赵忠尧、王淦昌、彭桓武、何泽慧、力一、杨承宗等人参与了修订。该规划（草案）包括低能核物理、应用核物理、宇宙线、高能物理、反应堆、加速器、放射化学、辐射化学、同位素制备等内容，后来被列入我国科学发展十二年规划。4月11日，周恩来建议成立原子能委员会，钱三强是委员之一。4月25日，毛泽东在中央政治局扩大会议上发表了《论十大关系》的著名讲话。他在讲话中说："我们现在已经比过去强，以后还要比现在强，不但要有更多的飞机和大炮，而且还要有原子弹。

---

[1] 原件存巴黎居里博物馆。

[2] 位于莫斯科州最北端，是伏尔加河和白桦红松林环抱着的一座国际科学城。杜布纳联合核子研究所，由当时的社会主义阵营联合组建，1956年秋天正式成立。

在今天的世界上，我们要不受人家的欺侮，就不能没有这个东西。"[1]

当年9月，一个收获的季节，中国科学界收获了《十二年全国科学技术发展规划》。它是在周恩来总理亲自指挥下，在陈毅、李富春、聂荣臻具体组织下，由600多名科学家和技术专家集体制订的。最后，钱学森、钱伟长、钱三强等12位科学家组成综合组，理出了一个《纲要》。三位钱氏科学家认为，中国应该发展导弹和原子弹。对于他们的建议，当时很多人表示质疑，争论的声音也很大。最后周恩来总理拍板说，"三钱"的那个建议是对的，我们国家需要这个。从此，大家都知道了"三钱"。

既然毛泽东、周恩来明确表示发展原子弹，那么中国就没有必要再遮遮掩掩。于是，11月16日，全国人大常委会通过决议，设立"中华人民共和国第三机械工业部"（简称三机部，1958年改名二机部[2]），主管核工业与核武器。宋任穷（中共中央原副秘书长、中央组织部副部长、解放军总干部部第一副部长，上将）任部长，刘杰（国务院原第三办公室副主任）、袁成隆（原中央书记处第二办公室第三组组长）、刘伟（原建筑技术局局长）、雷荣天（原地质部部长助理）、钱三强任副

---

[1] 见1976年12月26日《人民日报》。

[2] 1958年2月，第一机械工业部、第二机械工业部和电机制造工业部合并为第一机械工业部，第三机械工业部改名为第二机械工业部；1982年二机部改名为核工业部。

部长。三机部的设立，标志着中国原子能事业的发展重心转到了军事领域。作为副部长中唯一的科学家，钱三强的使命由此进入新阶段，他本人也开始罩上神秘色彩，身边配备了警卫员，住宅也有人值班巡逻，就连出差和对外联络也改用代号。

为推动核技术发展，中科院成立了以李四光为主任，张劲夫、刘杰、钱三强为副主任的原子核科学委员会；还成立了以吴有训为主任，钱信忠、赵忠尧、严济慈、陈凤桐、杨承宗为副主任的原子核科学委员会同位素应用委员会。三机部与中科院协同作战的体制初步形成，而钱三强是双跨两个单位的少数领导者之一。

作为原子能机构大整合的一部分，兴建中的坨里实验基地与物理研究所合并，成为一个原子核科学研究中心，名称仍为中国科学院物理研究所，中关村部分为研究所的"一部"，坨里部分为研究所的"二部"。至于管理体制，"因为搞原子弹，自力更生为主，主要靠中科院物理研究所。为了工作方便，中央决定把这个所整建制交给三机部，但是对外仍称中科院物理研究所，名义上由三机部与中科院双重领导。"[1]

合并后的物理所，所长仍是钱三强，副所长兼党支部书记李毅，副所长赵忠尧、郑林、王淦昌、彭桓武、罗启霖、力一、梁超。同时，物理所设立"分党组"性质的党员干部领导小组，由钱三强任组长，李毅任副组长，统管全所政策、计划、

---

[1]　见张劲夫：《钱三强与中国原子弹》，原载 1999 年 5 月 6 日《科学时报》。

干部等重大事项。下属单位由之前的 5 个研究组扩大为 8 个研究室和 2 个工程技术单位，专业领域涵盖 22 个学科和 60 多个分支学科。到 1959 年，钱三强领导的原子能所人员达到 3586 人，其中一线科研人员 1493 人，是全国规模最大、人数最多的研究机构，也是中国第一个名副其实的原子能研究基地。刘少奇的长子刘允斌 [1]、澎湃的儿子彭士禄 [2]、李四光的独生女李林 [3]，都在这里工作。

一次，聂荣臻元帅对钱三强说："搞原子能，你是行家，就请你提建议，我们大家商讨决定。"聂荣臻的韧性、胸怀与境界，绝非一般人能比。主管原子能事业期间，他创造性地运用系统工程方法，实行行政指挥和技术指挥"两个系统、两条指挥线"，科学家的事交给科学家去办，专业领域的事交给专业人士去办，大大激发了广大知识分子参与"两弹一星"研制的热情和潜能。他常对科研人员说，"成功了算你们的，

---

[1] 生于 1924 年，刘少奇与何葆贞所生的长子，15 岁被送进苏联莫斯科莫尼诺国际儿童院；22 岁考入莫斯科大学化学系，后来获得副博士学位，成为莫斯科大学化学研究所高级研究员；1957 年回国进入原子能所；1962 年调入包头 202 厂，担任原子能所三室主任，负责新型热核材料研制。

[2] 生于 1925 年，革命烈士澎湃的儿子，3 岁成为孤儿。15 岁之前，他先后被几十户革命群众收养，当过乞丐，进过感化院和监狱。1940 年后，他先后在延安、大连读完中学、大学。1951 年赴苏联留学，回国后进入原子能所，成为中国核潜艇第一任总工程师、中国工程院院士。

[3] 生于 1923 年，李四光与许淑彬的独生女，年轻时代赴英国伯明翰大学和剑桥大学留学，获得博士学位，回国后进入原子能所从事热核实验研究，是中科院院士。

失败了记在我账上，毕竟你们苦也吃了累也受了，我是来干什么的，我就是来担责任的。"

这些话，应该让所有嫉贤妒能、小肚鸡肠的人汗颜。

10. 跨入原子能时代

在原子能的春天里，毛泽东格外敏锐。1957 年 4 月 21 日，毛泽东在接见外宾时指出："谁也没有原子弹是上策，他们有、我们也有是中策，只有它一个国家有是下策。"

耐人寻味的是，毛泽东讲这段话不久，赫鲁晓夫就松口了。

从表面上看，也许是赫鲁晓夫知道了毛泽东对拥有原子弹的急切心情，才有了态度上的松动。但据知情人士分析，深层次的因素在于，赫鲁晓夫否定斯大林的秘密报告，导致他受到了国内反对派和国际共产主义阵营的内外夹击，中共也发表了关于无产阶级专政历史经验的两篇文章，提出对斯大林要三七开。因此，他才考虑在国防尖端技术方面给予中国帮助，以换取毛泽东及其中共团队的支持，从而缓解自己在国际共产主义阵营的尴尬处境。

无论出于何种目的，既然苏联松了口，中国就没有不接受的道理。1957 年 9 月，聂荣臻、陈赓、宋任穷率领一支 31

人的"中国政府工业代表团"赴莫斯科，同以苏联部长会议第一副主席别尔乌辛为首的苏联代表团谈判。经过 35 天的磋商，聂荣臻与别尔乌辛于 1957 年 10 月 15 日签署了《国防新技术协定》（"10·15 协定"）。根据协定，苏联答应在原子能工业、航空技术、导弹、火箭和核试验基地建设等方面对中国进行援助；将于 1957 年到 1961 年底，为中国提供原子弹教学模型和图纸资料；还答应向中国提供 S-75 防空导弹（萨姆 - Ⅱ），派专家组帮助中国组建地空导弹部队，一个萨姆 - Ⅱ建制营的官兵也将前来传授如何使用这种武器。这一协议，相当于对中国国防事业的全面加持。

尽管反右派斗争扩大化，在一定程度上影响了科研人员的积极性，但其他所有的外界干扰，都已经无法阻止我国原子能事业所产生的"链式反应"。

然后，好消息接踵而至。

1958 年 6 月 13 日 18 时 40 分，中国第一座原子反应堆进行临界试验，并发生链式反应，后逐步提高功率。到国家验收时，原子反应堆已经生产出 33 种放射性同位素。尤其令钱三强高兴的是，当时研究所的技术条件非常简陋，但科技人员因陋就简，经过原子反应堆照射后生产出了同位素，与当年居里夫妇提纯镭极其相似。同一个月，回旋加速器进入调试，粒子束引出真空室开始进行科学研究。

7 月 1 日，《人民日报》在头版头条位置发布了原子反应堆和回旋加速器胜利建成的消息。为纪念这一科学成就，邮电部发行了"原子反应堆邮票"。同一天，物理研究所更名中科院原子能研究所（以下简称原子能所），钱三强仍兼任所长。为加强学术工作，研究所任命朱光亚、李寿楠、刘允斌、钱皋韵为学术秘书。

8月22日，周恩来总理，陈毅、贺龙副总理陪同柬埔寨西哈努克亲王参观了原子能所，钱三强做了相关情况介绍。

时隔8天，第一座原子反应堆和第一台回旋加速器开始运转。

9月28日，新华社向全世界发布了一则新闻。内容是："建设在北京郊外的我国第一座实验性原子反应堆和回旋加速器，在伟大的国庆九周年前夕已正式移交生产了。第一批中国自制的放射性同位素已经从这座原子堆里生产出来，从原子堆模腰里的孔道中引出来的中子和两种射线，以及从加速器发出的每秒三万四千公里速度的粒子已经被用来进行原子核物理研究，这是我国发展原子能科学以及和平利用原子能事业中有决定意义的一个阶段。"

新华社消息发布的前一天上午10时，位于北京市房山县坨里的原子能所基地日光普照，中苏原子反应堆移交生产典礼隆重举行。中方出席典礼的，有副总理兼外交部长陈毅、副总理兼科学规划委员会主任聂荣臻以及党和国家领导人林伯渠、李济深、吴玉章、徐特立、郭沫若等；苏方出席典礼的，有原子能利用总局副局长叶夫列莫夫，科学院院士阿里哈诺夫、维诺格拉多夫，以及负责援建的苏联专家。

张劲夫主持典礼。

聂荣臻代表国家验收委员会签字验收，并发表讲话。他用柔中带刚的口气说，"在今天的时代，原子武器并不是美国所能够独占和垄断得了的。"

叶夫列莫夫代表苏方也发表了讲话。这个人职位不高但口气不小。他说，苏联人民怀着热爱和骄傲的心情注视着中国兄弟的成就，苏联人民完全拥护赫鲁晓夫同志向艾森豪威尔提出的警告——对中国的进攻就是对苏联的进攻。

"一堆一器"正式移交生产，标志着中国已经跨入原子能时代。

11. 头脑发热

"一堆一器"建成于 1958 年，时值"大跃进"高潮期。这两颗名副其实的"卫星"，正好为"大跃进"的熊熊火堆浇了两盆油。

中苏原子反应堆移交典礼当天，《人民日报》发表题为《大家来办原子能科学》的社论。社论说，"科学技术的高峰并不是高不可攀的，只要我们下定决心，专家、青年科学技术人员、技术工人和广大群众一齐发动，大家办原子能科学，原子能科学就会蓬蓬勃勃地发展起来。"

10月4日，中科院在北京召开"献礼祝捷万人大会"，号召赶超世界水平。

在那个浮夸的年代，二机部也没有幸免，提出了两个响亮的口号："全民办铀矿""大家办原子能"。两个口号经党中央批准，很快向全国推广，历时三年之久。

作为二机部副部长、党组成员，钱三强也是两个口号的推动者。按照二机部党组分工，他从10月下旬起的两个月时间，带领工作组到华东各省市巡回指导，任务就是督促"大家办"。

在"大家办"最盛时，他还建议每个省市搞一座原子反应堆和一台回旋加速器，导致有些省市一度掀起建"堆"造"器"的热潮，结果肯定是以闹剧收场。

为了收拾"大家办原子能"带来的遗留问题，在钱三强指导下，二机部和中科院被迫将这一热潮中冒出来的机构集中归并到上海、兰州等地，从而形成了北京原子能所、兰州近代物理所、上海原子核研究所三足鼎立的布局。

钱三强后来在检查中写道："1958—1960年大跃进时，在部党组提出'大家办原子能'的号召下，我不顾实际需要，曾建议各省市都搞'一座反应堆和一台加速器'，这样貌似很积极的'左'的意见，实际上是办不通时，就转化为大部分下马的'右'的结果，打击了群众的积极性。"[1]

---

[1] 见钱三强：《我的检查》，载二机部《关于钱三强同志情况的报告及附件》，1977年4月7日打印稿。

作为一个正直无私的科学家，钱三强不护短、不遮丑，更不怕丢面子、失身份，对自己在"大跃进"中的盲目浮夸直言不讳，平时也敢于承认并善于承认错误。

1977 年 2 月，他出席中科院地震局的会议并讲了话。时隔十几天，他承认自己犯了一个道听途说的错误，并亲自写了一份检查稿《纠正我讲话中的一个错误》，打印出来发给与会人员。他在检查稿中写道："二月十日上午，我在地震局长会议上作过个讲话，曾说到傅承义同志认为地震不可预报，现接到傅承义同志来信，说明他对地震预报的态度。证明我的讲话错了，应该改正。我在此声明，我当时的那个讲法是道听途说的，不可靠，特向傅承义同志表示道歉。"[1]

英国心理学家尼基·海斯告诉我们："无论结果如何，我们更倾向于将他人做的事向内归因，把自己做的事向外归因。"从人性角度讲，一个人能够主动认领错误，公开承认错误，没有非凡的胸怀、品格和勇气是做不到的，钱三强不仅做到了，而且做得很彻底。在此，我们除了表示感佩与敬仰，又能说什么呢？至于他勇于正视问题、敢于揭短亮丑的后果，周光召说："这些发生过的缺点和错误，丝毫不影响对钱三强先生的认识。相反，他对待缺点和错误的那种光明磊落态度，更加受人尊敬和爱戴。值得后人学习。"[2]

---

[1] 见葛能全编著：《钱三强年谱》，山东友谊出版社 2002 年版。

[2] 见《钱三强致全国地震局长会议》（1977 年 3 月 23 日），收入葛能全、陈丹编注：《钱三强往来书信集注》，世界图书出版公司 2023 年版。

12. "老大哥" 翻脸

中苏合作刚刚度过"蜜月期","老大哥"就翻脸了。

《史记》上说,"成也萧何,败也萧何"。"妖蛾子"还是出在始作俑者赫鲁晓夫身上。对于帮助中国发展原子能,赫鲁晓夫从最初的犹犹豫豫,到后来的投怀送抱,除了要稳固自己的政治地位,他暗中还有个小算盘,就是中苏共建长波电台和联合舰队。在他看来,这个小算盘是天经地义的,好比我教会了你做黑面包,你把烤面包的作坊和种小麦的土地让我们共用吧。

但毛泽东可不傻。你这个小算盘,不就是你帮我摘下了果子,要我把树给你吗?1958年5月16日,毛泽东在二机部一份报告上批示:"尊重苏联同志,刻苦虚心学习,但又一定要破除迷信,打倒贾桂[1]!贾桂是谁也看不起的。"意思很明白,我们尊重苏联,但绝不奴颜婢膝。你想呀,实力雄厚的美国打朝鲜,毛泽东都能"出拳"相救,你赫鲁晓夫想到我"家里"来折腾,可能吗?在建设长波电台问题上,毛泽东提出中方出资金,苏联在技术上给予帮助,但长波电台主权属于中国,被苏联拒绝;而组建联合舰队一事,毛泽东认

---

[1] 贾桂是京剧《法门寺》中明朝大宦官刘瑾手下的太监,在主子面前一副卑躬屈膝、俯首帖耳的奴才相。

为苏联企图在军事上控制中国，因此没有答应。倒是晚年的赫鲁晓夫回忆起这件事，依旧想不通："我记得清楚，1958 年毛泽东是如何断然拒绝了我们要求在军事方面的努力的。我不明白他为什么这样动怒，他始终也没有允许我们在中国建立潜水艇基地……"[1]

接下来，赫鲁晓夫开始搞小动作。

中苏"10·15 协定"的核心内容，是苏联帮助中国制造原子弹和导弹。在导弹方面，苏联给了两枚 P-2 型地对地导弹，一个营的导弹地面设备，另外还给了一种 C-75 地对空导弹和一种射程 50 公里的岸对舰导弹。但是，协定中最重要的原子弹教学模型和技术资料，却迟迟没有到位。

一次，苏方通知，原子弹的实物样品已运到绥芬河，请中方派人前往接收。当中方做好全部准备并按时赶到预定地点时，苏方又说"样品还没到"。

随后，苏方以种种借口拖着不给。先是说要有专门的储存仓库，等中方把专门仓库建好后，苏方又说保密条件不够；而中方采取了相应的保密措施，苏联专家检查后也表示满意了，东西还是拖着不启运。苏联原子能利用总局供应局局长波利雅可夫复函中国二机部部长刘杰："鉴于教学模型及资料储藏室的建筑工程将于 1958 年 10 月完工，教学模型及技术资料将于 11 月发至中华人民共和国。"但到了期限，教学模

---

[1] 见彭继超、伍献军：《中国两弹一星实录》，解放军文艺出版社 2000 年版。

型和技术资料仍不见踪影。至于"10·15 协定"的苏方当事人别尔乌辛，已经降职转任苏联驻东德大使，苏联再也无人劝阻一意孤行的赫鲁晓夫。

1959 年 6 月 24 日，罗马尼亚首都布加勒斯特。社会主义国家共产党和工人党会议正式开幕。在会上，苏共中央突然向各国代表团散发了一份致中共中央的公开信，以苏联正在与美、英谈判《部分禁止核试验条约》为由，暂缓向中国提供原子弹教学模型和图纸资料。为了不显得这个决定太突兀，公开信留了一个尾巴："两年以后看形势发展再说。"大凡明眼人都看得出来，这不是骗鬼吗？

1959 年 9 月底，赫鲁晓夫在访美之后赶到北京，参加新中国成立 10 周年庆典。有记者问他，这次到中国带了些什么？他拍了拍口袋，说："我这个口袋装的是友谊，那个口袋装的也是友谊。"可是，他始终未把"友谊"从口袋里掏出来。

不到最后一刻，绝不轻言放弃；即便是最后一刻，也要把损失降到最低限度，这是钱三强一贯的做事风格。虽然关系急转直下，但钱三强考虑到苏联提出暂缓提供原子弹模型，尚未涉及 1955 年的"原子能协定"，因此建议二机部党组做最后的争取。1960 年 3 月，宋任穷、刘杰、钱三强一起出动，带领原子能所技术骨干赶往莫斯科，落实原子能协定中尚未落地的事项。结果，最坏的结果逐渐显露出来。在谈判中，对方打起了太极，常常环顾左右而言他。经中方一再争取，苏方才勉强同意他们参观了几个研究所和工厂，仅此而已。

此时的苏联，形同一辆从高坡冲下又刹车失灵的伏尔加轿车，再无任何可能回头。7月16日，苏联政府照会中国政府：苏方从中国撤出所有在华援建的1390名专家和顾问，9月1日前全部离境，并且不再派出新的专家。同时，苏联单方面撕毁了中苏两国签订的600个合同，其中专家合同343个、科技合同257个。

至此，"老大哥"再也不装了，彻底翻脸。事实上，在苏联照会之前，援助制造核武器的苏联专家就已经开始撤离。7月6日，在核工程设计院工作的8名苏联专家，在合同尚未到期的情况下奉命回国。7月8日，正在兰州504厂（浓缩铀厂）负责机器设备安装的5名苏联专家也突然撤走。

到8月23日，在中国核工业系统工作的233名苏联专家全部撤离回国，并奉命带走了图纸和技术资料，甚至连一张纸片也不留下，即使一片过滤膜掉在地上，也要用吸铁石把它吸走，以免中国仿制。苏方已运到满洲里对面口岸的原子弹模型，最终没有入境，让中国科学家难识原子弹的"庐山真面目"。

屋漏偏逢连夜雨，船破偏遇顶头风。一向标榜"无私援助"的"老大哥"背信弃义，抽身而去，恰如在中国三年困难时期的伤口上撒了一把盐，更如同在中国原子能汽车上拆走了发动机，导致在困难年代艰难起步的中国原子弹事业，陷入一片迷茫。由于没有数据、图纸、模型，缺乏关键部件、材料和设备，施工设计无法进行，机械设备无法安装，攻关项目被迫停顿。有人还讥讽说："离开外界的帮助，中国二十年也搞不出原子弹。就守着这堆废铜烂铁吧。"[1]

一直隔岸观火的美国政客，也挽起袖子上场了。美国总统肯尼迪安排中央情报局：不管用什么手段，必须阻止中国成为一个有核国家。

中国，站在了一个十字路口。

---

[1]　见钱三强：《中国原子核科学发展的片段回忆》，原载《紫荆》1990年10月创刊号。

第五章　高潮　蘑菇云升空

除了通过黑夜的道路，人们不能到达黎明。
　　　　——20 世纪初黎巴嫩诗人纪伯伦

1. 代号 "596"

苏联单方面撕毁协议，撤走专家后，中国的原子弹究竟是该 "上马" 还是该 "下马" 呢？当时，曾有过一个著名的 "核裤之争"。

争论的两位主人公，一位是陈毅，一位是金庸。

此前，国际上对中国研制核武器一事非议不断。时任苏共中央第一书记赫鲁晓夫更是毫不留情地嘲讽中国："连裤子都穿不上，竟然幻想造原子弹。"

1963 年 10 月 28 日，国务院副总理兼外交部长陈毅在接受日本记者采访时，公开回应外国嘲讽说："帝修反有原子弹、核子弹，了不起吗？他们如此欺侮我们，他们笑我们穷，造不起。我当了裤子也要造核子！"亦庄亦谐、辛辣霸气，是陈毅一贯的语言风格。他这段话，不仅表达了中国政府绝不向大国霸权屈服的雄心壮志，而且彰显了这位元帅出身的外交官的一身铮铮铁骨。

但这段话传到香港，却引起了武侠小说作家、评论家金庸的误解与不满。时隔两天，金庸在他创办的《明报》上发表了一篇社论，题目是《要裤子不要核子》。他在文章中说："我们只希望，这只是陈毅一时愤激之言，未必是中共的政策。不知陈毅是否了解，一个人民没有裤子穿的国家即使勉强制造了一两枚原子弹出来，这个国家也是决计不会强盛的，而这个政府是一定不会稳固的。还是让人民多做几条裤子穿穿吧。"随后，他又发表了题为《若非谣言，便须引咎》的评论，要求"口不择言"的陈毅引咎辞职。

金庸的顾虑其实不难理解。当时中国只能生产面粉和火柴，工业技术极端落后，又处在三年困难时期，还处于四面封锁之中，在此情况下制造尖端武器，难免有人持不同意见。但"枪杆子里面出政权"这句话放在原子弹问题上同样适用。原子弹对中国而言，不只是一件武器，还是反击西方核威慑与核讹诈，捍卫国家主权、保障国家安全的盾牌。毕竟有没有剑和亮不亮剑是两码事，在西方那么多次核讹诈面前，中国如果还没有警觉意识，还不能做出强硬回应，那艰辛革命路上的苦就白吃了。

而且，为了原子弹，中国已经投入了大量人力物力，第一座原子反应堆和第一台回旋加速器已经建成。此前为了从欧洲秘密引进大型尖端精密仪器，国家甚至动用了国库的黄金。一旦下马，此前的一切付出都将前功尽弃。

因此，中国领导人的态度异常坚定。

早在 1960 年 7 月 18 日，苏联开始撤离专家时，毛泽东就在北戴河听取了副总理李富春的汇报，然后云淡风轻地说，要下决心搞尖端技术，赫鲁晓夫不给我们尖端技术，极好！如果给了，这个账是很难还的。

1960 年 9 月，负责中苏两党会谈的邓小平向苏共表示："中国共产党永远不会接受父子党父子国的关系。你们撤退专家使我们受到损失，给我们造成了困难，影响了我们国家建设的整个计划和外贸计划，这些计划都要重新进行安排。中国人民准备吞下这个损失，决心用自己双手的劳动来弥补这个损失，建设自己的国家。"[1]

在"中苏论战"中，中国发言人指出："中国不是很穷、很落后吗？是的，很穷、很落后。据苏联领导人说，中国人人喝大锅清水汤，连裤子都没得穿，怎么有资格生产核武器呢？苏联领导人嘲笑中国落后，未免太早了。他们也许说得对，也许说得不对。但是，不管怎么样，即使一百年也造不出什么原子弹，中国人民不会向苏联领导人的指挥棒低头，也不

---

[1]　见彭继超、伍献军:《中国两弹一星实录》，解放军文艺出版社 2000 年版。

会在美帝国主义的核讹诈面前下跪。"[1]

在国防工业委员会北戴河会议上，聂荣臻元帅斩钉截铁地说："不搞出'两弹'来，我死不瞑目！"

副总参谋长张爱萍上将也说："再穷也要有根打狗棒！"

钱三强的话，则代表了所有站起来的中国人的心声。他在一篇文章中写道："我很清楚，这对于中国原子核科学事业，以至于中国历史，将意味着什么。前面有道道难关，而只要有一道攻克不下，千军万马就会搁浅。真是这样的话，造成经济损失且不说，中华民族的自立精神，将又一次受到莫大创伤。但是，历史的进步是客观存在，中国已经改朝换代。尊严和骨气，再也不是埋在地层深处的矿物。"[2]

远在苏联的周光召，则把在杜布纳联合核子研究所工作的部分中国专家召集到一起，进行讨论：离开外国人帮助，中国依靠自己的力量能不能研制成原子弹？回答是肯定的。二十几人联名向国内写信，"请缨"回国参战。

苏联撤走专家当月，二机部宣布：原子能工作进入"全面自力更生的新阶段"，成立科学技术领导小组，袁成隆任组长，钱三强任副组长。

中共中央做出新决策：自己动手，从头摸起，准备用八年时间搞出原子弹。根据新决策，周恩来总理提出了"要、学、

---

[1] 见彭继超、伍献军：《核盾牌：国家最高决策（1949—1996）》，中国青年出版社 2012 年版。

[2] 见钱三强：《中国原子核科学发展的片段回忆》，原载《紫荆》1990年 10 月创刊号。

买、钻"四个字的方针，他特别强调："主要还是靠自己钻研，自己不钻，不仅不能有独特的创造发明，而且也不能把要到、学到、买到的用于实际和有所发展。"[1]

中央军委也做出决定：国防工业方面，科学研究着重搞尖端，生产主要搞常规，基本建设主要搞配套。尖端要搞，不能放松，这不仅是个军事问题，而且是个政治问题。

接下来，钱三强和原子能战线的所有科研人员，全身心投入到靠自己的双手创造历史的行动之中。为了记住"靠别人行不通"这个教训，中国第一颗原子弹工程代号，定为"596"。因为 1959 年 6 月，是苏联撕毁援助协定，与中国翻脸的日子。中国科学家以此明志，发誓造出事关国家主权、民族尊严和人民安全的"争气弹"。

"596"工程，吹响了逆风奋进的号角。

中华民族的向心力、凝聚力和创造力，又一次在最危急关头迸发出最耀眼的光华。最困难的年代，却是实验室灯光最明亮的年代；最饥饿的年代，却是创业者歌声最嘹亮的年代；最无助的年代，却是科学家激情最澎湃的年代。

30 多年后，邓小平又一次回忆起那个激情燃烧的年代，并动情地说："大家要记住那个年代，钱学森、李四光、钱三强那一批老科学家，在那么困难的条件下，把'两弹一星'和好多高科技搞起来。"[2]

---

[1] 见《周恩来年谱（1949—1976）》，中央文献出版社 1997 年版。

[2] 见张云川：《邓小平对我国国防科技工业的亲切关怀》，原载 2004 年 8 月 20 日《光明日报》。

2. 排兵布阵

众所周知，美国之所以能在 1945 年率先造出原子弹，是因为一大批理论物理学家、力学家、应用数学家、实验核物理学家、爆炸物理学家联合攻关的结果。也就是说，要实现原子弹爆炸，必须把与原子弹相关的各个学科统筹起来，把各个学科需要的顶级人才集中起来。而要做好这些事情，需要一个"总导演"。

在美国"曼哈顿计划"[1] 中，这个总导演叫奥本海默[2]；在苏联原子弹计划中，这个总导演叫库尔恰托夫[3]；在中国核弹

[1]　是由美国联合英国、加拿大于 1942 年 6 月开始实施的利用核裂变反应来研制原子弹的计划。计划由美国陆军准将莱斯利·格罗夫斯领导，技术负责人是罗伯特·奥本海默。该计划集中了一批最优秀的核科学家，动员了 13 万多人，耗资 20 亿美元，历时 3 年，于 1945 年 7 月 16 日成功进行了全球第一次核爆炸，并按计划制造出两颗实用的原子弹。

[2]　罗伯特·奥本海默，美籍犹太裔物理学家，生于 1904 年，美国加州大学伯克利分校物理学教授。1942 年被任命为洛斯阿拉莫斯实验室主任，成为制造原子弹的"曼哈顿计划"的技术负责人，1945 年 7 月主导制造出世界上第一颗原子弹，被誉为"原子弹之父"。

[3]　生于 1903 年，苏联核科学技术的组织者和领导者，苏联科学院院士。1943 年，斯大林亲自提议任命他为莫斯科第二核武器研究室主任。在他组织下，建造了苏联第一台回旋加速器、欧洲第一座原子反应堆，造出了苏联第一颗原子弹、氢弹，并建造了全球第一座原子能发电站，被称为"苏联原子弹之父"。

研制中，这个总导演会是谁呢？

对此，两位直接参与"两弹"攻关、并最终荣获国家技术发明奖一等奖的科学家说："在建设原子能的过程中，三强同志重点注意了学科的纵深配置。他本人是研究核物理的，又多次去苏联参观考察，对原子能事业所需学科的了解，当时国内数他第一。"[1] 在举荐顶级人才上，钱三强也拥有独一无二、无可替代的优势。按说，人事任命一般是由"一把手"运作的。而二机部副部长钱三强作为一名战略性科学家，他不仅拥有极高的学术造诣，是中央高层名副其实的科技顾问，同时他也是一名非常出色的组织者，对国内科技人才的特长了如指掌，因此他可以将中央决策与科学家们的专长联系在一起，推举出最合适的科学家担当重任。[2]

也就是说，这个"总导演"，非钱三强莫属。

但接受任务的钱三强，不同于"曼哈顿计划"中的技术负责人奥本海默，可以把任务分配给一批顶尖物理学家所带领的团队，由费米带队解决链式反应技术，由欧内斯特·劳伦斯主管用电磁法分离出铀 -235，由爱德华·泰勒主管理论物理和氢弹设计，由冯·诺依曼负责数据计算。而钱三强既要当参谋，帮助中央决策；又要排地雷，不让任何问题卡壳；

---

[1] 见黄齐陶、钱皋韵：《悼念钱三强同志——中国原子能科学事业的创始人》，原载 1992 年 7 月 15 日《中国核工业报》。

[2] 见 2023 年 10 月 23 日北京卫视《档案》栏目：《纪念钱三强诞辰110 周年特别策划：从牛到爱——钱三强》。

更要排兵布阵，调兵遣将，把各个学科的任务明确下来，把这些学科的领军人物选拔出来，然后组织联合攻关。

其实，早在苏联翻脸前，钱三强就没有奢望把鸡蛋放在一个篮子里。尽管他一直强调学习外国经验，积极引进外国先进科技，但也提出了学习与独创并重的辩证观点："我们学习外国，不只是一般地学习人家的技巧、办法，而且还要搞清楚为什么他要研究这个问题？他们是怎么来研究这个问题的？是以什么理论、观点为基础的？""学习是为了独创，既能钻进去，也能出得来；钻进去是手段，出得来才是目的。也就是说，要取各家之长，走自己的路。"[1]

他的这一辩证观点，首先在学科配置上得到了充分体现。"（钱三强）在原近代物理研究所的基础上，从 1956 年起重点兴建了为核军工服务的中子物理研究室，和以苏联援建的一座反应堆和一台回旋加速器作为研究设备的两个工程研究室。在 1958 年到 1959 年期间，在三强同志的建议下，又陆续兴建了一批研究室，从而使原子能所真正形成了综合性的研究基地。"[2]

中央领导同样十分清醒，对发展核工业作了全面布局。1958 年 5 月 31 日，中共中央总书记邓小平批准了二机部上报

---

[1] 见钱三强：《自然科学必须以辩证唯物主义为指导》，原载《自然辩证法通讯》1979 年创刊号。

[2] 见黄齐陶、钱皋韵：《悼念钱三强同志——中国原子能科学事业的创始人》，原载 1992 年 7 月 15 日《中国核工业报》。

的"五厂三矿"选点方案。"五厂三矿"包括：位于湖南衡阳的 272 厂（衡阳铀水冶厂），负责从铀矿石中提炼二氧化铀；位于内蒙古包头的 202 厂（包头核燃料元件厂），负责提供各种类型的生产堆、动力堆、研究实验堆燃料元件；位于甘肃兰州的 504 厂（兰州浓缩铀厂），负责提供浓缩铀产品；位于甘肃嘉峪关外戈壁滩上的 404 厂（酒泉原子能联合企业），负责核燃料生产、核部件加工和后处理；位于青海省海北州西海镇金银滩的 221 厂（西北核武器研制基地）[1]，负责核武器研究制造；位于湖南郴州的 711 矿（湖南郴县铀矿）；位于湖南衡阳的 712 矿（衡阳大浦铀矿）；位于江西上饶的 713 矿（江西上饶铀矿）。这一选点方案，广泛吸纳了二机部、地质部、中科院，尤其是钱三强等人的建议，是围绕原子弹研制展开的战略性、系统性布局。

1958 年 7 月，为接受苏联提供的原子弹模型和图纸资料，也为了体现"自力更生为主，依靠外援为辅"的原则，二机部决定成立核武器研究所（以下简称"九所"）[2]，主管原子弹研制。北京西郊的一片高粱地里，一座崭新的办公楼开始动工建设。这座名为"花园路 3 号院"的办公楼，就是为九所而建的。一项隐秘而伟大的事业，即将从这里起步。

---

[1]　简称 221 基地，对外称国营 221 厂。1963 年初，221 厂建成后，九所总部整体迁往青海金银滩，与 221 厂成为一个整体。

[2]　核武器研究所掩护名称有北京第九研究所、二机部九局、国防科委九所，简称九所，后改称九院，所址在今北京市海淀区花园路。

与此同时，为九所配套的青海金银滩核武器研制基地也全面开工，建成后作为九所的实验、生产基地。

二机部决定，兵分两路：一路由九所所长李觉将军带领建设队伍，奔赴青海进行未来原子弹试验、生产基地的建设；一路由分管九所的二机部副部长钱三强带领科研队伍，在花园路 3 号的那座"灰楼"里展开技术研发工作。

接下来，来自全国各部队的 2000 名转业干部与战士，7000 多名民工和 2000 多名建筑工人，组成万人施工大军，在李觉将军的统一指挥下，浩浩荡荡地开进金银滩。[1] 与此同时，电影《金银滩》被下令禁播，金银滩这个沃野千里、牛羊成群的高海拔草原禁止旅客进入，就连金银滩这个地名也被从地图上抹掉长达 30 年之久。事实上，与金银滩相关的一切书籍、报刊和文艺作品等，几乎一夜间全都离奇消失了。

而北京九所作为原子弹攻坚的一大核心机构，亟需从其他研究所甚至全国各地充实相关人才。尤其是 1959 年 8 月苏联撤走专家后，由谁来顶替撤走的苏联专家，成为眼下最急需解决的问题。而这一重担，最终落在了钱三强头上。10 月 7 日，钱三强与九所商定，并报二机部和中央批准，选调 106 名高、中级科技干部充实九所。

在人才选用上，钱三强的信条是："千里马是在茫茫草原的驰骋中锻炼出来的，雄鹰的翅膀是在同风暴的搏击中铸成

---

[1] 见彭继超、伍献军：《核盾牌：国家最高决策（1949—1996）》，中国青年出版社 2012 年版。

的；既要为王淦昌、彭桓武这样科学功底深厚、已具相当知名度的科学家施展才华创造条件，也要让黄祖洽、于敏这样的年轻人有一试身手的机会。"[1]他是这样说的，更是这样做的。圈内人都清楚，参加原子弹和氢弹攻关的功勋人员，如王淦昌、彭桓武、朱光亚、邓稼先、于敏、周光召、程开甲、郭永怀、王承书、吴自良、黄祖洽、吴征铠、汪德熙、陆祖荫、王方定、胡仁宇、丁大钊、何祚庥、钱皋韵等，他们能从原子能边缘领域和岗位，走进"两弹"研制的主战场，都是钱三强鼎力举荐、知人善任的结果。

请看钱三强在九所组建中的手笔。

先调邓稼先。由于九所理论部急需一位业务水平高、政治条件好、组织观念强、有协同意识，还能与苏联专家打交道的负责人，钱三强经过一番"扫描"，相中了两年前从近代物理所调入中科院学术秘书处担任副学术秘书的邓稼先。于是，他找到中科院党组书记张劲夫要人，张劲夫表示支持。

1958年8月的一天，钱三强把邓稼先叫到办公室。他了解邓稼先，搞原子弹意味着付出和牺牲，对于个人付出，他相信邓稼先能够承受，但对于理论部负责人这副重担，他担心邓稼先不敢接，因此装作漫不经心，试探性地说："稼先同志，国家要放个大炮仗，调你去做这项工作，你看怎么样？"

"大炮仗。"邓稼先马上明白是指原子弹，他心里咯噔一下，心里还来不及细想，便自言自语道："我能行吗？"

[1] 见张纪夫：《钱三强与中国氢弹》，原载《金秋科苑》1995年第5期。

钱三强将工作任务和意义告诉了他，鼓励道："这件事关系到国家安危，我相信你能干好。"

正是这次历史性的谈话，改变了邓稼先的一生。

当晚回家后，邓稼先翻来覆去睡不着觉。妻子许鹿希询问他，他才说："我要调动工作。"

"调哪儿去？"妻子问。

"不知道。"邓稼先答。

"干什么工作？"妻子又问。

"不能说。"邓稼先答。

"到了新的地方，给我来一封信，告诉我回信的信箱总行吧？"妻子急了。

"大概这也都不行吧。"邓稼先低声说。

动身前，他特意抽了个空，带着妻子和儿子平平、女儿典典去照相馆，照了一张全家福。[1]

留下这张全家福，邓稼先便从公众的视线里消失了。

作为新任九所理论部主任，他一开始在花园路那座"灰楼"办公，主持原子弹理论物理研究。在这期间，他每天还能回家，但因为理论研究需要与时间赛跑，常常忙到凌晨。据邓稼先的学生胡思得院士回忆，邓稼先回到北医宿舍时，往往大门都关了，邓稼先只好先翻过铁丝网，再由胡思得等几个年轻学生把自行车从铁丝网上举过去，当邓稼先蹑手蹑脚地回到宿舍，开门迎来的是妻子担心的目光。

---

[1] 见许鹿希：《邓稼先传》，中国青年出版社 2015 年版。

到了试验物理研究阶段，邓稼先便彻底离开了妻儿，进入青海金银滩基地，也就是王洛宾的歌曲《在那遥远的地方》诞生之地——海拔 3170 米的草原。这里水烧不到沸点，饭煮不到全熟，年均气温 0.4 摄氏度，一年有八九个月要穿棉袄。加上正值三年困难时期，物资相当匮乏，条件极为简陋，很多基地工作人员出现了缺氧、水肿等病症。

困境不是阻碍人前行的藩篱，软弱才是。即使在最为困难的年代，他们仍加班加点工作，有时饿得实在受不了，便冲一碗酱油水，吃一颗伊拉克蜜枣，这已经算是很奢侈了。他们推出了一种奖励机制，谁的计算速度快，就能得到几两粮票的奖励，但这种奖励不是单位提供的，而是邓稼先自己出的，据说还是他的岳父支援的。

除了对付饥饿，更关键的在于突破"卡脖子"技术。苏联撤走专家、带走资料后，钱三强找到邓稼先，沉声说："一切要靠我们自己干了。"一没资料，二没资金，原子弹研究难度之大不言而喻，但邓稼先并未气馁，反而拿出"白手起家"的气魄，率领理论队伍分组突击，经过上万次的计算和思考，终于艰难地摸索出了原子弹研究的三个主攻方向：中子物理、流体力学、高温高压下的物质性质。

有人说，中国的原子弹是靠算盘算出来的。这句话尽管有夸张的成分，但当时还真用过算盘。在艰苦的理论攻关中，邓稼先团队最先进的运算工具是一台乌拉尔计算机，大量的数据主要靠手摇计算机、计算尺甚至算盘运算。由于需要三班轮换着计算、画图、分析，他们只能昼夜不停地工作。为此，他们演算的稿纸竟装了几十麻袋，从地板堆到天花板，装满了一大间仓库。就连数学家华罗庚都感叹，他们所计算的问题，称得上是"集世界数学难题之大成"。一次，邓稼先抱着资料回所里时，因为太过疲惫，大脑昏沉，一头栽进路边的枯水沟里，居然就此睡着，醒来时，他看见周围漆黑一片，还以为是图书馆停了电。因为时间紧，任务重，邓稼先曾经感叹："要是有两个太阳就好了！"

为了消除误差，他们一共进行了"九次计算"。所谓"九次计算"，就是利用特征线法解流体力学方程，模拟从启爆到碰靶的物质运动全过程。如果计算结果和苏联资料中提供的数据接近，说明九所掌握了原子弹的工作原理，只有这样，才能开始原子弹的理论设计。但是，"九次计算"如同一个关口卡在那里，得出来的一个重要数据和苏联专家讲课时提到的技术指标并不相符。直到1961年，周光召的加入，才为"九次计算"画上了句号。周光召从炸药能量的利用率入手，求出炸药所做的最大功，从理论上证明了九次计算结果的正确性和苏联数据的不可能。[1]这一攻关，也成为原子弹事业中攻克理论难关的赫赫有名的"九次计算"的故事。就这样，经过不懈奋斗，邓稼先带领理论团队，测算出了原子弹模拟爆炸的全部参数。

---

[1] 见《时隔60年揭秘北京九所：这里的事曾"跟任何人都不能说"》，原载2020年7月8日《澎湃新闻》。

从艰难困苦中坚持下来的邓稼先，后来成为"两弹"元勋。他一直不忘钱三强的知遇之恩，担任九所所长后去看望并感谢钱老，为钱老送去原子弹爆炸的纪念品。钱老只是说，自己只做了一些应该做的事。杨振宁曾称赞，钱三强聘请邓稼先是真正的知人善任，堪与莱斯利·格罗夫斯准将聘请奥本海默相媲美。

再调程开甲。程开甲，41 岁，生于江苏吴江，从浙大物理系毕业后留校钻研相对论和基本粒子，1946 年赴英国爱丁堡大学留学，师从马克斯·玻恩，与导师共同提出了超导电的双带模型，两年后获哲学博士学位，任英国皇家化工研究所研究员；1950 年回国，先后在浙大、南京大学从事金属物理研究和教学。在"大家办原子能科学"热潮中，他选择转行，与物理学家施士元[1] 一起，在南京大学建立了核物理教研室和江苏省原子能研究所，自行研制了双聚焦 β 谱仪和直线加速器，因此进入钱三强的视线。1960 年 3 月，经钱三强推荐，程开甲调任九所副所长，分管状态方程理论研究和爆轰物理研究。

之后是朱光亚。1960 年 9 月，二机部部长宋任穷调任东北局第一书记。临行前，宋任穷把钱三强叫到办公室，笑着说："三强，我这个'穷鬼'要走了，可你这个'钱'还在呀！有

---

[1] 施士元，1929 年进入巴黎大学镭研究所，是居里夫人为中国培养的唯一的物理学博士，回国后担任中央大学物理系主任，后担任南京大学物理系教研室主任，是吴健雄的老师。

你在就不怕，我相信一定能干成。"[1]然后，郑重地说，我要走了，但有一件事放心不下，九所所长李觉是一位来自西藏军区的将军，大批科学家要来工作，在将军和科学家之间，应该有一位既是科学家，又有组织能力的同志担任九所主管业务的副所长，请你推荐一个人选。钱三强经过反复筛选，大胆推荐了原子能所二室（中子物理研究室）副主任朱光亚。要知道，当时朱光亚只有35岁，尽管有着耀眼的留学经历，但名气不大，资历不深，唯一的优势是有本事。事实证明，钱三强推荐对了人，朱光亚不仅挑起了担子，而且成为核武器研制的技术总负责人，还参与组织了第一颗原子弹、空投航弹、氢弹、首次地下核试验及第一座核电站的筹建，被誉为"中国科技众帅之帅"。谈到如何选用"带头人"时，钱三强有一篇文章说："所谓'带头人'，并不一定是本门学科或本项工程技术里，年龄最老、威望最高的名人，但应该是有本事的人。本事就是：在学术上或技术上有一定造诣；有运用知识解决问题的能力；有干劲和创新精神；善于识人、用人、团结人。有本事的带头人从哪里来呢？靠培养，靠发现，靠实际锻炼。"[2]朱光亚的使用，就是最好的例证。

顺手抓来周光召、何祚庥、吕敏。1960年11月，钱三强到杜布纳出席联合核子研究所成员国会议。其间，在杜布

---

[1] 见奚启新：《朱光亚传》，人民出版社2015年版。

[2] 见钱三强：《科技队伍建设的一个重要问题》，原载1983年5月12日《人民日报》。

纳从事基础研究的青年人周光召、何祚庥、吕敏找到钱三强，递交了一份报告，强烈要求回国参加实际工作，以填补苏方撤走专家造成的科研人员空缺。钱三强十分高兴地接受了他们的报告，为这些想国家之所想、急国家之所急、应国家之所需的青年而自豪，当即表示回去后设法安排。当晚，钱三强就找何祚庥讨论三人的调动问题。何祚庥接受过党的培训，又在二机部系统工作，在系统内调岗问题不大；吕敏是原子能所助理研究员，他父亲又是语言学家吕叔湘教授，运作起来也不会有大的困难。唯独周光召比较麻烦，因为他是北大讲师，跨系统调动必须征得原单位同意；更大的问题在于，他社会关系复杂，且有直系亲属在海外，参加原子弹研究是违反禁忌的。钱三强向何祚庥详细询问了周光召的业务能力、工作成绩和思想志趣，最后做出判断说："这是一位少有的、在理论物理领域功底深厚的杰出人才，我无论如何也要促其实现。"[1] 为此，他于 11 月 25 日给新任二机部部长刘杰发电报推荐了周光召，然后亲自到中国驻苏使馆了解周光召的政治表现，回国后还亲自去找北大校长陆平和物理系主任褚圣麟做疏通工作，最终帮周光召达成了心愿。

周光召回国后，任九所理论部第一副主任，成为邓稼先的得力助手。在理论部第九次计算之后，他从炸药能量利用率着手，求出炸药所做的最大功，从理论上证明了用特征线

---

[1]　见何祚庥：《回忆三强同志在原子能科学技术中的重大贡献》，原载《自然辩证法研究》第 8 卷第 8 期。

法所作的计算结果的正确性，使对压紧过程的流体力学现象有了透彻的理解。

何祚庥回国后，进入原子能所轻核理论组，参加了钱三强主持的氢弹预研。

吕敏回国后，先是在原子能所工作，后来担负了更严峻的任务。

跨所调动王淦昌、彭桓武。1961 年，原子弹研制进入攻坚阶段，钱三强忍痛割爱，向二机部党组建议，将原子能所副所长王淦昌、彭桓武平调到九所，加强九所的领导力量。

然而，王淦昌已被聘为中科院学部委员，又作为中国科学家代表进入苏联杜布纳联合核子研究所担任副所长，从事基本粒子研究，并因发现了反西格玛负超子引起了国际学术界的关注。此时让他转行参加原子弹研制，他乐意吗？

彭桓武，也是中科院学部委员，又有在莫斯科热工研究所研究原子反应堆理论的经历，已经成为原子反应堆方面的权威，让他去搞原子弹，他会答应吗？

1961 年的 4 月 3 日，钱三强把王淦昌约到二机部部长刘杰的办公室。刘杰劈头就问："你愿不愿意参加领导研制原子弹的工作？"王淦昌听了，不禁一愣，研究原子弹，意味着他只能放弃自己擅长的基本粒子领域。为了说服被谈话人，刘杰说："有人要卡我们，中国人要争这口气呀！"没等部长再说下去，他就回答了一句："我愿以身许国！"[1] 一句话，已

[1]　见王淦昌：《无尽的追问》，湖南少年儿童出版社 1997 年版。

经代表了一切。随后，他被任命为九所副所长、第二技术委员会主任，负责非核部件的试验。从此，"王淦昌"从世界物理学界消失，而中国核武器研究基地里多了一个叫"王京"的人。他先是来到燕山脚下的工程兵靶场，领导爆轰物理团队开展试验，天天与炸药、雷管打交道，常常没做完试验就变成了土人；一年后，他又带队进入青海金银滩，在呼吸困难、吃不下饭、睡不好觉的艰苦环境中，日夜坚持工作，直到第一朵蘑菇云升起。

彭桓武，则由钱三强负责谈话。钱三强来到彭桓武办公室，老朋友之间谈话更加直接："桓武啊，有件重要的事情要告诉你，中央决定派最好的科学家去搞原子弹，我推荐了你，决定调你去九所顶替苏联专家的工作。"他稍作停顿，"有什么困难吗？"

彭桓武回答："没有，没有什么困难。这件事总要有人去做，国家需要我，我去。"他很快走马上任，担任九所副所长、第四技术委员会主任，主管核武器理论工作。彭桓武后来回忆："苏联专家撤退扔下乱摊子，我国决定自力更生。我们去顶替苏联专家。老实说，我也觉得我比顶替的苏联专家干得好，自己的事没限制么。当然还有些年轻一点的中国专家比我干得更好。干事，人才很重要，每个先行的人都带动几个年轻一点的后来的人，而有些后来的人发展和贡献比先行的人还要高大。"[1]

另外，原子能所二室主任何泽慧，也出现在拟加入九所名单里，据说推荐名单是由朱光亚向二机部党组提交的。何泽慧是朱光亚在二室工作时的领导，长期领导并从事中子物理与裂变物理实验，显然非常适合加入原子弹研制团队。鉴于当时钱三强分管九所，这份推荐名单钱三强或许是知情的，夫妻二人应该做了沟通，极具报国情怀的何泽慧也应该做好了牺牲家庭的思想准备。但不知何种原因，这一推荐未被采纳。按说，调动与否皆属正常，不正常的是，此事居然让钱三强背上了"非组织活动"的罪名。后来一位知情人士向彭桓武提起此事，彭听后十分惊讶，说："何泽慧很适合来九所，这有什么问题吗？"然后又瞪着眼追加了一句话，"这不是私心！"

无私地举荐人才，是钱三强的一贯主张。他曾在中科院科技干部职称工作会议上讲："我们要顾全大局，打破本位主义思想，不管作为哪级机构，特别是领导人员，脑子里应该装着一本全国的账。不要觉得凡是我管辖范围的人，最好一个也不要离开我，大家窝在一起。要是这样的话，我们的科学技术发展就没有什么希望。尤其是管理干部的人，要有一种很高的姿态和气魄，舍得把最好、最顶用的人用到最需要、

---

[1]　见彭桓武；《我们是怎样合作搞原子能的》，原载《彭桓武诗文集》，北京大学出版社 2001 年版。

最关键的地方去，不分是你的还是我的。"[1]

据统计，从 1959 年到 1965 年 7 月，原子能所共向外输送科技人员 914 人，包括正副研究员、正副总工程师 28 人，助理研究员、工程师 147 人，研究实习员、技术员 712 人。其中的大部分人，参加了"两弹一艇"研制。从原子能所派生出的研究机构多达十几个，包括高能物理研究所、理论物理研究所、西南物理研究所等。

为此，钱三强比喻原子能所是"老母鸡"。有一本书这样评价原子能所："历史已经证明：如果没有原子能所，就没有中国的'两弹一艇'。只是因为没有终端产品，它的历史性有时被忽略了。"[2]

尽管如此，共和国表彰的 23 位"两弹一星"元勋，还是有 7 位出自原子能所，他们是钱三强、王淦昌、彭桓武、朱光亚、邓稼先、于敏、陈芳允。

在"两弹"攻关行列里，几乎所有人都甘之如饴，死而后已。甚至有种说法：在研制"两弹"的悲壮进军中，原子能所做到了"满门忠孝"。

---

[1] 见钱三强：《由干部职称工作想到的》，原载钱三强：《科坛漫话》，知识出版社 1984 年版。

[2] 见孙汉诚、王甘棠：《核世纪风云录》，科学出版社 2006 年版。

3.拧成一股绳

扯皮总是难免的，但凡有人的地方就有私心，本位主义如同天上下雨地上流一样让人无奈，何泽慧的调动就是一个例子。

为了减少扯皮，加强协作，1961 年 7 月 16 日，中共中央发出《关于加强原子能工业建设若干问题的决定》，要求进一步缩短战线，集中力量，加强有关方面对原子能工业的支援。聂荣臻指示国防科委，主持成立二机部、中科院、国防部五院协作小组，成员由刘杰（二机部党组书记、部长）、张劲夫（中科院党组书记、副院长）、裴丽生（中科院党组副书记）、钱三强（二机部副部长、中科院副秘书长）、刘西尧（国家科委副主任、国防科委副主任、国防工办副主任）5 人组成。聂荣臻特别指示："拧成一条绳，共同完成国防尖端任务。"张劲夫也公开表态："要人给人，要物给物。"

有了"尚方宝剑"，钱三强开始四处奔走。

1961 年 7 月中下旬，他和裴丽生亲赴沈阳、长春、哈尔滨，组织中科院金属所、应用化学所、土木建筑所 170 余名科技人员和 300 余名业务辅助人员，对金属铀冶炼、核燃料化学、原子反应堆结构力学等研究任务进行协作攻关，直到分解完每个课题，定出完成时限。

9 月，他和裴丽生南下湖南铀矿厂、矿冶所，成立了 5 个攻关小组，组织开展铀矿采选和化学冶金联合攻关。

10月，他和吴有训一起到湖南二矿进行技术指导。

11月，他和裴丽生在上海主持"甲种（管状）分离膜"攻关汇报会，提出对策措施。

12月，他在衡阳组织召开科技攻关现场会，请来中科院新技术局、上海有机所、长沙矿冶所、长春应用化学所有关专家进行"会诊"，就铀水冶厂生产设备中存在的一系列技术问题，提出方案和对策，重点审查了纯化车间的试车方案。

整个1961年，中科院系统共承担二机部的任务83项，涉及研究课题222个。[1]

"拧成一条绳"的效果非常明显，一道道难关被攻克，整体工作有条不紊地推进。1961年11月17日，二机部、国防科委向中央写了《关于原子能工业建设的基本情况和亟待解决的几个问题的报告》（绝密），其中有一个判断："在1964年制成核武器和进行核试验是可能实现的。"[2]

这当然是一个好消息。邓小平、周恩来、毛泽东先后在这份报告上做了肯定性批示。

这个好消息的背后，是一道道曾经令钱三强愁云满面、心急火燎的难关，哪一道突不破，原子弹试验都是一句空话。

---

[1] 见潘钏：《中科院早期对国防尖端技术的贡献》，原载中科院《院史资料与研究》1999年第6期。

[2] 见彭继超：《东方巨响——中国核武器试验纪实》，中共中央党校出版社1995年版。

4. 征服"心脏"

所谓"心脏",是一种叫作"扩散分离膜"的核心元件。在天然铀中,铀 -235 只占 0.714%,其余大部分是铀 -238 和微量的铀 -234。扩散分离膜的作用,就是把铀 -235 和铀 -238 这对"双胞胎"同位素分开,提炼出高浓度的可用于核裂变反应的铀 -235。简而言之,有了它才能生产出浓缩铀,有了浓缩铀才能实现核爆炸,此乃核试验的绝密级技术。

当时,全球掌握这项技术的只有两个国家——美国和苏联。中苏决裂前,这一技术被苏联称之为"社会主义安全的心脏",从不让中国科学家接近,就是参观学习,也只许远远地望一眼。苏联专家撤离中国时,也带走了绝密级别的分离元件技术资料。

身为核物理学家的钱三强清楚,铀同位素分离有三种方法:电磁分离、离心分离、气体扩散法分离,其中气体扩散法是唯一工业化的方法。扩散分离膜元件的制造,又是它的核心技术。因此,钱三强开始全面布局。

1960 年 5 月,钱三强在原子能所成立了攻关小组,由学术秘书钱皋韵牵头,联合中科院、冶金部、复旦大学,抽调近 20 名科技人员,对扩散分离膜展开了历时 4 年的联合攻关。

钱皋韵,上海人,33 岁,1950 年毕业于交通大学,1955

年从莫斯科大学研究生毕业后，进入莫斯科热工研究所担任助理研究员，1956年回国进入原子能所，是一名富有朝气、善于钻研的年轻专家。

接受任务后，他带领联合攻关小组开展了分离膜研制工作。他通过对苏联分离膜样品的分析与研究，建立了气体通过多孔介质分离的一个简单但能给出清晰物理图像的模型，并给出了分离膜研制过程中必不可少的测试方法和相应的实验装置。同时，在大量工艺及实验基础上，形成了适合大规模生产的粉末冶金轧制成型工艺技术路线，开发出了可批量生产的中国第一代乙种（片状）分离膜，接着又研制出丙、丁两种高效分离膜。

1960年8月，钱三强又抽调复旦大学化工专家吴征铠，担任原子能所研究员，负责分离膜技术指导。

吴征铠，江苏扬州人，47岁，1936年考取庚子赔款英国公费留学生，成为剑桥大学理化研究所第一个中国研究生；1939年回国后辗转各大学任教；1959年负责筹建复旦大学原子能系，并任系主任。他在气体扩散分离铀同位素的基础理论研究方面，在国内首屈一指。

到了原子能所，他的研究方向集中于一点：制造分离膜的原料该用什么线路合成？因为分离膜的原料是一种金属粉末，如果用实验室方法来制备，显然不适应规模化生产的需要。经过细致分析和多次实验，他用一种新方法生产出了合格的金属粉末。而兰州铀浓缩厂一次投产成功，也是王承书和他共同指导的结果。1962 年，他成为二机部扩散工艺总工程师、理化工程研究所副所长。

然而，局部进展不等于弄懂了扩散分离膜的诀窍，因为制成扩散分离膜，涉及粉末冶金、物理冶金、压力加工、焊接、金属腐蚀、理化、电化、机电设计制造、分析测试等众多学科和制粉、调浆、制膜、烧结、加工、焊接、后处理等一系列工艺，是一项复杂的综合性技术工程，必须组织多部门、多学科的专家联合攻关。

于是，"扩散分离膜元件"攻关会战，在钱三强领导下迅速展开。

1960 年 8 月，钱三强在原子能所召集会议，向与会的中科院上海冶金研究所党委书记郑万钧、粉末冶金专家金大康、金属材料专家邹世昌下达了联合攻关任务。钱三强说，"你们是粉末冶金和物理冶金专家，又都是党员，所以请你们来，这项任务一定要尽快完成，价格不要超过黄金。任务非完成不可，不能让我们的浓缩铀工厂因为没有分离膜元件而真的变成废铜烂铁，也不能让我们的原子弹没有浓缩铀而造不出来。"[1]

与会人员接受任务后，工作紧锣密鼓地展开。但不久，就发现了问题，主要是几个攻关单位之间片面强调保密原则，导致工作重复、力量分散、进度缓慢。

1961 年 11 月，钱三强和裴丽生坐镇上海，全面总结了情

[1] 见宋健主编：《"两弹一星"元勋传》，清华大学出版社 2001 年版。

况，分析了问题，找到了症结，然后调整了部署，组织对"甲种（管状）分离膜"进行联合攻关：

一、在冶金研究所组建一个专门研究室——第十研究室，将北京原子能所、沈阳金属研究所、复旦大学原先分头工作的人员，携带仪器和资料，集中到第十研究室会战。

二、由冶金研究所副所长吴自良兼任第十研究室主任，作为技术总负责。

三、下设三个组，第一组由金大康任组长，负责研制分离膜原料——超细镍基复合粉，并小批量生产；第二组由邹世昌任组长，负责成膜工艺，并制成分离膜元件；第三组由李郁芬任组长，负责分离膜的性能检测、分析和后处理工艺。

经钱三强协调之后，被动局面迅速得到扭转。这支60多人的攻关队伍，形同一条大修上油后的自动化生产线，精密、协调且高效。到1963年秋，甲种分离膜元件性能已经达到实际应用要求。年底，工厂量产达到几千支，经运行实验，其性能超过苏联元件，而成本仅为黄金价格的百分之一。中国研制原子弹的又一障碍被清除，中国成为继美、苏、法之后，第四个能独立生产分离膜的国家。

听到消息，二机部部长刘杰非常激动，一再感谢中科院帮助解决了大问题，扫清了大障碍。

吴自良、邹世昌、金大康等8人研制甲种（管状）分离膜的成果，葛昌纯等23人和钱皋韵、吴征铠等5人研制乙种（片状）分离膜的成果，均获国家技术发明奖一等奖。后来，吴自良获得"两弹一星功勋奖章",吴征铠、邹世昌、葛昌纯当选为中科院院士,钱皋韵当选为中国工程院院士。

5. 制造"血液"

如果把原子弹赋予生命,浓缩铀便是原子弹流动的"血液"。没有核燃料——浓缩铀,造出来的就不是核武器,而是一枚普通的炸弹。

苏联援建期间,经中央批准,二机部于1958年在甘肃兰州建设了中国第一座铀浓缩厂(504厂)。厂区有两条生产线,一条是铀-235生产线,通过铀浓缩获得高浓铀作为装料;另一条是钚生产线,通过原子反应堆获得钚-239作为装料。但苏联专家一撤走,504厂立即处在了瘫痪半瘫痪状态,出现了既无实践经验,又无技术资料的双重困境。要走出困境,进而造出核燃料,必须选一位懂气体扩散理论的专家来担纲。钱三强经过多方筛选,最后锁定了一位气体动力学女专家。

这位女专家的丈夫名叫张文裕,在物理学界名气很大,是胡适那份"第一流物理学者"名单上的九个人之一。事实上,她的造诣和成就并不亚于丈夫。她叫王承书,湖北武昌人,48岁,毕业于燕京大学物理系,婚后与丈夫一起前往美国留学，在密歇根州立大学攻读博士学位，与导师乌伦贝克合作完成了多篇有关稀薄气体动力学方面的论文，并提出了王承书－乌伦贝克方程，一时受到相关领域的关注。取得博士学位后，她担任了密歇根州立大学副研究员、研究员，并两度进入普林斯顿高级研究所工作。在中美日内瓦谈判达成"双方平民享有返回的权利"的协议后，夫妻二人一同回国效力。面对导师的挽留，她说："虽然中国穷，进行科研的条件差，但我不能等到别人把条件创造好，我要亲自加入创造条件、铺平道路的行列中。我的事业在中国。"[1] 回国前，她把两千多磅的图书资料，分成 300 多包，陆续寄回国内。回国后，张文裕被聘任为原子能所宇宙线研究室主任，王承书则被聘为原子能所理论研究室研究员。

不久，钱三强就注意到了这个肯吃苦、善钻研的奇女子。

1958 年，核聚变技术在国内一片空白。钱三强思量再三，找到了王承书，问："我国现在决定开展聚变能研究，你愿意加入吗？"这对王承书来说，无疑是一个巨大的考验。因为这意味着让她放弃最擅长的气体动力学，进入一个全新的领域，从零开始。对此，钱三强也拿不准她会不会答应。出乎意料的是，王承书竟然不假思索地说出三个字："我愿意。"

事实证明，钱三强没有看错人，她在受命筹建热核聚变研究室，担任副主任之后，马上带领同事到苏联学习。学习

---

[1] 见张晓华：《王承书：核物理界的"三弄梅花"》，原载光明网 2022年 6 月 27 日报道。

结束，在坐火车回国七天七夜的路途中，她把带回的资料全部翻译成中文，很快出版出来。仅用两年时间，她就带领一支理论队伍，填补了热核聚变理论空白，为中国受控热核聚变和等离子体研究奠定了基础。

正当她准备在热核聚变领域进行更深层次研究时，一个突然情况再次令她从零开始。这个突然情况是，苏联专家撤走后，铀浓缩厂几乎停摆，中国的原子弹装料库出现了"等米下锅"的困境。由于当时铀的提取法主要是靠气体扩散，而王承书在美国时曾经从事过气体动力学的理论研究，于是钱三强再次找到了她。

那是 1961 年 3 月的一天，钱三强把王承书请到自己办公室，神情庄重地说："祖国需要自己的科学家研制原子弹。这是保密性极强的工作，你将不能再出席任何公开会议，更不能出席国际会议。你愿意隐姓埋名工作一辈子吗？"

"我愿意！"王承书一如既往地说出了这三个字，声音不高，却十分坚定。

钱三强又问："让你去搞核气体扩散，把那里的理论搞起来，可以吗？"

王承书回答："我改行比别人代价要小，既然都要从头做起，我为什么不可以？！"

接着，钱三强介绍了扩散厂的严峻形势，特别提醒一点：

"理论研究要为气体扩散厂上马铺路、搭桥。"[1]

干惊天动地事，做隐姓埋名人。接受任务后，她从热核聚变研究室搬到了铀同位素分离研究室，就任副主任，并从物理学界悄然消失了30年。许多人在每个星期一清晨看到，中关村路边有一位清瘦的中年妇女在等班车，他们不知道她是谁。正在上小学的儿子每周才能见一次母亲。她同丈夫张文裕也长期两地分居。她说："对于每个人来说，生命本身就是一种消费。在我这一生中，事业占据了我整个生命的三分之二，为此，我失去了一个女人应该给予这个家庭的一切，但是，我并不后悔。"

在这个绝密的研究室里，王承书既做实验，又搞培训，不到一年就培养出20多人的铀同位素分离理论队伍。

当她千里迢迢，带队出现在荒凉的大西北——兰州504厂（浓缩铀厂），进入500多米长的主工艺车间，眼前的一幕让她惊呆了：上千台机器设备，有的安装完了，有的尚待安装，零件横七竖八地堆放着，形同一个大型的车祸现场。为此，王承书焦急万分，恨不得把时间化成浓缩铀，将成果来次核爆炸。

如何使这些设备一级一级联系起来启动，如何供料，取得合格产品，需要她和理论组进行大量复杂的计算。当时，我国仅有一台15万次电子计算机刚刚启用。为检验结果的准

---

[1] 见彭继超：《东方巨响——中国核武器试验纪实》，中央党校出版社1995年版。

确度，王承书坚持用手边的机械计算机做必要的验证，瘦弱的她一个手指力量不足，只得将右手中指压在左手食指上，一下一下地敲打按键，得到数据马上记录在笔记本上。如此枯燥的工作，她和两个同事干了一年多，仅有用的数据就装满了三个抽屉，电子计算机算出的 10 箱纸条，她都过了目。数字计算，公式推导，白天黑夜……一个级联方案和分批启动方案终于出来了。

每次启动，王承书和吴征铠等专家都亲赴现场指导，严密的逻辑思维，精确细致的计算，使本来静谧的扩散厂轰鸣起来了，横七竖八的机器重新列队排阵，迈出了矫健整齐的步伐。从入口处投进去的六氟化铀被逐渐浓缩，其浓度从 2%、3% 到 40%、50%……预计 1964 年 1 月 14 日产品浓度应达到 90% 以上。

其间，副总参谋长、国防科委副主任张爱萍到 504 厂调研。他问到有无把握按时生产出合格产品时，把目光投向了王承书。王承书肯定地回答："可以。"一向较真、脾气火暴的张爱萍接着追问："有什么依据？"王承书回答："我们在原子能研究所所做的理论计算和实验证明，能保证按时出合格产品。在我的承诺中，除了对孩子的承诺不能兑现外，其他的都能兑现。"

果然，到了 1964 年 1 月 14 日中午 11∶05，窗口的阀门缓缓打开，高浓度铀源源不断流入容器里。经检测，浓缩铀厂一次投产成功。王承书和她的团队以提前 113 天的傲人成绩，成功得到了符合要求的高浓铀产品。从此，504厂成为中国的核燃料生产基地，为第一枚原子弹和氢弹、第一艘核潜艇、第一台核电站提供了合格的核燃料，被老一辈创业者形象地比喻为中国浓缩铀事业的"老母鸡"。

消息传到北京，有关方面连声叫好。

次日，二机部发出贺电："这是我部事业发展的一个重要里程碑，为我部事业的成功创造了必要条件。"又过了三天，毛泽东看了二机部的报告，欣然批示："很好"。

紧接着，液态的铀-235变成白色晶体后，被运到酒泉原子能联合企业，再次变成金属铀，进而加工成闪耀着淡金色光芒的铀球。

1966年3月14日，总书记邓小平来到兰州视察。当他走进504厂，工友们兴奋地鼓起掌来，他也举手向大家致意。突然，他在人群中发现了一张熟悉的脸。与兴高采烈的工友们有所不同，这名中年女子远离欢迎的人群，安静地站在一台机器边，笑眯眯地看着邓小平。她就是王承书。

邓小平走上前去，对王承书说："我见过你嘛！1959年你胸戴大红花，参加了全国群英会，是不是？"王承书笑着点点头。

邓小平风趣地说："从此，你隐姓埋名，不知去向，连你的先生张文裕也找不到你啰！"[1]

---

[1] 见葛能全：《魂牵心系原子梦：钱三强传》，中国科学技术出版社2013年版。

松因傲雪方凌云，风从花里过来香。后来，王承书担任了二机部605所（华北精密机械研究所）副所长、大型气体扩散机总设计师，并当选为中科院院士。1966年国庆节，王承书被请上天安门城楼观礼。聂荣臻向毛泽东介绍王承书时说，她为第一颗原子弹的装料作出了巨大贡献。毛泽东听了，笑着说："这是中国第一颗原子弹爆炸的女功臣！" 1986年，王承书举行小型家宴，纪念回国30周年。74岁的她感慨万分地说："当初，我回国的唯一原因，不是我不爱美国的优厚生活，而是我更爱自己的祖国。30年了，至今我可以聊以自慰的是，我的选择没有错，我的事业在祖国。" [1]

6. 突破点火系统

现在，原子弹的理论基础有了，原料也解决了，可如何引爆它呢？好比一盒火柴，有了火柴梗，还必须有火柴头。点火中子源，被称为引爆原子弹的"核火柴"，原子弹要想点燃全都靠它。

点火中子源，指氘化铀小球，是原子弹引爆装置的核心

---

[1]　见黄雪梅、陈祖甲：《隐姓埋名一辈子——追忆我国铀同位素分离事业理论奠基人王承书》，原载1994年8月24日《人民日报》。

部件。它像乒乓球一般大小，嵌在裂变材料中央，在原子弹起爆时受到挤压，释放出足够多的中子点燃核反应。别看它体积很小，但研制它需要一百多道工序。

鉴于它是原子弹的重点攻关项目，钱三强决定亲自抓。而且，早在1960年5月——苏联专家全部撤离的前两个月，钱三强心中就想好了苏联专家的替代人选——也就是点火中子源的项目负责人。

这个人，名叫王方定。他是四川自贡人，从四川化工学院（今四川大学化工学院）毕业后分配到原子能所，一直从事铀化学冶金研究。那时，美国在太平洋上连续做了四十几次氢弹爆炸，形势很紧张，王方定到福建远海上空去收集美国的爆炸灰。

他虽然年轻，还不到32岁；职称也不高，只是一个助理研究员，但在钱三强眼里，他事业心和责任感强，专业能力突出，符合"科研带头人"的标准。

王方定刚从福建回来，就被叫到钱三强办公室。钱三强直接告诉他，让他负责点火中子源的研制任务。

王方定感觉这个任务很新鲜，便问："我该怎么做呀？"

钱三强告诉王方定："这个东西做起来，放射性是很强的，你在我们这个大楼里做肯定是不行的，我给你想个办法。居里夫人做强放射性的时候，她在法国选了一个工棚做实验。我们现在呢，可以自己去搭一个工棚，这个工棚要比较快地建起来，外面不要讲究，只要里面按照放射化学标准来建设就可以了。"

于是，只用一个月时间，王方定和同事们就把点火中子源实验室建成了。唉，这哪里是什么实验室，其实就是按照钱三强提供的建议，用"芦苇秆抹灰当墙，油毡涂沥青作顶"的简易工棚。

夏天，简易棚内温度高达三十六七摄氏度。做实验时，要身穿双层工作服，脚上套着高腰雨鞋，双手戴上厚橡胶手套，嘴上捂着大口罩，外加有机玻璃面罩……几个小时下来，汗水浸透了工作服，雨鞋里边积存的汗水哗哗作响。

冬天，工棚里没有取暖设施，冻得一边做实验一边不停地跺脚。为了不让水管、蒸馏水瓶及各种液体试剂瓶被冻裂，每天做完实验，晚上要把水管里的水放空，瓶瓶罐罐都要搬到有暖气的大楼里去。第二天白天，就在工棚里生炉子，室温上去了，再把化学试剂从大楼里搬过来。

点火中子源实验，是用钋做 α 源。钋源到哪儿去找呢？王方定知道中关村垃圾场堆了一些别人不要的氡管，便把这些氡管捡来做实验，钋的 α 是测出来了，而且也提取出来了，但距离中子源的要求还是相差太远。正在发愁时，他们想到了钱三强。因为钱三强说过，有什么困难，尽管去找他。

一天，几个年轻人敲开了钱三强的办公室，报告了实验中遇到的困难。钱三强给年轻人的感觉，一向是如临秋水，如沐春风，那一天的气氛同样分外融洽。钱三强听完他们的话，就从保险柜里拿出一个梨形的、黑乎乎的石英瓶子，微笑着递给王方定，说："我 1948 年回国时，从法国带了一批钋源回来，放了这么多年一直没舍得用，现在交给你，可以用到最需要的地方了，你们就拿这个去做实验吧。"显然，它就是 1948 年钱三强归国途中，从西贡写给李书华的信中所说的"不可复得之宝物"。

王方定接过钋源的那一刻，既高兴又感动。他知道，自己接过的，不仅是钱三强先生的信任，更是一份沉甸甸的责任，自己千万不能把实验做砸了。[1]

之后，钱三强多次过问攻关小组的进展情况。1962 年 11 月，他提出要求，一定想办法提取 100 居里的钋 –210。他还风趣地说，完成任务，我请大家吃冰激凌。期间，何泽慧领导的中子物理研究室，也为点火中子源试验提供了大力支持和配合。

秋去秋来今又秋，三年时间里，攻关小组经过失败再重来，重来再失败的 200 多次试验，终于在 1963 年 11 月，合成了两个可爱的氘化铀成品小球。随后，九所进行了缩小尺寸的整体模型爆轰试验，结果证实：王方定攻关小组研制的点火中子源，不仅合乎要求，而且质量高于原设计要求。他们成功了！

1963 年 12 月，攻关小组又制成四个合格的点火中子源，由王方定和九所人员送到了核试验基地。

[1] 见 2023 年 10 月 23 日北京卫视《档案》栏目：《纪念钱三强诞辰 110 周年特别策划：从牛到爱——钱三强》中对王方定的专访。

28 日，二机部党组向钱三强并原子能所党委发函表示祝贺。

7.实现核爆轰

有了分离膜、浓缩铀、点火中子源，接下来的难题，只剩下如何实现核爆轰了。

苏联专家撤走后，如何使亚临界状态的核材料，在极短时间内变成超临界状态，实现核爆轰，这也是摆在钱三强面前的大难题。而在当时，中国在爆轰物理方面的学术沉积和实践经验，近乎空白。

考虑到这一大难题涉及较多的工程力学问题，而钱三强对力学领域的专家又不太了解，便找到国防部第五研究院[1]副院长、中科院力学研究所所长钱学森，请他推荐接替苏联专家的人选。

"我去。"钱学森毛遂自荐，把钱三强吓了一跳。

---

[1] 1956 年 10 月 8 日成立，是中国第一个导弹（火箭）专门研究机构。1965 年 1 月改组为第七机械工业部。1982 年后，先后改称航天工业部、航空航天工业部、中国航空工业总公司和中国航天工业总公司，中国航天科技集团、中国航天科工集团。

　　"那可不成，五院那一摊离不了你。请推荐另一位能胜任的人吧。"钱三强说。

　　钱学森想了想，"我看郭永怀可以胜任。他是空气动力学博士，学术上造诣很深，作风正派，工作扎实，现在又担任力学研究所副所长。"

　　按照钱学森的推荐，钱三强征求了部党组的意见，然后亲自登门找到郭永怀。当钱三强说完组织意图，这位内向文气的山东汉子表示："这个工作我虽然没搞过，但经过努力，我想还是可以的。"

　　1960 年 5 月，郭永怀临危受命，被任命为九所副所长、第三技术委员会主任，负责核武器的力学部分和武器化工作，与王淦昌、彭桓武形成了中国核武器研究最初的"三大支柱"。在郭永怀的倡议和指导下，中国第一个有关爆炸力学的科学规划迅速制定出台，从而引导力学走上了与核武器试验相结合的道路。

　　从此，郭永怀的日程表上，名义上每周三天到九所工作，但由于任务催人，他在力学所处理完应急事务便匆匆来到九所，九所科研人员天天都能见到他的身影。

　　当时正值三年困难时期，九所一半人员得了浮肿病，但从上到下仍然忘我地工作。郭永怀、王淦昌、彭桓武家住中关村，距离花园路的九所还有不短的路程。为了节省开支，他们从不在九所为所长们开的小灶吃饭，而是挤在一辆蓝色伏尔加轿车里赶回家。[1]

　　不久，邓稼先等人就把中国第一颗原子弹原理的轮廓勾勒出来了，但理论设计须通过一系列的爆轰试验来验证。当时，科学家们已知的核爆方式有两种，一种是"枪法"，又称"压拢型"，它是将2—3块处于次临界状态的裂变核材料，在化学炸药爆炸产生的高压力推动下迅速合拢成为超临界状态，从而引起核爆炸，美国在广岛投掷的第一颗原子弹"小男孩"，就是"枪法"铀原子弹。其结构较为简单，技术容易掌握，缺点是爆炸效率低，使用核材料多，而且不能用钚-239；另一种是"内爆法"，又称"压紧型"，它是用高能炸药产生的巨大向心力，将处于次临界状态的核材料压紧变成高密度的超临界核材料，从而产生核爆炸，这种方法爆炸效率高，消耗核材料少，而且铀和钚都可以使用，但结构比较复杂，制造难度大，美国在长崎上空投放的第二颗原子弹"胖子"，就是"内爆法"钚原子弹。于是，郭永怀、王淦昌与九所爆轰物理研究室主任陈能宽坐下来，深入地分析、比较和研究，从当前中国还没有足够的钚燃料的国情和技术发展方向考虑，决定既不采用"枪法"铀弹，也不采用"内爆法"钚弹路线，而是创造性地采取"内爆法"铀弹的新方案。这一方案，从起点上就超越了当初的美国，因为美国第一颗"内爆法"原子弹里装的是钚-239，而中国一上马就是铀-235。

----

[1]　见李家春、李成智：《郭永怀》，原载宋健主编：《"两弹一星"元勋传》，清华大学出版社2001年版。

从 1960 年开始，九所爆轰试验团队借用燕山脚下的工程兵靶场——"17 号工地"，开展了上千次爆轰试验。为节约经费和战略物资，他们一直采取"冷试验"——不使用铀 -235 等裂变材料的实验，实验部件从钢材料、单个元件，过渡到合金部件、单个部件、两个部件、三个部件、半球，不断利用力学原理来改进炸药模型，设计制造了逐步升级的起爆元件，并在原子弹的结构力学、结构强度、压力分布等方面攻克了许多技术难题。1962 年 9 月，爆轰试验场传出喜讯：原子弹的起爆元件获得重大突破，研究人员研制出直径为 100—200 毫米的炸药平面透镜，在爆轰波传播规律和高压状态方程的实验研究等方面取得重要成果，原子弹"内爆法"的可行性获得验证。

面对高层领导的询问，爆轰团队负责人满怀信心地说，在最后期限前，我们能够做出原子弹所需的起爆元件。

1963 年，郭永怀又和攻关团队一起挺进青海金银滩，成功研制出了原子弹实弹起爆元件。

为此，钱三强豪迈地说："'山重水复疑无路，柳暗花明又一村'。遮盖在中国大地上的乌云吹散了，心头的疑团解开了，曾经以为是艰难困苦的关头，却成了中国人干得最欢、最带劲、最舒坦的'黄金时代'。道理就是这样简单：受制于人的地方越少，获得的东西就越多。"[1]

---

[1] 见钱三强：《中国原子核科学发展的片段回忆》，原载《紫荆》1990年 10 月创刊号。

眼看着一个又一个难关像多米诺骨牌一样倒下去，冲向最后一张牌，看它如何发出与众不同的响声。

8. 临门一脚

随着一道道难关被攻克，一个个障碍被清除，中国原子能事业临近第一个高潮。

1962 年 9 月 11 日，二机部向中央提出《关于自力更生建立原子能工业情况的报告》。报告上说，争取在 1964 年，最迟在 1965 年上半年爆炸我国第一颗原子弹。

为此，聂荣臻、罗瑞卿（中央书记处书记、国防委员会副主席）、张爱萍于 1962 年 10 月 10 日召集秘密会议，听取刘杰、钱三强、朱光亚关于原子弹研制情况的汇报。聂荣臻指示："要放到 1964 年国庆十五周年搞响的目标上，要争取。"他又说，"对于协作问题，一方面抓紧同三机部、一机部的协作，另一方面请钱三强同志亲自抓紧同中科院各研究所的协作。现在主要是如何搞响的问题，采用什么办法都行。"[1]

本来，任务应该更多地聚焦到张爱萍身上，因为下一步的工作重点，无疑是国防科委下属的核试验基地。但为什么

[1] 见周均伦：《聂荣臻年谱》，人民出版社 1999 年版。

聂荣臻偏偏提钱三强呢？显然，聂荣臻心里清楚，核试验基地的许多技术难题，仍然需要钱三强协调解决。

时隔 6 天，张爱萍邀请钱三强和二机部九局负责人参加国防科委办公会，共同研究技术力量补充和核试验靶场的技术工作。钱三强代表协作单位发言。他说，原子弹试验是一个十分复杂的、集多学科为一体的高科技试验，需要有很强的技术力量，建议立即着手立项研究。[1]

听到这里，张爱萍"顺水推舟"，当场委托钱三强推荐现场技术设计的专家人选，并负责拿出试验方案。

钱三强不遑多让，他推荐的第一人选，是二机部九所的程开甲。这是继他 1960 年推荐程开甲从南京大学调任九所副所长之后，第二次举荐他了。10 月 30 日，程开甲到国防科委接受了军令状，成为新组建的核试验研究所[2]掌门人。

接着，钱三强推荐了中科院原子能所的陆祖荫、忻贤杰、吕敏，由他们协助程开甲组建核试验研究所（21 所），进驻新疆罗布泊核试验基地（21 基地）。其中的吕敏，被推荐到 21 所担任三室副主任，分管链式反应动力学测量。之后，31 岁的他进入新疆，在常人眼里突然"消失了"。在风沙漫漫、荒无人烟的罗布泊腹地，他默默坚守了 25 年，直到 56 岁因身患重病回京医治。在 80 年代的一次全国政协会议上，钱三强

---

[1]　见彭继超：《国士钱三强》，原载总装备部政治部《神剑》杂志。

[2]　又称解放军 21 基地研究所，也称国防科委第 21 研究所，位于今和硕县乃仁克尔乡马兰红山核试验基地。

见到吕叔湘，抱歉地说："我那时把你儿子吕敏搞到新疆去了，这么多年没回来，给家里带来困难……"吕叔湘也是院士，同样爱国情深，他拉住钱三强的手，说："这首先得感谢你对他的信任。再说，在那里是吕敏自己情愿的。"后来，吕敏听父亲说起此事，深受感动，专门写信给钱三强："这个事情我不后悔，总算是给国家干了点实际有用的事，知识分子能有这个机会是不容易的。"[1]

44 岁的程开甲很快进入角色。记得苏联专家撤走时曾扬言："给你们一颗原子弹，你们也爆不响。"那么，程开甲的第一项工作，就是研究第一颗原子弹采用何种方式爆炸？

有人提议，还是萧规曹随，像美国在广岛投放原子弹一样，采用飞机空投方式吧。但程开甲认为，飞机空投有三个不利因素：第一，空爆增加测试同步和瞄准上的困难，难以测量到原子弹爆炸时的各种效应；第二，保证投掷飞机安全的难度很大；第三，使用飞机难以保密。

于是，"百米高塔爆炸方式"出炉。

1962 年 11 月 16 日，程开甲会同陆祖荫、忻贤杰、吕敏等起草了《关于第一种试验性产品国家试验的研究工作纲要》，建议我国第一颗原子弹采用静电试验方式，将核装置放在一百米高的铁塔上做爆炸试验。为了确保方案顺利实现，同时提出了《急需安排的研究题目》，共涉及 45 个项目、96 个

[1] 见葛能全：《魂牵心系原子梦：钱三强传》，中国科学技术出版社 2013 年版。

课题。"工作纲要"经钱三强审阅把关上报，很快得到批准。

11月17日，中共中央成立了15人的专门委员会，由周恩来任主任，贺龙、李富春、李先念、薄一波、陆定一、聂荣臻、罗瑞卿、赵尔陆、张爱萍、王鹤寿、刘杰、孙志远、段君毅、高扬为委员，统筹核武器研制工作。

全国一盘棋，集中力量办大事，是中国社会主义制度的一大优势，也是创造无数人间奇迹的秘密所在。在中央专门委员会的统一号令下，中科院、冶金部、机械部、化工部、石油部、纺织部、公安部、交通部等26个部委和20个省市自治区的900多家企业、院校、科研机构，围绕第一颗原子弹的攻关项目，展开了规模空前的大会战，制造和试验研制出与原子弹相关的10万多种仪器、设备和原材料，为第一颗原子弹爆炸成功上了最后一道保险锁。

12月，中央任命张爱萍为中央专门委员会办公室副主任，主持国防科技、装备和国防工业工作，并具体负责"两弹一星"工程。从此，这位共和国上将成为"两弹一星"的前线总指挥。

核试验场地的选定工作，则安排给了张蕴钰。

张蕴钰，河北赞皇人，45岁，是抗美援朝上甘岭战役中的15军参谋长，开国少将，一个极端较真，极端负责，极端细致的人，1958年被任命为核武器试验靶场主任，带领一支从朝鲜战场冲杀下来的志愿军队伍来到大西北。他一到现场，就把苏联专家和试验勘察大队选定的敦煌核试验场否决了。他认为，一来，该试验场爆心尽管位于敦煌西北140公里，但附近仍有大量汉关、烽燧和考古遗迹，是中华民族弥足珍贵的艺术宝库，绝对不能受到一丝一毫的损坏；二来，该试验场最大试验功能为 2 万吨 TNT 当量，无法满足较大当量的原子弹、氢弹试验。于是，他在 1959 年新年前夕，率领一支小小的部队，冒着零下 30 摄氏度的严寒，穿越沉寂千年的罗布泊，来到黄沙漫漫的孔雀河边。他在勘察报告中说：这片广袤而神秘的"死亡之海"，是古楼兰国的遗址，方圆几百公里都是荒无人烟，在此进行较大当量的核试验，对人畜动植物影响不大，而且便于保密，乃核试验得天独厚的"风水宝地"。他的报告得到了国防科委批准，他的头衔也在 1961 年变成了核试验基地司令员。当他再次带着勘察大队西出玉门关，穿越戈壁大漠，来到罗布泊西北时，看见一片盛开着簇簇蓝色小花的草滩。当地的维吾尔族姑娘告诉他："这是马兰花，是吉祥之花。"于是，核试验基地得名"马兰"。其实，那里位于戈壁滩边沿，杂草丛生，野狼出没，根本没有它的名字那样美。

经过反复勘测、比较，张蕴钰在罗布泊地区拿出了三个选址方案，供上级选择。

1963 年 5 月 13 日，钱三强被邀请到国防科委会议室，听取了张蕴钰司令员关于地面核爆炸试验区工程定点问题的汇报。会议研究决定，采纳第二方案为基本方案进行工程定点。那里位于罗布泊腹地，是一个"无居民、无耕地、无牧场"的区域。

5月24日，钱三强再次被邀请到国防科委，一起听取了21所研究员董寿莘[1]关于地爆区定点方案和试验区布置方案的汇报，听取了工程兵科研设计院杨士明关于铁塔工程设计方案的汇报，还听取了朱光亚对铁塔工程设计指标的意见。会议确定，先按试验区布置方案和铁塔初步设计方案向前推进，边施工，边修正，不断完善，力争不出纰漏。

1964年春，托举原子弹的百米铁塔在罗布泊拔地而起，中国第一次核试验的准备工作全面展开。

来自解放军各总部、各军兵种、新疆军区、兰州军区、二机部、公安部、中科院、国防部十院、军事工程学院等26个单位的5058名参试人员，撑起帐篷，连营千里，为原子弹爆炸铲平了道路。

5000名工程兵，冬战严寒，夏忍酷暑，保质保量地完成了154项特种工程。

3.3万吨器材和物资，从四面八方运抵试验场区，共动用汽车1270台、火车皮1116节，行车里程1851万公里，相当于绕地球462圈。

为了防止无关人员闯入试验区，7名基地警卫战士，在罗布泊周边徒步巡逻8300公里，在半年中每人磨烂了12双鞋。

1964年7月，第一颗原子弹在青海221厂组装成功。221厂为首次核试验准备了2枚原子弹，596-1为正式弹，596-2

---

[1]　此前担任北京航空学院核动力系主任，1962年奉调进入核试验研究所参加原子弹发射工作。

为备用弹。

原子弹试验的准备工作基本结束，只等一声令下。

9. 壮丽的蘑菇云

1964 年 8 月，核试验现场总指挥部成立，张爱萍为总指挥，刘西尧（二机部第一副部长）为副总指挥，张蕴钰为参谋长。总指挥部向参试人员提出了"严肃认真，周到细致，稳妥可靠，万无一失"的十六字方针。此后两个月，试验场区各单位分别开展预演，然后开展全场联合预演。

与此同时，青海 221 厂也在进行原子弹运送前的准备。为了确保安全，221 厂将原子弹分拆为两部分，关键核心部件——铀球和点火中子源以空运方式先期运送到马兰机场，然后装上直升机运往罗布泊核试验场；没有核爆炸装置的部分，则通过陆路以专列运送。

9 月中旬，张爱萍、刘西尧飞回北京，向中央专门委员会汇报原子弹试验计划并接受指令。面对西方国家对中国原子弹试验议论纷纷，美国频频利用间谍卫星窃取中国核武器试验情报的形势，中央专门委员会提出了早试和晚试两种方案，由周恩来向毛泽东、刘少奇汇报。毛泽东果断决定执行早试方案，他说，原子弹是吓人的，不一定用。既然是吓人的，就早响。刘少奇也同意早试。

9月23日，周恩来向中央专门委员会传达了毛泽东和刘少奇的决定，并对首次核试验做了周密部署：由陈毅组织外交部做好对外工作准备，自即日起到原子弹爆炸成功前，中央专门委员会成员不再接见外宾；由张爱萍、刘西尧赶回核试验场，组织现场指挥，核试验场区指挥部办公室代号20号办公室；由刘杰负责组织关键技术资料、仪器设备的安全转移，并在北京主持由二机部、国防科委组成的联合办公室，负责北京与试验场的联络，联合办公室代号177办公室；请贺龙、聂荣臻转告代总参谋长杨成武，下达防御任务，部署全面戒备，严防美、苏、蒋军空袭和特务破坏。

张爱萍回到21基地，又对试验流程进行了最后审查，对万一出现的早爆、误爆等意外情况拿出了预案。按照分工，核试验塔由九所所长李觉负责，主控站由国防科委副秘书长张震寰少将把关。

9月28日，由九所副所长吴际霖带队，两颗原子弹（596-1正式弹、596-2备用弹）和相关实验设备，从青海221厂装上零次专列起运。周恩来亲自下令，将运载原子弹的列车定为一级专列，实施最高级别的安全警卫，沿路动用军队3万人。零次专列从221基地二分厂南侧的上星站出发，沿着铁路专线驶向西宁，经兰青铁路、兰新铁路，7天后抵达乌鲁木齐，进而转到通往罗布泊的秘密军用铁路线的一个车站。596-1正式弹被送往核试验场，596-2备用弹则留在专列车厢内。

"万事俱备，只欠东风"。这个东风就是气象条件，因为必须保障核爆炸放射性烟云飘散在无人区，避免由于风向扩大核污染范围。根据气象预测：10月13日之后一周内，是核爆炸试验的理想时段。

10月10日，试委会主任张爱萍派试委会办公室主任李旭阁乘专机赴京，向周恩来请示试验时间。在请示毛泽东之后，周恩来于11日请刘杰转告张爱萍、刘西尧：10月15日至20日之间，由他们根据现场气象情况决定起爆日期和时间，决定后报告我们，来往电话均需通过保密设施以暗语进行。

依照周恩来的指示，21基地设计了《试验厂区向北京报告的明密语对照表》：原子弹实弹因其形状被称作"老邱（球）"，装原子弹的容器叫"梳妆台"，组装原子弹叫"穿衣"，原子弹装配间叫"下房"，铁塔叫"上房"，复杂的导管装置叫"小姐的头发"，接雷管叫"梳辫子"，测试叫"诊断"，剂量叫"体温"，气象条件叫"血压"，起爆时间叫"零时"，首次叫"1064"。

10月14日傍晚，原子弹利用卷扬机，安全放置在102米高的核试验塔上。它亭亭玉立在塔顶，等待惊世绽放。

10月15日凌晨3时，张爱萍、刘西尧会同气象学家、大气物理学家顾震潮，根据天气变化，确定16日15时为"零时"，并向北京紧急请示。

12时30分，周恩来批示：同意零时定为16日15时。

当天夜里，罗布泊风很大，张爱萍通宵未眠，李觉则一夜没有离开铁塔。

10月16日凌晨，李觉向试委会报告，请求6时半开始插接雷管，张爱萍、刘西尧、成钧、朱光亚、朱卿云、张蕴钰等签字同意。很快，177办公室接到20号办公室的电话："老邱住上房8点钟梳辫子。"那时，三千公里外的天还是黑的，空中没有一丝云，"死亡之海"的天穹之上，巡弋着一种罕见的神秘和沉默。

10时许，九所试验部副主任方正知检查完铁塔内雷管接插情况，合上了起爆电缆的电闸。从铁塔上的原子弹装置连接到主控站的起爆电缆全部接通，铁塔工作人员全部撤离现场。在方圆几十里范围内，人和牲畜都戴上了反辐射面罩。

12时，周恩来给坐镇177办公室的刘杰发出指示函：在12时后，当张爱萍、刘西尧回到指挥所时，请你与他们通一次保密电话，告如无特殊变化，不要再来往请示了。零时后，不论情况如何，请他们立即同我直通一次电话。

刘杰向试验现场转达了周恩来的指示，并准备把消息告诉各位副部长。此时，钱三强正好来到刘杰办公室，刘杰悄悄地说："我们的原子弹今天下午3点爆炸，看来是会响的，但也不排除万一的可能。"

钱三强满含泪水，激动并自信地说："会响的，我相信一定会响。"

13时30分，177办公室接到20号办公室电话："一切正常，最后撤离的人员已于12时56分撤离，气象情况比预计的要好。"电话内容立即报到了周总理办公室。

14时之前，李觉、张蕴钰等4人到核试验塔顶作了最后一次检查，接着迅速撤离爆心。张蕴钰来到距离核试验靶心17公里的大型地下工程——试验主控制站，把起爆控制柜的钥匙郑重交给在主控室坐镇的张震寰。当张蕴钰撤到距离爆心60公里的白云岗指挥所时，离"零时"已不到20分钟。

在白云岗那道半人深的垫壕里，所有人都戴上防护眼镜，蹲下身子，背向爆心。只有张爱萍坚持站着，凝目注视着铁塔的方向。

14时59分40秒，随着"9—8—7—6—5—4—3—2—1"倒计时指令，一声"起爆"，主控站操作员按下了原子弹起爆按钮。

15时整，"起爆"指令刚落，随着一声巨响，罗布泊深处一道强烈的白光闪过，塔顶升起一个太阳一般的巨大火球，火球由红变黑，黑里透红，向着深邃的天穹升腾，迅速变成一团翻滚的烟云。烟云上升时，将地面的沙尘卷起一个下粗上尖的尘柱，尘柱紧追不舍，直到与烟云衔接，最终形成了一朵完整、高大、壮观的蘑菇云。这朵蘑菇云，是近代中国历史长河中最惊心动魄的景观。随着蘑菇云的升起，中国第一颗原子弹"老邱"试爆成功。地面上的效应物有的在燃烧，有的冒黑烟。坦克翻滚在地，炮塔与车身被炸成两截；许多工事掩体倒塌，房顶被掀掉；路边的电线杆全都倒在地上，向着爆心的一面被烧成黑色；一匹被光辐射灼伤了眼睛和皮肤的效应马惨叫着四处乱跑；那座十几公里外就能看到的百米铁塔不见了，它已经像面条一样扭曲在地。原子弹以摧枯拉朽之势，将中国人埋藏已久的怨气怒气豪气一股脑儿狂泻而出，也将钱三强以及所有为原子弹研制和爆轰卧薪尝胆、呕心沥血的科学家们日日夜夜地期盼带到了罗布泊上空。

"成功了！成功了！"

最初的欢呼声，来自指挥所西侧直接参试人员中的参观人群。他们被原子弹爆炸呈现的壮丽景观所激动，所感染，呼喊着，跳跃着，把帽子抛向天空，挥洒着泪水拥抱在一起……

指挥所垫壕内的张爱萍、刘西尧、张蕴钰激动得浑身颤抖，王淦昌、彭桓武、郭永怀、朱光亚、陈能宽都兴奋得哭了，只有李觉、吴际霖一言不发。

15 时 05 分，177 办公室接到 20 号办公室电话："原子弹爆炸，两小时后报结果，爆炸成功！"张爱萍也向周恩来报告："原子弹已按时爆炸，试验成功了！"在转报中，毛泽东问："怎么证明是核爆炸？"其间，21 基地用科学方法测定出蘑菇云顶高 7500 至 8000 米，原子弹爆炸威力达到 2 万吨 TNT 当量以上。两个小时后，一份由张爱萍签发的证明确为原子弹爆炸的详细报告传到北京中南海。

正当中央领导层商讨如何向世界公布这个让中国扬眉吐气的消息时，毛泽东主席却做出了一个令人意外的指示：不要急着对外公布，先通知日本。日本首相池田勇人接到周恩来总理的信函，既感到震惊，也不免有些纳闷，日本作为全球唯一遭受过核打击的国家，为什么最先接到通知。而周总理的信函打消了他们的顾虑，因为信上庄重承诺：无论任何时候任何情况，中国都不首先使用核武器。

当晚6时左右周恩来在人民大会堂的讲话，当晚10点中央人民广播电台播发的新闻，以及第二天套红的《人民日报》（号外），在广袤的神州大地引发出山呼海啸般的欢呼，无数人涌上街头，载歌载舞，庆祝这一格天彻地的壮举。

中国原子弹横空出世，打破了超级大国的核垄断，展示了中国的国防实力，让中国挺直了腰杆，是中国和平崛起的象征，也为中国在国际和平事务中争取到了一个大国应有的话语权。

第二天，周恩来在向全国人大常委会作报告时说："随着我国第一颗原子弹的爆炸，现在是应该扫除一切自卑感的时候了！"

在三天后的中央政治局常委会上，毛泽东判断有可能争取十年和平时间。他说，"再有十年，原子弹、氢弹、导弹我们都搞出来了，世界大战就打不成了。"

"中国有了原子弹"也成了全球最热门的话题。

蜗居台湾的蒋介石，此前一直积极训练军队，叫嚣反攻大陆，此时听到消息立时愣在那里。过了许久，他才对身边人说："世事难料啊！"

生活在香港的金庸先生，则发表了一篇题为《有什么不对，请原谅》的文章，算是为著名的"核裤之争"画上了句号。

陈毅则大度回应："金庸先生的出发点是好的，他也是为了百姓。我们欢迎大家提出不同的意见，错了我们就改，只要说得对，我们就接受。"

新华社消息飞到地球背面，美国媒体立时"炸了锅"。美国集数国之力，在最先进的实验室，动用1000多名顶级科学家和20亿美元的研究经费，才制造出来的原子弹，居然让中国科学家们，拿着算盘啃着馒头，在荒无人烟的草原和戈壁实验室里造了出来，这也太让美国人不敢想象了。美国《纽约时报》立即于美国东部时间10月17日刊登了中国原子弹爆炸成功的消息。这则消息说，北京政府保证在未来决不在任何时间、任何情况下率先使用核武器，北京政府宣布发展核武器的目的是保护中国人民免受来自美国核战争的危险。仅10月下旬，《纽约时报》刊发的有关中国原子弹爆炸的消息就多达十几条。

美籍华人、耶鲁大学教授赵浩生，在大洋彼岸激情满怀地写道："在海外中国人的眼中，那蘑菇状烟云是怒放的中华民族的精神花朵；那以报纸、广播传出的新闻，是用彩笔写在万里云天上的万金家书。"

时任美国总统约翰逊，居然表现出少见的慌乱。他先是取消了原定的竞选行程，向美国民众发表电视讲话说："美国很强大，中国拥有核武器对美国不会产生影响。"时隔两天，他又告诫有关方面："不应该把这件事等闲视之。"

更具讽刺意味的是，就在中国原子弹爆炸两天前，对中国自行研制原子弹极尽嘲讽之能事的赫鲁晓夫，已经在一场"和平政变"中灰溜溜地下台了。

法新社的评论倒是有些中性："这颗炸弹更多的是一个心理武器，而不是一个军事武器，它将使中国获得一个核国家的形象和在亚洲增加威信。"

对中国虎视眈眈、动辄威吓的美、苏两霸及西方势力，再也不敢无视和轻视中国。

这就是反威慑。

从此，和平安宁的中国大地，孩子们一边跳皮筋，一边快乐地传唱起一首与原子弹爆炸有关的童谣：小皮球,架脚踢(香蕉梨),马兰开花二十一,二八二五六,二八二五七,二八二九三十一……

第六章　没有尾声　他后悔吗

当华美的叶片落尽，生命的脉络才历历可寻。

——20 世纪智利诗人巴勃罗·聂鲁达

1. 当天晚上

原子弹爆炸时，尽管钱三强不在核试验现场，但他的激动、喜悦、自豪之情不亚于爆炸现场的任何一个人。不仅仅因为他曾经是二机部分管原子弹研制的副部长和中科院原子能所所长，更重要的，这可是自己之所以没有留在巴黎，之所以没有前往南京，之所以数年呕心沥血的根本目的呀。

但是，就在爆炸成功当晚，二机部党组作出决定，派钱三强到河南信阳农村参加"四清"运动，时间一年，规定不能用真名。于是，他以母亲的姓改名"徐进"，差点和自己的儿子"思进"重名。改名这一点，类似国民党统治时期的中共地下党员。

于是，许多人疑窦丛生：钱三强是一位年过半百的科学家，又是二机部副部长、中科院原子能所所长，为什么派他去搞"四清"，莫非他犯错误了？

只有二机部高层明白，他的确犯"错误"了。但凭良心说，这些所谓的"错误"，几乎没有一条能摆到桌面上，也没有哪一条能经得住历史的审视，绝大多数是"上纲上线"的结果。既然摆不到桌面上，只能说明一个问题，那就是他得罪人了，而且得罪了不止一个人。那么，究竟是什么原因让他得罪了那么多关键人物，让这些关键人物设法把他踢开，还要让他隐姓埋名，到天高皇帝远的农村去呢？

对此，许多书籍几乎异口同声地认为，钱三强得罪人，主要是因为他那深入骨髓的"书生气"。中科院党组书记张劲夫也承认钱三强有"书生气"，但张劲夫并不认为"书生气"是一种致命缺点，他的原话是："书生气比官僚气要好得多！"[1]

这就怪了，既然张劲夫都不认为"书生气"是大缺点，钱三强为什么还会沦为被打压的对象呢？那么，钱三强被针对只剩下另一种解释，那就是，"问题"不仅仅出在他一个人身上，也不是一种因素导致的，而是有一个日积月累、持续发酵、逐步激化的过程。

我们还是从头梳理吧。

[1] 见张劲夫：《钱三强与中国原子弹》，原载1999年5月6日《科学时报》。

早在 1956 年 11 月三机部组建时，隐患就埋下了。当时，因为三机部负责研制原子弹和氢弹，钱三强作为原子能方面的专门人才，被结合进了部领导班子，担任副部长。按说，他的强项不是管理，而是科研，科研是他的安身立命之本，如果他能像朱光亚、邓稼先、程开甲一样，始终置身科研一线，或许就不会有后来的被针对、打压和批判了。问题在于，人生没有"如果"，人只能被时代推着向前走。

打开三机部领导班子名单就会发现，除了钱三强，其他人都是清一色的革命家，都有着辉煌的革命履历。部长宋任穷是开国上将；第一副部长刘杰在晋察冀边区打过游击，是从三机部的上级领导机关国务院第三办公室调来的；副部长袁成隆属于延安干部，来自中央领导身边；副部长刘伟，是钱三强任建筑技术局副局长时的顶头上司；副部长雷荣天，参加过百团大战。就连部长助理何克希都是少将，另一位部长助理张献金则来自红四方面军。后来的二机部第一副部长刘西尧，在大学读书期间就加入了党组织，拥有少将军衔。

在大家看来，钱三强入党仅有两年，无非是多喝了几年墨水，懂点核物理罢了，最多是一个统战对象，革命者打下的江山，你一个"酸秀才""洋博士"有什么资格下山摘桃子，凭什么一下子被提拔到副部长岗位？客观上说，有这种心理的人不在少数。连对钱三强一直比较欣赏和关照的张劲夫也承认："他是科学家，当了二机部副部长，这样的待遇是不多的。"[1]

那么，问题来了。你钱三强作为一个参加革命资历最浅的副部长，作为一个没经历过血雨腥风的人，按说应该主动与工农干部打成一片，对身边的共事者恭敬有加吧。但钱三强偏偏不懂人情世故，在会上发表意见非常直率，内心有什么就说什么，不赶表面潮流，不给别人留面子，有时连部长都敢拍桌子。这一点，从钱三强的角度，一可以解释为"书生气"，因为他毕竟出发点没有错，目的还是为了核弹研制事业，只是表达方式有问题而已；二可以解释为对管理科学的领悟不同，钱三强理解的"管理"，是"少管多理，更多地按照科学规律办事"。[2]

但站在对方的角度就不一样了。在对方看来，"管理"就是"我来管你"。依照对方的革命经历和思维习惯，你钱三强这样做是看不起工农干部，耍资产阶级老爷威风。再说，你出生在富裕家庭，本身就是资产阶级知识分子嘛。

就这样，他被共事者划入了另类——资产阶级知识分子这一类。

既然是另类，就有人针对你，盯着你，抓你的小辫子，除非你夹起尾巴做人，没有任何把柄让别人抓住。

---

[1] 见张劲夫：《中国科学院与"两弹一星"》，原载罗荣兴主编：《请历史记住他们——中国科学家与"两弹一星"》，暨南大学出版社 1999 年版。

[2] 见钱三强：《掌握科研管理的客观规律 建立中国特色的管理科学》，原载《科研管理》1982 年第 1 期。

说实话，想让钱三强这样一位正直无私的科学家，关闭独立思考的大脑，合上明察秋毫的眼睛，学会人情世故，学会曲意逢迎，学会视而不见，学会急流勇退，是根本不可能的。他曾经郑重地声称："善良、正直、谦逊、实事求是、永远进取与创新、热忱帮助年轻一代、热爱祖国、关心人类的前途等，这些就是一个优秀的科学工作者的基本品质。这也是我从弗莱德里克·约里奥和伊莱娜·居里两位导师那里得到的最重要的基本教益。"[1]

第一个把柄出现在 1957 年。4 月，中共中央在全党开门整风。钱三强正在苏联访问，中国驻苏大使刘晓奉命找到钱三强和钱学森，让他们给党组织提意见。钱学森刚刚回国，两个月前才被任命为国防部五院副院长，对内部情况不了解，也就没有说什么。而钱三强作为一个已经工作 9 年、党龄 3 年的领导干部，抱着对党高度负责的态度，结合法国、苏联的科学管理现状和三机部存在的某些衙门作风，向刘晓谈了心里话。他谈道："法国的科学家，每年有固定的管理经费；研究项目，由科学家征求各方面的意见自己来制定计划，政府在一般情况下不过问，科学院的管理工作由科学家自己来管理和领导。苏联从彼得大帝时期，就吸收法国的经验；在斯大林时期，党组织在科学院也只是做思想工作和后勤工作，一切由科学家自己来管理和领导。"基于此，他负责地提出：

---

[1] 见钱三强：《重原子核三分裂与四分裂的发现》，科学技术文献出版社 1989 年版。

"中国应该吸收法国、苏联这方面的经验，改进体制，充分信任知识分子，让他们有职有权，业务和行政工作可以由科学家来负责，党的工作可以抓思想教育，协助科学家搞好工作。"并且具体建议说："如果体制上不好马上动，可以先选拔几位有才干的科学家进入领导岗位，这会很有力地推动科学事业的发展"。[1]

刘晓走后，钱学森有些不解地问："他们想干什么？"钱三强坦然地回答："礼贤下士。"在钱三强看来，既然党组织坦诚地要求自己发表意见，自己作为一名忠诚的共产党人，当然应该毫无保留地献计献策。

意见反馈到国内，三机部某些领导心里如打翻了醋坛子，五味杂陈。他们尽管也懂得搞科研离不开知识分子，但在内心深处仍坚信知识分子属于资产阶级。因此，钱三强关于增加几位科学家进部领导班子的建议，在他们眼里就变成了外行不能领导内行、取消党的领导的言论。他们之所以没有立刻发难，是因为缺少一个机会。

不到三个月，机会就来了。6月8日，针对整风运动中出现的极少数知识分子趁机鼓吹"大鸣""大放""大民主"的倾向，中共中央发出了《关于组织力量准备反击右派分子进攻的指示》，全国性的反右派斗争拉开大幕，一批民主人士因为在整风运动中"口无遮拦"，被戴上了右派帽子，著名的有章伯钧、罗隆基、费孝通等。紧接着，反右派斗争出现分指标、扩大

[1] 见春江：《钱三强三次受挫》，原载《炎黄春秋》2007年第6期。

化倾向，全国有 55 万名知识分子被划为"右派"，连科学家钱伟长、曾昭抡、雷天觉也未能幸免，原子能所也有 11 人被定为右派分子。有些人私下嘀咕，钱三强同样"口不择言"了，能不被"算老账"吗？

果然，一个人跳了出来，矛头直接对准钱三强。他是物理所主管党务的负责人，三机部一位部长的老部下，同样来自晋察冀边区。他公开质问钱三强：你喜欢被称为"钱公""钱先生"，不是有骄气吗？你说三机部有衙门作风，不是有怨气吗？你不是资产阶级知识分子，又是什么？尽管宋任穷部长当场批评这个人讲话"过火"，但已经无法改变大家对钱三强群起而攻之的局面。

渐渐地，单个行为演化为组织行为。1958 年 2 月，全国开展"双反"运动，要求通过"反保守、反浪费"，彻底反掉"官气、暮气、骄气、娇气"。"双反"口袋一拉开，钱三强就被装了进去。二机部（原三机部）党组连续召开 3 次党内生活会，集中批评钱三强三个方面的错误思想和言论：一是站在科学家一面，不站在党的一面，实质上是站在资产阶级知识分子立场上；二是攻击部主要领导"对科研不重视，用行政方法领导科研工作"，认为党不能领导科学技术；三是指责部里"有衙门作风，办事效率低，派头大"。对于以上指责，钱三强一一进行了反驳，并且用事例做了说明。

3 月，二机部党组又召开了两次生活会，继续批评他的错误和"骄傲自大"情绪。对于所谓的"骄傲自大"，钱三强只能违心地接受。

会后，钱三强表面上依旧有说有笑，兢兢业业地工作，还陪同西哈努克亲王和周总理考察了原子能所，但内心里实在想不通，精神压力大，常常彻夜难眠。一天，他找在原子能所工作的刘允斌说了说话，试图排解一下心中的苦涩与郁闷。后来，二机部党组在9月份的党内生活会上，对钱三强的批评重点，变成了右的思想和对错误"口服心不服"的态度。[1]鉴于钱三强有"错误"，党组认为，他已不适合做原子能所党的一把手。在随后召开的原子能所党员大会上，钱三强被"选"为党委副书记，列党委书记郑林、副书记李毅之后。原子能所领导体制，也变成了党委领导下的所长分工负责制。[2]

须知，钱三强在法国时就参加了地下党活动，后来毅然放弃国外优厚待遇回国效力；回国后，面对国民党的"抢救"又拒绝南去。这样一个人怎么可能"右"？怎么可能反党？但在二机部，他的右派问题还是被提上议事日程。只是因为周恩来、聂荣臻的保护，他才未被戴上右派帽子，侥幸躲过一劫。

第二个把柄，出现在1962年。三年困难时期的严峻事实，使得我党开始深刻反思大跃进、人民公社化和反右派扩大化

[1] 见葛能全：《魂牵心系原子梦：钱三强传》，中国科学技术出版社2013年版。

[2] 见《钱三强重要活动纪事》（1913—1992），原载《钱三强文选》，浙江科学技术出版社1994年版。

上的严重失误。1月，毛泽东在"七千人大会"上做了检讨。在2月的"广州会议"（全国科学技术工作会议）上，周恩来总理宣布"知识分子已经是工人阶级的一部分"；副总理陈毅提出"应该取消资产阶级知识分子的帽子"，并向与会科学家行了脱帽礼；副总理聂荣臻也在会议总结时强调，我国科学界知识分子，是"脑力劳动者"，是"自己人"。三位领导人披肝沥胆的话，让台下几百名在反右扩大化中伤了心的科学家自发鼓起掌来，双手拍红了还停不下来。会议闭幕当晚的招待会上，聂荣臻特意让钱三强作席间发言，讲讲正在研制的原子弹。钱三强信心百倍地告诉大家："在全国大力协同下，我国原子弹的总体设计和研制已经走上轨道。我们一定能够通过努力，在预定时间内把原子弹搞出来！"话音一落，全场响起热烈的掌声。

广州会议结束后，钱三强仍心潮澎湃。回中科院传达会议精神时，他联系实际讲了一段话："聂荣臻元帅说：'他要当科学家的后勤部长。'我们有些支部书记不是这样，他们不积极帮助科学家解决困难，只知道看档案、抓批判、搞运动，实际上是起了阻碍作用。"

此话一出，掀起了轩然大波，并被某些人抓住了辫子。

散会后，原子能所分管党务的副所长直接找到钱三强："你怎么能够这样说话，你叫支部书记们今后还怎样工作？"钱三强经过冷静思考，主动向这个副所长认错："我的讲话，有片面性。"

很快，北京传出消息，周恩来在广州会议上的观点被否定，知识分子仍然被划入资产阶级。于是，政治形势急转直下，周恩来检讨，钱三强当然也要检讨。

钱三强的检讨不仅没有得到宽恕，有些人还给他私下罗列了四大问题：第一，这番话是在公开场合讲的，比他反右派运动中的错误严重得多，是露骨地反对党的领导；第二，他近几年一再从原子能所向二机部系统调人，甚至通过朱光亚向部党组推荐何泽慧兼任九所副所长，想通过妻子控制九所，是明目张胆的"非组织活动"；第三，他在中苏原子反应堆移交典礼上的发言，只提"在党中央的亲切关怀下建成"，这是认为"党不能领导科学技术"；第四，他有不寻常的海外关系，不利于核武器保密工作。基于以上四点，钱三强已不适合留在二机部领导岗位上。1962 年，一份署名二机部党组的书面报告呈送上级机关，报告内容是：建议将钱三强调离二机部。

在打报告的二机部领导看来，第一颗原子弹的理论方案已经完成，铀的同位素分离工作已接近成功，原子弹爆轰试验也取得了阶段性成果，在两年内成功研制并爆炸第一颗原子弹已经没有大的障碍，此时将钱三强调离二机部，已经不会对原子弹爆炸产生决定性影响了。

事情闹到这一步，周恩来总理很是惊讶，专门派人到二机部了解情况。二机部副部长、党组副书记刘伟说："调走三强同志这个报告是谁搞的？我为什么不知道？这种行动符合党的原则吗？对一位对党忠诚的同志，能够这样随便怀疑吗？"

情况明了之后，周恩来委派聂荣臻到二机部传达他的意见。到了二机部，连毛泽东口中的"厚道人"聂荣臻都无法淡定了，他痛心疾首地对二机部一班人说，你们连钱三强都不相信，还能相信谁？！

随后，周恩来批评了二机部有关领导，当然也批评了钱三强对党的领导不够尊重的言行，调出钱三强的计划就此搁置。这也意味着，钱三强再次躲过一劫。

后来谈到这段经历，钱三强对周恩来、聂荣臻十分感激。周恩来在知识分子问题上受到批评后，仍然坚持保护钱三强，是十分难得的，是了不起的。

俗话说，县官不如现管。给一个人"穿小鞋""使绊子""挖陷阱"，对于有些经历过血与火的洗礼，长期战斗在敌人"心脏"里，有着丰富斗争经验的人来说，本就不是什么难事。国务院不同意把人调走，不意味着我二机部不能采取内部措施。于是，二机部党组调整了部领导工作分工，钱三强不再分管与原子弹研制直接相关的九所。就这样，从1962年起，钱三强被人为排除在原子弹研制的领导和组织工作之外，某些人将钱三强调离二机部的目的，以另一种形式实现了。

第三个把柄，出现在1963年。3月11日，二机部党组召开会议，讨论两年规划。作为党组成员，钱三强对某些人盲目搞高指标，提出了中肯的意见，他谈道："对有些事情的所以然，总之是估计得容易了些，现在证明，我们的计划没有一件是提前了的。要检查主观主义不是没有的。快一点并不错，但欲速则不达，高指标过头了压不出东西，事物会走向它的反面。"[1]

他说的全是实话，也富有哲理。但当大家一窝蜂向前冲的时候，脚踏实地的人总会显得愚痴。班子会俯首，上级会沉默，舆论会转向，携手同行者会悄悄散去，露出那个孤零零的、不肯盲从的人。

结果，他再一次捅了"马蜂窝"，在会上受到批判和非难，还被人借题发挥，戴上了"缺少工农感情"的罪名。既然有了新罪名，就要适当付出代价吧。

原子弹爆炸那天，正是钱三强的 51 岁生日，被外国誉为"中国原子弹之父"的他，却被别有深意地冷落在一边，不但没有出现在爆炸试验现场，还在那天上午接到通知，要他今天好好听广播，下午五点到七点开会，对他提意见。

10 月 16 日晚，那将是一个举国欢庆的不眠之夜，妻子还等着他回家吃一碗长寿面。但二机部的一个会议室里却火药味十足，钱三强正垂着头，接受大家一波又一波"严肃而诚恳"的批评。批评结束后，二机部党委（10 月 4 日由党组改为党委）负责人宣布，派钱三强同志到河南农村参加"四清"运动，去"接地线"。这个领导解释说："接了地线，同群众有了感情，

---

[1] 见《钱三强重要活动纪事》（1913—1992），原载《钱三强文选》，浙江科学技术出版社 1994 年版。

对阶级对党就有了感情。"[1]

在这位负责人看来，这样做完全是为了教育他、帮助他、挽救他，是为他好，替他着想。

原子弹爆炸三天之后，也就是 10 月 19 日，钱三强登上了前往河南信阳的列车。他登上列车时，留给人们的是一个苍凉的背影。

而他身后的北京，正在开庆祝会，二机部班子成员都参加了，还照了相，唯独没有钱三强这位副部长、原子能事业的奠基人。[2]

2. "接地线"

就在部长们正热烈庆祝原子弹爆炸，专家们正为氢弹研制大展才华的时候，钱三强已经来到河南信阳一个偏僻的农村，用他那颗攻克核裂变和储存核数据的超强大脑，计算生产小队干部多吃多占的简单数字。

下乡，如同让鱼儿离开水，鸟儿离开林，对于任何一个视科学如生命的科学家来说，都是一次被变相冷落进而被边

---

[1] 见二机部党组会议"记录摘抄"，摘抄件存《钱三强年表资料卷》。

[2] 见春江：《钱三强三次受挫》，原载《炎黄春秋》2007 年第 6 期。

缘化的重大变动，钱三强不会没有想法，但他决定坦然应对。在这一点上，他颇有些海明威的小说《老人与海》中那位老渔夫的风范："一个人可以被毁灭，但不能被打败。"

在"四清"运动中，他是一名普通工作队员，生活在素昧平生的农民中间，与农民同吃、同住、同劳动。他的体会是，"三同"也没有那么可怕，那么困难，只要有决心，有毅力，咬咬牙就过去了，时间长了就习惯了。农民兄弟说得好，人嘛，只有享不了的福，没有受不了的罪。

在河南乡下，他结交了许多勤劳、朴实的农民朋友。正式场合，大家喊他"老徐同志"；私下里，小伙子们则亲切地称他"老徐头儿"。

他出生在城市，没干过庄稼活，但也不甘心做旁观者。他常常帮助"五保户"挑水、扫院子。刚开始挑水，他未掌握诀窍，每挪一步，水桶里的水就溅出许多，连自己的鞋袜都打湿了。老乡们教他合着节拍走步，水就不再溅出来了。

当时，村里天天晚上开会搞"四清"教育。老乡们劳累了一天，困得实在撑不住，就一杆接着一杆地抽烟，搞得满屋子乌烟瘴气。从不吸烟的钱三强，哪里遇到过这种情况，结果被呛得眼泪直流。但被呛的次数多了，有了耐受性，身体反应就不那么强烈了。

慢慢地，他开始以一个科学家的眼光来观察农村，居然从农村约定俗成的做法中，从农民司空见惯的习俗中，发现了一些闪光点，得到了不少启示。回到原子能所，就立即联系实际发表感想。

譬如，他对农村开会计工分很感兴趣，认为这是调动积极性的好方法。他说："因为开会有工分，不仅男社员积极来开会，就连妇女也带着孩子和针线活来开会了。"结果，他被批为"鼓励物质刺激"。

譬如，他看到两个邻家小孩打架，打得不可开交，其中一家的老人出来，一句话没说，把自家孩子拉走，矛盾就化解了。他认为这是朴素的辩证法，告诫所里的同志们要学会这样处理问题，不要凡事都要争个过来过去，并不是每件事都非黑即白。结果，他又被批成"搞中庸之道"。

实践证明，他"接地线"了，但不被认可。

1965年底，他搞完"四清"回到北京，"两弹"已经没有他什么事了，原子能所也实行党委负责制了。于是，他在过年时，找到中科院院长郭沫若和副院长李四光，要求离开二机部回中科院工作。郭沫若倒是同意了，但高层领导不同意，只是同意他分出一部分时间参加中科院党组的工作。1965年7月，中科院党组改党委，钱三强被任命为党委委员。

随后，中科院党委书记张劲夫交给他一个任务，让他根据毛泽东关于物质无限可分的哲学思想，组织理论工作者进行基本粒子结构问题研究。他组织各方人员30多人，经过几个月钻研，提出了强子的结构模型，被他命名为"层子模型"，并在1966年北京暑期（国际）物理讨论会上推出，引起了与会各国理论物理学家的重视。

但此时，已经有一个更大的劫难在前方等着他。

山雨欲来风满楼。

3. 落难的日子

不能直视的，除了太阳，恐怕就是人心了。如果说此前二机部对钱三强的批评、教育、处置，还只是框定在部领导班子范围内的话，那么"文化大革命"开始以后，有些人居然萌生了发动群众把钱三强批倒、批臭、踏上一只脚、让他永世不得翻身的想法。

随之来临的"无产阶级文化大革命"，堪称一场空前的政治和文化浩劫。钱三强的"难"似乎与众不同，因为他不是被造反派"揪"出来的，而是被本单位党组织"抛"出来的。

按照二机部党组的决定，原子能所于1966年5月11日成立了"文化大革命"领导小组，研究所党委委员全部位列其中，唯独党委副书记、所长钱三强被排除在外。6月17日，研究所"文革"领导小组召开大会，领导小组组长作了题为《横扫一切牛鬼蛇神》的动员报告，要求彻底揭露"资产阶级学术权威"，夺取党和人民在文化领域的领导权。组长所说的"资产阶级学术权威"，大家都清楚指向是谁。

　　原子能所二道门外，矗立着整面贴大字报的木板墙，这是历次政治运动的一个窗口，被所内职工称为"信号台"。1966 年 6 月下旬的一个清晨，职工上班时看到，木板墙上贴满了大字报，内容全是"揪出二机部最大的资产阶级反动学术权威""打倒钱三强"。随后就是铺天盖地的针对钱三强的大字报，数量达到数千张。这些大字报历数并控诉了钱三强"个人奋斗""十年成名""只专不红"等"反动腐朽"的资产阶级思想和资产阶级知识分子成长道路，还给这条道路冠名"钱三强道路"。他的"红专矢量论"，也被视为"以专代红"，鼓吹"白专道路"，成了一株"肆意放毒"的"大毒草"。

　　面对这些"上纲上线"的恶意攻击，钱三强搜肠刮肚也难以理解。尤其令他伤心的是，居然有一张大字报说他组织黄祖洽、于敏、何祚庥等人对氢弹进行预研究，是"背着四室党支部、所党委、保卫部、计划处，由钱三强主管、独断专行的反党阴谋"。最可气的是，这张大字报不仅贴在所里，还刊登在大字报选编上，而依旧坐在高位上的知情者，居然没有一个人出来解释，以后也没有。

　　真相很快大白，原来几天来贴出的数千张大字报，是二机部某领导和原子能所党委负责人亲自出马动员出来的。二机部某领导甚至亲自写"大字报"贴到九所，说钱三强妄图把持核武器研制的领导权，有个人野心。

　　时过境迁，彭桓武接受记者采访时，聊到了这段经历："一天，二机部某领导点名要彭桓武写大批判稿，批判对象是钱三强。彭桓武不写，便在批判会上被叫到这位领导面前。这位领导说：'大家都在批钱三强，你是钱三强的朋友，对他更了解，更应该带头，你为什么不批？'彭桓武说：'钱三强是党员，对我的生活关心，对我的工作帮助很大，我找不出他有什么毛病。''别人怎么批你也怎么批，这总该行了吧？'彭桓武说：'我不会写。'有人质问彭桓武：'支持革命的夺权运动的大字报总会写吧？'彭桓武说：'我不会写。'那些人不信：'堂堂一个大物理学家，难道连篇文章也不会写吗？'彭桓武说：'不错，搞物理，我能行，离开物理就无理了。你们如果不信，就去我家调查。在家里我听夫人的，去公园我听孩子的，到单位我听大家的。'"[1]

副所长何泽慧（1964年被任命为原子能所副所长）也受到牵连，被勒令停止科研工作。

其间，钱三强唯一的安慰，是1966年12月28日，中国氢弹原理试验成功，尽管他正处于被半隔离批斗中，周恩来总理还是提名他和二机部几名负责人，一起到中南海西花厅庆功。对于钱三强来说，这次庆功宴，堪比"铁树开花"。

可每一次铁树开花之后，是更为漫长的等待。

说话间，更大的劫难降临了。

---

[1] 见王霞：《邓稼先》，原载宋健主编：《"两弹一星"元勋传》，清华大学出版社2001年版。

4. 关进"牛棚"

到了"文革"时期，抄家这一恐怖措施居然被造反派滥用，根本不需要经过政法机关，也不需要什么审判程序。那时，官员、专家和教授被抄家并不稀奇。可稀奇的是，到钱三强家登门抄家的，并非"红卫兵"，而是"研究所文革小组"的人。1966 年 8 月的一天，何泽慧不在家，研究所的人就上门了。他们把钱三强和孩子、保姆关在厨房里，然后翻箱倒柜"抄"走了一大旅行袋东西，其中有他几十年的日记、笔记、照片、资料，其珍贵程度甚至超过所有家产。57 年过去了，这些珍贵资料至今仍旧没有归还。钱三强夫妇生前多次交涉，希望能够物归原主。钱三强的子女现仍在并将继续努力，期盼着最终实现父母的遗愿，让父母在九泉之下得以安息。

这些资料，钱三强自认为珍贵，"文革小组"和后来的军管会也如获至宝，并从中"扒"了不少黑料：钱三强日记中有一个关于香港的神秘地址，他是否与敌特有关系，应予调查；钱三强托约里奥－居里夫妇购买核实验仪器，他去苏联访问时到苏联科学家库尔恰托夫家里做客，都有"里通外国"的嫌疑。就连 1944 年苏联驻法使馆通过中共旅法支部找到钱三强，想弄到链式反应资料，被钱三强拒绝这件陈年旧事，也被重新抖搂出来，成了别有用心的人打倒他的绝佳材料。

从此，他在原子能所里被挂上了"反动学术权威"的黑牌子，随时被押上台去接受批斗。

1967年，他被二机部关进"牛棚"隔离审查，失去了人身自由。

钱三强被非法隔离审查后，既不能回家，也不能回办公室，从此离开了领导岗位和研究岗位，当然被彻底排除在中国第一颗氢弹研制工作之外。

他被关进"牛棚"不久，也就是1967年6月17日，广播里传来一个爆炸性的消息：中国第一颗氢弹空爆试验成功了！

5. 氢弹与他无关吗？

对于第一颗氢弹空爆成功，钱三强也只能在广播里听听，在心里高兴一下而已，因为他此时正在接受审查，已被认定为必须远离国防机密的人。

中国氢弹空爆成功，远大于中国原子弹爆炸对国际社会的冲击，因为中国从原子弹到氢弹只用了两年零八个月，而美国用了七年零三个月，英国用了五年零两个月，苏联也用了整整四年，尤其是法国，第一颗原子弹比中国早了四年零八个月，可它的氢弹直到此时仍未出世。

中国如此神速地爆炸氢弹，对于西方来说似乎是一个不解之谜。就连中国人自己，很长一段时间也不得其解。于是，人们只能感喟、唏嘘与猜测。

英国《每日简报》6月19日发表评论："在朗读毛主席语录和用糨糊抹英国外交官员以及互相戴纸帽子的当儿，中国人却有时间在核弹事业中从原子弹发展到氢弹，其速度比任何其他初搞核弹的国家都快。"

英国《星期日泰晤士报》则说："中国在通向完全核地位的道路上前进的速度，又一次使西方专家们大为惊诧。这次爆炸肯定地使毛主席走在法国前头了，尽管法国戴高乐总统热心，却预计要到70年代初期才能试验其第一颗氢弹。"

巴黎也传出消息，说法国总统戴高乐为氢弹落在了中国后面，对原子能总署大发雷霆。

更加意味深长的是，中国氢弹空爆成功第二天，法新社科学编辑赛尔日·贝尔发表文章说："人们认为钱三强是中国的核弹之父。"

在一些人看来，这是法国人的臆测。钱三强明明早已离开核弹研发岗位，氢弹空爆成功时正在接受隔离审查，怎么可能与第一颗氢弹有关系呢？

其实，这是只知其一，不知其二；只知其表，不知其里。

大家都记得，毛泽东早在1958年就提出，搞一点原子弹、氢弹，我看十年工夫完全可能。对于毛泽东这段既含有预言性质又带有任务性质的话，压力最大的当属二机部部长刘杰和分管副部长钱三强。

　　要知道，美国、苏联、英国在原子弹试验后，都相继研制了氢弹。那么，原子弹的威慑力已经很大了，为什么还要锲而不舍地研发氢弹呢？原子弹的英文名称是 Atom Bomb，氢弹为 Hydrogen Bomb，中子弹为 Neutron Bomb，三者统称核弹 Nuclear Bomb，其中氢弹的威力最大，是依靠核聚变（而不是核裂变）反应，可在瞬间释放巨大能量，因此又被称为聚变弹或热核弹。那么，氢弹的威力究竟有多大呢？当年美国向日本广岛投下的原子弹"小男孩"，爆炸当量约 1.5 万吨。而 1952 年世界第一颗氢弹——美国的"麦克"，爆炸的 TNT 当量达到 1000 万吨，是广岛原子弹威力的 600 多倍。全球设计制造过的威力最大的核武器，是苏联制造的"沙皇"氢弹，设计爆炸 TNT 当量为 1.7 亿吨，被称为"核弹之王"。当年苏联总共生产了两枚这种当量级别的氢弹，其中一枚在 1961 年试爆，因为担心爆炸威力太过恐怖，导致不可控的结果，所以将爆炸的 TNT 当量减少到 5700 万吨。即便如此，其爆炸威力也是广岛原子弹的 3800 倍，它在北极圈上空产生的蘑菇云，比 7 个珠穆朗玛峰加在一起还高。另一枚则从来不曾引爆过，一直保存在博物馆里。了解氢弹的威力后，人们自然就能明白，为何中国科学家在成功研制原子弹之后，还要抓紧时间继续进一步打破核垄断，研制出氢弹。

　　直到档案解密之后人们才恍然大悟，中国之所以创造出氢弹爆炸速度的奇迹，是因为早在原子弹爆炸之前，理论物理学家就提前开始氢弹理论研究了。这一点，正是钱三强在背后下的一招"妙棋"。

1960年，刘杰和钱三强交谈时，问氢弹怎么搞，谁来搞？钱三强很高兴刘杰有这一想法，便简要介绍了氢弹的基本特点：氢弹要以原子弹作引爆器，这就是为什么有人将原子弹比喻成氢弹的一根雷管的原因。但它与原子弹原理不同，与轻核聚变反应有关的理论问题，需要有人先作探索，宜早不宜迟。接着，两人商定，鉴于九所忙于原子弹攻关，就由原子能所在氢弹理论研究方面先行一步，这项工作由钱三强具体负责，不必征求其他人的意见。

于是，钱三强秘密开始了"乙项任务"。

值得提出的是，三强同志在科研上一开始就非常重视理论研究的作用，在他的影响下，每一新开的学科总是把成立理论组放在第一位。

1960年12月的一个清晨，原子能所，36岁的黄祖洽被叫到钱三强的办公室。

此人从清华硕士毕业后进入近代物理所，一直从事原子反应堆理论研究，与导师彭桓武一起为国家培养了第一代原子反应堆理论研究队伍，有人把这支队伍称为"黄祖洽兵团"。钱三强率"热工实习团"赴苏联学习时，黄祖洽被分在反应堆组。当时，他发现了一个问题：按照苏联专家的设计方案，原子反应堆需要63根铀棒才能达到临界大小，而经他计算只需要 56 根。更大的问题是，原子反应堆如果超临界，将会引发事故。经过反复测算，最后苏联专家无奈地表示："可能你是对的。"1958 年实际建原子反应堆时，只用了 56 根铀棒。临界启动实验结果也证明，黄祖洽是正确的。此时，他是原子能所四室的一个组长，具有很大的潜质。

钱三强对黄祖洽说："小黄，部党组决定，为了早日突破氢弹技术，我们要组织一个轻核理论组，先行一步，开展氢弹预研究。这项工作准备由你负责，可以吗？"

黄祖洽回答："没有问题！"

钱三强叮嘱说："你原来那个组叫 47 组，这个轻核理论组就叫 470 组吧，一定要注意保密。"

随后，原子能所四室成立了一个"轻核反应装置理论探索组"，简称"轻核理论组"，由黄祖洽任组长。当时，何祚麻从杜布纳联合核子研究所回国，也调入轻核理论组成为骨干成员。

数月之后，钱三强又在原子能所二室和七室抽出一批人员，组建了轻核反应实验组，由从杜布纳联合核子研究所归来的丁大钊任组长。

按照钱三强的设想，另一块"好钢"也该用在刀刃上，他就是于敏。单论于敏的能力，在原子能所可以说无人质疑，他是一位优秀的理论物理工作者，有非凡的物理的理解力和领悟力，又有极强的数学上的"硬分析"的能力，还有极其娴熟的计算能力，特别是他在原子核理论方面的卓越成就，连外国学者都惊叹不已。正因为如此，他才沦为历次政治运动针对的目标，被指责为"知识私有""梦想一举成名""走粉红色道路"，多次受到公开批判，并得了个"老运动员"的外号。在"以阶级斗争为纲"的大背景下，起用这个人是需要承担政治责任的。

即便如此，钱三强依旧冒着政治风险，拍板决定起用这个 35 岁的年轻人。1961 年 1 月 12 日，一个大雪纷飞的日子，于敏被约到钱三强办公室，钱三强开门见山地说，所里决定让你加入轻核理论组，担任副组长，从事氢弹理论研究，希望你放下思想包袱，把这副担子挑起来。

听到这里，于敏脑袋有些发蒙。一方面，氢弹研制是国家绝密级工程，钱三强让他这个"老运动员"参加如此重要的工作，他很受感动；另一方面，他已在原子核理论领域辛勤耕耘了 10 年，此时转行几近于前功尽弃，所以他又有些不舍。但在国家需要面前，个人的一切微不足道。于是，他向钱三强表示："这不太符合我的兴趣，但爱国主义压过兴趣。国家需要我，我一定全力以赴。"

就这样，于敏被调入轻核理论组，开始了长达 28 年隐姓埋名的生涯。到了晚年，他仍记得钱三强那天的谈话，他联系自己的人生经历感慨地说："人生有困苦的时候，也有愉快的时候。这是我感到比较愉快的阶段之一。钱三强先生这次谈话，改变了我一生的方向，五十多年了，我一直沿着这条道路前进。"[1]

其间，钱三强又委派黄祖洽兼任九所理论部的部分工作，他于是只能在两个单位之间来回奔波，但是只被允许把原子能所的工作和进展带到九所，而不能走相反的方向，因此得了个"半导体"的外号。

在钱三强直接指挥下，黄祖洽、于敏率领40多名科研人员，在4年左右时间里，完成了69篇研究成果报告，基本掌握了氢弹的各种物理过程、作用原理和可行性结构。

在国外做了6年、回国后仍没有间断地做了16年核物理研究的何泽慧，尽管被人为地排除在核武器研究的第一线，但也为氢弹研制作出了不可磨灭的贡献。彭桓武在晚年接受央视采访时说："搞氢弹的时候，邓稼先看见一个资料，这个资料里有一个数据，如果这个数据是他看到的那么大的话，那么氢弹就应该走另外一条路。对于这个数据，我们觉得不大可靠，就让401所（原子能所坨里实验基地）重做这个实验，重测这个数据，看是不是真的。平常的物理实验，做一个就要两三年，而我们搞氢弹剩下的时间也只有一两年，所以这个实验要求几个月做出来。何先生（指何泽慧）单独组织一批人，专门做这个实验，不分白天黑夜地工作。几个月做出来了，果然发现原来的数据不对，核武器研究就没有走弯路，

---

[1] 见李蔡雄：《于敏回忆钱三强口述实录》，原载《原子科学城》2013年第3期。

没有走到错误的方向，这是很重要的一件事情。"[1]

如何才能尽快研制出氢弹，领导层提出要抓"龙头三次方"，即搞核武器的龙头在二机部，二机部的龙头又在九所，九所的龙头又在理论部。把"理论"作为"龙头"，正是钱三强一贯坚持的理念。"三强同志在科研上一开始就非常重视理论研究的作用，在他的影响下，每一新开的学科总是把成立理论组放在第一位。"[2]

于是，1964年11月30日，原子能所31人的氢弹研究团队，奉命整体合并到九所理论部。

当时氢弹研制的目标是，突破并掌握重量轻、威力大的热核武器的基本原理，首先争取完成弹重1吨左右、威力100万吨TNT当量的热核弹头的理论设计，这一目标被简称为"1100"。

在九所分管所长彭桓武主持下，周光召、黄祖洽、于敏三位理论部副主任各自率领一路人马，从不同方向对氢弹原理发起攻关，相当于"分而治之"。

周光召带领一个攻关小组，对氢弹结构和爆炸原理进行了深入探讨，突破了核武器结构球型的限制，提出了氢弹构型非球型的猜测，但尚需验证。

---

[1] 据2006年4月12日央视《大家》栏目：《追忆似水年华——物理学家何泽慧》。

[2] 见黄齐陶、钱皋韵：《悼念钱三强同志——中国原子能科学事业的创始人》，原载1992年7月15日《中国核工业报》。

黄祖洽攻关小组，则负责从加强型原子弹方向入手，实际上是把原来的原子弹做成特大的。彭桓武对这个方向比较有把握，但探索的结果是，这条途径与"1100"的目标相差甚远。

那么，于敏攻关小组进展如何呢？1966年9月，他带领一支50多人的攻关小组，来到上海华东计算所，利用刚刚研制成功的每秒运算5万次的J501计算机进行设计，只用100天就突破了氢弹原理，找到了热核材料自持燃烧的关键，拿出了从原理到材料、构型基本完整的氢弹理论方案。[1]

实现突破之后，于敏给理论部主任邓稼先打了一个著名的"隐语"电话。

于说："我们几个人去打了一次猎，打上了一只松鼠。（发现有效氢弹构型）"

邓问："你们美美地吃上了一顿野味？（你确定？）"

于答："不，现在还不能把它煮熟，要留作标本，我们有新奇的发现。（基本确定，但要进一步研究。）"

邓说："好，我立即赶到你那里去。"

第二天，邓稼先匆匆飞到上海，一下飞机便直奔机房，兴奋得像个大孩子。

按照"于敏构型"研制的氢弹，体积小，重量轻，聚变高，已经接近甚至完成了小型化应用，更适合实战。就连美国军界都说，这家伙可抵十个集团军。

---

[1] 见萨本豪、刘宪辉：《卓越的科技组织领导人——记钱三强先生组织领导我国氢弹理论预研两三事》，原载《物理》杂志2013年第12期。

对于这次理论队伍的合并，黄祖洽说："合并后，大家协作，发挥各自的长处，在原有对原子弹研制和氢弹预研认识的基础上，共同探索实现氢弹的具体途径。果然只经过一次含有热核材料的加强型弹核爆的试验，便在 1967 年，即原子弹爆炸后仅仅两年零八个月，成功地爆炸了中国第一颗氢弹，创造了世界上从原子弹试验成功到氢弹试验成功最快的纪录。"[1]

对于中国氢弹能够走在法国前头，钱三强在 1980 年进行了精辟分析："我们为什么在原子弹爆炸以后仅仅两年零八个月时间，就爆炸了氢弹，而法国却要经过六年多时间？在这个问题上，除了我们在原料问题及早准备以外，就是因为在专业设计机构抓原子弹设计的同时，在二机部党组委托下，原子能研究所有一部分理论骨干集中精力摸索氢弹原理，等到原子弹爆炸了以后，这两支队伍一会师，就比法国快得多地把氢弹关突破了。"[2]1981 年，他又从研究策略上做了进一步分析："拿建国后 50 年代开始的原子能事业来说，搞理论物理研究的大约只占小于 5%，搞应用研究和实验研究的，则约占 90% 以上。可就是因为总是保留了这个小于 5% 的基础理论研究队伍，并且不间断地工作和补充，所以我们在第一颗原子弹爆炸成功之后，就能迅速地进入氢弹研制，并很快地

---

[1]　见黄祖洽：《自述》，原载中科院学部联合办公室编：《中国科学院院士自述》，上海教育出版社 1996 年版。

[2]　见钱三强：《温故而知新——1980 年 2 月 28 日在第一次核学会大会闭幕式上的讲话》，原载《中国核学会第一次全国代表大会主要文件汇编》。

获得了成功。我们之所以比法国快，也许就是我们在科学策略的运筹方面比人家看得远一点。"[1]

而对于钱三强在氢弹研制中发挥的作用，张劲夫说得更直接："原子弹爆炸以后还要搞氢弹，而中国从原子弹到氢弹只有两年零八个月。这个科研理论方案和课题是三强很早就提出来的。有人总认为三强自己没参加具体的研究工作，我则认为如果没有他做学术组织工作，如果不是他十分内行地及早提出这些方案和课题，你怎么赶上和超过别人。"[2]

显而易见，在加快氢弹研制进程上，钱三强又一次做了他应该做的事，做了他习惯做的事，也是只有他能够做的事。

一切都摆在那儿，钱三强无需多言，也不想废话。他当时能做的，只有老老实实地写交代材料，接受一轮又一轮的批判。

1968 年 12 月到 1969 年 1 月，儿女们都离开了家，走了"上山下乡"的道路，其中上高二的大女儿钱祖玄和上高一的二女儿钱民协去了陕北，上初二的儿子钱思进则单独去了晋南农村插队。

1969 年 9 月，钱三强被解除隔离审查，在二机部印刷厂监督劳动。

---

[1]　见钱三强：《谈谈科学学和科研管理》(1981 年 10 月 11 日)，原载《自然辩证法通讯》1982 年第 1 期。

[2]　见张劲夫：《中国科学院与"两弹一星"》，原载 1999 年 5 月 6 日《科学时报》。

10 月底，他接到二机部通知，要求他在三天之内，离开北京去陕西合阳县"五七干校"，一边接受劳动锻炼，一边继续接受审查。

6. 五七干校

走之前，他壮着胆子，提了一个小小的要求，希望能让妻子何泽慧和自己一起到陕西合阳劳动，也好互相有个照应。按说，这个要求并不过分，但未获批准。

到达五七干校的第二天——11 月 1 日，他就给妻子写了一封信，让妻子放心。信中说："这里条件比想象的好，有水，有开水，有厕房。房子不错（平房），一屋可以摆六个床，我们屋里连我住了五个人，比我们'四清'时条件好不少，更有集体生活的气氛。今早开始参加劳动，我属于一班，分配的任务是运马粪积肥，一共运了四趟，这一切都没有什么困难。"

11 月 10 日，他给妻子发出第二封信："我到这里正好十天。这里十天一休息，今天是第一个休息日。我们的生活是非常规律的，早六时半起身，上早操有跑步，7—8 时天天读，8—8 时半早饭（玉米粥，馒头加咸菜），8 时半—2 时半劳动（中间休息一刻钟），中饭（馒头加白薯，菜，经常是萝卜，有时有点土豆、白菜，四分之一时间有些肉片），下午 2—6 时劳动（中间休息一刻钟），6 时半吃晚饭（馒头，玉米粥或面片汤加菜，类似午饭，但量少些），9 点睡觉。每月粮食定量是 36 斤，我大概吃 30 斤就够了。劳动我参加积肥、打铁、收萝卜、挖地窖。我是在一连一排一班，这班是农活班，也做些木、铁工。体力劳动开始有些吃力，十天下来也慢慢习惯了，我想坚持下去是完全可以的。"[1]

他走后一个月，何泽慧才被批准由原定去湖北干校改派去合阳干校，于 12 月 1 日抵达。"初时，钱、何分别住集体宿舍，吃饭时才能见一面。半个月后，被通知二人住进一间刚盖好，墙和地都潮湿的平房，得以生活团聚。"[2]

在望不到尽头的岁月里，钱三强每天天不亮就起床出操跑步和行军拉练，白天和年轻人一起参加繁重的农业劳动，晚上有时还要写检查材料。他对无端强加在自己身上的许多事情想不通，强压着心头的苦闷，加上过度的劳累，患了冠心病。即便在此情况下，他仍坚持做人做事的准则。一次，他赶着牛在打麦场上碾麦子，突然发现牛翘起尾巴要大便，临时找不到接粪的工具，急忙之中便用双手接住臭烘烘的牛粪，然后捧到打麦场外。事后有人问他有什么光辉的一闪念，他说："什么也没想，只是觉得我负责碾麦子，就不应该让麦

---

[1] 见《钱三强致何泽慧的信》（1969 年 11 月 10 日）。

[2] 见葛能全编：《钱三强年谱长编》，科学出版社 2013 年版。

子弄脏或浪费掉。"[1]

何泽慧身体不好，被安排去敲钟。她敲钟时，如同做实验一般精细，总是一边看着手表，一边听着收音机里电台的报时声，毫厘不差地敲响大钟。久而久之，全干校的人都能从钟声响起的那一下，辨别出钟是不是何泽慧敲的。

二人在外，最放不下的是子女。1970 年元旦已过，距离春节不到一个月了，在农村插队的三个儿女都已赶回北京过年，但老两口却回不了京。于是，何泽慧给子女们写了一封信："孩子们：弟弟 1 月 3 日信收到了。爸爸今天去'拉练'了，早上七点半出发，去背面的山顶，下午五点半回来，他们还要演出，爸爸学会了打快板，今天去和老乡们联欢，宣传毛泽东思想。跳舞、唱歌、打快板，恢复了 30 年前的青春，心情很舒畅。我没有去，在家摘棉桃。爸爸请假的问题，看来希望不大，干校负责人孙涛还没有回来，即使过几天回来了，我看可能性也不大。弟弟来信说得对，'抓不完，不好回来'，所以你们三个就自己热闹热闹吧。祝你们好。妈妈 1970 年 1 月 9 日"[2]

写信时，她一定流着泪。

苍天打了一个盹，一晃就是两年。直到 1971 年 7 月，钱

---

[1] 见钱思进：《忆念亲爱的父亲钱三强》，原载 1993 年 1 月 25 日《中国科学报》（海外专刊）。

[2] 见《何泽慧致三个子女》，收入葛能全、陈丹编注：《钱三强往来书信集注》，世界图书出版社 2023 年版。

三强才被恢复党的组织生活。此时，夫妻二人已在干校生活劳动了近两年，对人生和社会也彻底看开了。这一点，给正在山西绛县农村插队的儿子的一封信中，体现得很到位。信中写道："思进：很高兴接到你的 9 月 27 日信，知道你与队长的关系有了初步的改善，这是好事。你说'干起活来，也就不想那么多了'这句话倒是对的。今夏你说过要干活就干好这都是对的，希望你终身守着这条准则。我们这一生也无其他长处，也只有'做什么，就好好地去做'一条。虽然做错了不少的事，但总的来说'干啥，爱啥''要干就干好'，还是干好工作的重要原则。希望你好好汲取这方面的经验教训。祝你进步，并心情开朗。爸、妈，10 月 3 日夜"[1]

吹尽狂沙始到金。尽管这些都是大实话，但句句皆是深切的人生感悟和至理箴言。

7. 甘当背景墙

1972 年夏，钱三强终于再次回到北京。直接原因，是他

[1]　见《钱三强、何泽慧致儿子的信》（1971 年 10 月 3 日），收入葛能全、陈丹编注：《钱三强往来书信集注》，世界图书出版社 2023 年版。

夏天在医院做了一个手术，并诊断出冠状动脉硬化和高血压，需要回京治病；深层原因，则是林彪折戟沉沙导致"文革"进入了一段低谷。

钱三强在五七干校形成了一个习惯，就是凭着阅读"两报一刊"[1]观察政治风向。他发现，1972年似乎是一个外交年，先是美国总统尼克松访华，然后有19个国家与中国建立外交关系，毛泽东、周恩来频频出镜。尤其是4月24日的《人民日报》社论让他喜出望外。这则题为《惩前毖后、治病救人》的社论说，对一切犯错误的同志，都要坚持团结—批评—团结的正确方针。要搞五湖四海，不搞山头主义、宗派主义。要在毛主席革命路线指引下，团结一切可以团结的人，包括犯了错误并且认真改正错误的人。

正是在这一背景下，回到北京的钱三强穿上了毛料中山装。

他第一次出面接待外宾，是1973年春。据说，是前来访问的丹麦物理学家奥格·玻尔提出想见钱三强，因为他们在一次国际学术会上见过面。为此，周恩来总理、李先念副总理亲自批准他出面参与接待，并根据接待工作需要让他用了曾经的头衔——中科院副秘书长、原子能所所长，但事先告知他只是虚名不履行实职。

第二次出面，是1973年夏。美国科学家代表团到访，钱三强陪同周恩来、郭沫若会见了外宾，这是他时隔6年再一次见到敬爱的周总理。周总理一见面，就关心他的病情，让

---

[1]　指《人民日报》《红旗》杂志和《解放军报》。

他很感动。

当年 10 月 10 日，他又出面接待了美籍华人物理学家袁家骝、吴健雄夫妇，并陪同对方参观了他挂名的原子能所[1]。

5 天后，他又陪同周恩来、郭沫若会见并宴请袁家骝、吴健雄夫妇，出面作陪的还有吴有训、周培源、钱学森、张文裕、赵忠尧、王承书等科学家，会见持续了 6 小时，周总理还特意安排将参加会见人员名单全部见报。

类似的会见还有很多，钱三强全是以虚名出面。他每一次出面，都身穿中山装，身板笔直，满面春风。尽管脸上多了皱纹，鬓角生了白发，但他带给宾朋的，是一个久经历练的长者的谦和，一个资深科学家的自信。他像冬日晴空里的阳光，播撒并温暖着在场的每一个人。

到了 1975 年，邓小平担任了第一副总理，把精力转向中国的科学事业。但此时的科学界，已经受到"文革"的严重摧残。中科院由 1965 年的 106 个下属研究机构、24 714 名科研人员，下降到 1975 年的 15 个下属研究机构、2000 多名人员，其中还包括 200 名后勤人员。[2] 于是，胡耀邦被任命为中科院党的核心小组第一副组长，受命整顿中科院，钱三强的工作关系得以从二机部转回中科院。尽管二机部尚未对他做出审查结

---

[1] 1973 年，原子能所一分为二，坨里部分（二部）仍叫原子能所，归二机部管理；中关村部分（一部）划归中科院，改名高能物理研究所，赵文裕任所长，赵忠尧、彭桓武、何泽慧任副所长。

[2] 见傅高义：《邓小平时代》，生活·读书·新知三联书店 2013 年版。

论，但没有名分的他还是在中科院忙了起来。受胡耀邦委托，他主持召开了几次科学家座谈会，形成了《关于"百家争鸣"问题》的综合报告。只是由于邓小平关于科技工作的思路受到批判，钱三强的报告才没能印发。

有名无实，并不影响钱三强的情绪，也不影响他继续做事。因为他有自己的人生准则，这个准则在给儿子的信中说得很明白："我们这一生也无其他长处，也只有'做什么，就好好去做'这一条。"

8. 不算多余的话

接下来，天又亮了。"文革"的阴霾散去，历史把公正重新还给了钱三强。

他先是恢复了中科院副秘书长职务，后来又担任了中科院副院长兼浙江大学校长，中国科协副主席、名誉主席，中国物理学会副理事长、理事长，中国核学会名誉理事长，全国自然科学奖励委员会和全国学位委员会副主任，全国政协常委、科学技术委员会副主任，还在中南海勤政殿给总书记和书记处讲过课。可以说，该有的名誉，他都有了。

外来的嘉奖，他也有了。1985 年 5 月 20 日，72 岁的钱三强被法国总统密特朗授予"法兰西荣誉军团军官勋章"。在授勋仪式上，他没有讲自己的科学成就，只是深情回忆了自己的两位导师。

作别人间之后，荣誉仍在继续。他离世 7 年后的 1999 年，国家评选"两弹一星"功勋人物。有关方面经过两个月的初选，拟定了一个初步名单，可能考虑到钱三强只是分管核弹研发，没做具体工作，且在原子弹爆炸之后就退出了，因此名单里没有他。当评选委员会对初步名单进行讨论时，钱三强的老上级、时任国务委员张劲夫不高兴了，他说："我要为三强说句公道话，三强功不可没啊，这份名单没有他实在是极大的缺憾！"是啊，他是中国原子能事业的开拓者和奠基人，是原子能研究所的创建者，是中国核弹研制的主要策划者、直接推动者、精心组织者、协调管理者，是中国近代核物理领域泰斗级的人物，"在我国原子能事业的创建和发展中有独特的贡献，起到了别人起不到的作用"[1]，完全担得起"中国原子弹之父"称号，当然有资格进这个名单。最终，他和已经作古的王淦昌、郭永怀等 6 名科学家一起，被追授了"两弹一星功勋奖章"。

2003 年，为纪念钱三强诞辰 90 周年，经国际天文学联合会小天体提名委员会批准，中科院国家天文台将太阳系中一颗国际永久编号为 25 240 的小行星，命名为"钱三强星"。根

[1] 这是曾任中央政治局委员、中央书记处书记、中央组织部部长、原三机部首任部长宋任穷对钱三强的评价。

据记录，这颗小行星是国家天文台施密特 CCD 小行星项目组 1998 年 10 月 16 日发现的，那天正是他的生日。

无论是他生前，还是身后，这些看似光鲜亮丽的职位、名誉和称号，对于曾经沧海、过尽千帆的他来说，其实都不重要了。重要的是，祖国给了他舞台，一个核物理学家发光发热的舞台，即便他发光发热的时间并不像他当初期待得那么长。他已经用奋斗的一生，践行了自己学成归国后立下的铮铮誓言："光明的中国，让我的生命为你燃烧吧！" [1]

有人说，迟到的公正不是公正，最多是真相。此言在刑事案件中有些道理，但在钱三强身上却未必正确。根本的在于，他注意从自身性格上找被针对的原因，懂得从不断变幻的政治形势来感悟知识分子的命运，他深知自己和许多知识分子以及老革命一样，都是路线斗争、阶级斗争、政治运动的牺牲品。因此，他并不过分介意什么下放不下放，也不太在乎整人者是否受到惩罚，甚至不纠结于整人者后来是否向自己道歉，其实当初的整人者后来大多也被打倒了，即便这些人重新复出后也未能赢得多少掌声，因为格局与胸怀直接决定一个人走多远。

说穿了，他只在乎自己的内心。

其实，即便是被下放搞"四清"，在台上挨批斗，在牛棚受审讯，在干校运牛粪的时候，他都没有对自己当初选择回

---

[1] 见顾迈南：《"光明的中国，让我的生命为你燃烧"——悼钱三强教授》，原载《瞭望》周刊 1992 年第 29 期。

国后悔，没有对自己拒绝蒋介石的"抢救"后悔，没有对自己选择"软科学"后悔，一直甘于奉献，甘于清贫，甘于吃苦。1958年，他在原子能所党员大会上被"选"成三把手的第4天，就接待了来所视察的朱德副主席，全程表现得既开朗又敬业。1959年，二机部对他的批判尚未完全结束，他就主动向中科院要求停发每月100元的学部委员津贴。1971年，他刚刚恢复党的组织生活，就每月主动交纳100元党费。1973年，他在没有任何名分的情况下出面接待外宾，也未向任何人流露出一丝不满。因为他说过，"好在历史是人民写的，公道自在人间"[1]；因为他清楚，能受天磨真铁汉，不遭人嫉是庸才；因为他深知，世界上只有一种真正的英雄主义，那就是经历了诸多的无妄之灾，认清了生活的真相之后，依然故我，依然热爱生活，依然拥有赤子之心。

即便是他1992年6月28日作别人间的那一刻，他也是安详的。因为受到自己牵连的妻子何泽慧被"解放"后，1972年起担任中科院高能物理研究所副所长，1980年当选中科院院士，2017年中国以她的名字命名了首颗X射线天文卫星"慧眼"。他长期谆谆教导子女"不能依赖父母，要走自己的路"，他的三个子女都非常争气，大女儿钱祖玄1976年从清华电子工程系毕业后，80年代赴法国马赛粒子物理研究所深造并在1992年左右取得博士学位；二女儿钱民协1977年

---

[1] 见钱思进：《忆念亲爱的父亲钱三强》，原载1993年1月25日《中国科学报》（海外专刊）。

从北大化学系毕业后，于 1990 年在中科院化学所取得博士学位，90 年代作为博士后，进入法国马赛国家科研中心生物大分子晶体实验室研学；儿子钱思进更有志气，他在插队时被推荐进入清华大学化工系就读，毕业两年后又发奋自学参加高考，1978 年被录取为中科院理论物理所研究生，1980 年赴美留学，1985 年取得伊利诺斯理工学院物理学博士学位，从 1988 年起在欧洲核子研究中心参加粒子物理实验的国际合作研究。钱三强过世后，不但二女儿于 2000 年回到祖国，儿子也于 2003 年回国效力，两人分别在北京大学化学学院和物理学院任教。他所钟爱和投身的中国科学事业，在下一代得到延续。

也因为，自己心心念念的原子能事业，已经走在了世界前列。除了"两弹一星"，1970 年，中国自行建造的第一艘核潜艇成功下水；1991 年，中国自行设计的秦山核电站并网发电；2021 年 1 月，全球第一台"华龙一号"核电机组投入商业运行；5 月 20 日，"华龙一号"海外首推工程——巴基斯坦卡拉奇 2 号机组正式投入商业运行，成为中国核电走向世界的"国家名片"；10 月 16 日，正值中国第一颗原子弹爆炸日和钱三强 108 岁诞辰，神舟十三号载人飞船被送入太空，航天员翟志刚、王亚平、叶光富开始了为期半年的太空之旅。

还因为，他一直把自己当成普通人。当副部长的时候，他在一线科研人员眼里是和蔼可亲的"钱先生"；下乡搞"四清"时，他在农民眼里是朴实随和的"老徐头儿"。重获"解放"

走上高位后，他并未表现出什么不一样：在中关村小卖部门口，他是每天按时排队领取牛奶的普通顾客；在为中关村小学办的街道食堂里，他是每天中午按时为外孙、外孙女打饭的普通家长；女儿、女婿不在家时，晚上他常坐在床边给外孙女讲故事，直到孩子睡熟之后再继续他的工作。

更因为，他不想做超人，只想做一个爱国者，一个科学家，一个好丈夫，一个好父亲，一个好爷爷。

此生无悔，因为有爱。

他不是主角，而是导演
——代后记

在 20 世纪五六十年代，一群隐姓埋名的中国科学家，用自己的智慧和热血，点燃了冬夜里的一团篝火，照亮并温暖了一代人的青春，让我们能在和平的天空下无忧无虑地学习、工作和生活。如果说朝鲜战场上的志愿军是"最可爱的人"，那么原子能战线的科学家就是"最可敬的人"。直到 1996 年 7 月 29 日，中国政府宣布暂停核试验，青海金银滩基地正式移交地方，酒泉原子能联合企业实现了军转民，新疆马兰基地的历史使命也告一段落，他们终于回家了，名字也开始见诸报端，人们终于知道了这群幕后的英雄。作为一名摆脱了美苏核威慑、核讹诈和战争梦魇的中国人，我们没有任何理由不由衷地感谢他们，没有任何理由不永远记住他们，起码也应该知道他们。这也是我欣然接受中国报告文学学会的征召，参与编写"两弹一星"功勋人物的原因。

我清楚，在这群"最可敬的人"中，领头人是钱三强。

写钱三强，对于我这个物理学领域的门外汉来说，是一个天大的挑战。其难度，不亚于一个不懂法文的人，声情并茂地上台朗诵罗曼·罗兰的法文版《名人传》。

因为要让读者读懂他，读懂他的研究成果，读懂他的人生选择，读懂他的心路历程，为他心动，为他骄傲，为他点赞，作者必须首先走近他，了解他，感悟他。

鉴于主人公早已离开我们，那么仅仅只有旁证，只有档案，只有作者的回忆录显然远远不够。因为他生前说出来的，写出来的和悟出来的，只是他银河般璀璨壮阔的人生历程中少而又少的一部分，更多的内容需要后人去发掘，去领悟，去提炼。写作的过程，其实是与科学家隔着时空隧道进行心灵对话的过程。正因为一次次的心灵对话，才让我在夜深人静、万籁俱寂时分，真正走近了他，熟悉了他，理解了他，甚至梦见了他。

新中国诞生前夜，他已在巴黎学习和工作了整整十年，年龄只有 35 岁，正处于杰出科学家的最佳成名年龄，科研成果有了，学术职称高了，收入稳定了，女儿也出生了。如果他和妻子何泽慧不主动回国，凭着居里实验室的一流研究条件，凭着他们的积淀、韧劲和悟性，很可能在学术上更上一层楼，在世界科坛拿到更多的奖项。但他没有后悔，因为父母的认可，是人世间最令人骄傲的认可；因为祖国的荣誉，是天底下最值得珍惜的荣誉。

他 1956 年进入领导岗位，从"硬科学"转向了"软科学"，尽管在核弹研发过程中发挥了更大作用，却也因为身处官场，成为一些非科学家嫉妒的对象，进而被扫地出门，到了农村，受了批斗，进了"牛棚"。但他并未消沉，并未抗拒，并未自暴自弃，因为有一种隐忍蕴藏着人格的力量，有一种静默其实是惊天的告白。他始终坚信，某些人可以排斥他，责难他，埋没他，但祖国母亲总有一天会相信他，理解他，认可他。他受的所有的苦，经的所有的难，蒙的所有的冤，都是恢宏壮丽人生的一部分。没有苦，哪能体味到甘；没有障碍，哪有浪花翻卷；不经历暴风骤雨，哪来一碧如洗的艳阳天。

当中国"两弹一星"试验成功后，诸多不知内情的人往往想当然地在研发团队中寻找和制造"核弹之父""导弹之父""核潜艇之父""航天之父"等等。其实，钱三强十分清楚，现代科学早已不是单打独斗的爱迪生时代，核武器制造是一个十分庞大的系统工程，航空航天是一项非常复杂的集体事业，它的每一次成功都凝聚着千百万人的付出和创造，光荣与辉煌属于每一个舍身忘我、默默奉献的人，因此他常常自比"卵石""沙粒"："中国原子弹研制绝不是哪几个人的功劳，更不是我钱三强一个人的功劳，而是集体智慧的结晶！"所以，他一直严词拒绝"中国原子弹之父""中国核弹之父"的赞誉。相比于纷至沓来的名头，他更愿意铺垫在千军万马去夺取胜利的征途上。他说，这才是我的荣幸！

苍穹之上，星汉之间，那颗绕日行走的 25240 号小行星，是钱三强与祖国之间双向奔赴的浪漫见证。

我感觉，钱三强并未离开我们，他一直呵护着我们，熏染着我们，感动着我们，以他的书生气，他的专注度，他的报国心。

他的一生就是一幕大戏，一幕中国核弹成功引爆的大戏。不过，他不是主角，而是导演。

带着宽慰与伤感交织之情，我们与本书及其主人公挥手告别。在此，我必须向钱三强先生的儿子钱思进教授表示感谢，是他对本书的草稿进行了缜密细致的阅读和讨论；也要感谢钱三强的秘书葛能全先生，是他多年收集的钱三强生平、事迹与资料支撑起了本书的骨架；还要感谢中国报告文学学会会长徐剑先生，是他的勉励给了我书写这位世界科学名人的胆气。如果我写的是一首歌，他们就是我身旁的乐队。当这支歌唱罢，无论有没有掌声，我都必须在向观众致意前，首先向这支乐队鞠躬。

2023 年 10 月 5 日黄昏